बनारसी बाई

(उपन्यास)

बिमल मित्र

जन्म : 18 मार्च, 1912 ई.।

शिक्षा : कलकत्ता विश्वविद्यालय से एम.ए.।

गतिविधियाँ : विभिन्न पदों पर रेलवे की नौकरी। इसी सिलसिले में भारत के अनेक भागों का भ्रमण और जनजीवन का निकट से अध्ययन।

साहित्य-सेवा : 1956 में नौकरी से अलग होकर स्वतन्त्र साहित्य सर्जन का आरम्भ। लगभग साठ ग्रन्थों की रचना। अधिकतर उपन्यास और कहानी-संग्रह।

बाँगला और हिन्दी के भी सर्वाधिक प्रिय उपन्यासकार। इनके उपन्यासों की सबसे बड़ी विशेषता है विश्वव्यापी घटनाक्रम के सार्वजनीन तात्पर्य को अपने में समेट लेना।

प्रकाशित कृतियाँ : पुस्तकाकार में इनका पहला बाँगला उपन्यास है 'अन्य रूप' और इनके उपन्यास का पहला हिन्दी रूपान्तर है **साहब बीबी गुलाम**। **खरीदी कौड़ियों के मोल** (दो खण्ड), **बेगम मेरी विश्वास** (दो खण्ड), **कन्या पक्ष, चलो कलकत्ता, वे आँखें, चार आँखों का खेल, पति-पत्नी संवाद, बनारसी बाई, शुभ संयोग, रोकड़ जो मिली नहीं, विषय : नर-नारी** आदि इनके कुछ प्रमुख उपन्यास हैं। कन्नड़ व भारत की अन्य भाषाओं में इनकी रचनाओं के अनेक अनुवाद प्रकाशित हो चुके हैं।

निधन : 2 दिसम्बर 1991

बिमल मित्र

बनारसी बाई

लोकभारती पेपरबैक्स

पहला पेपरबैक संस्करण : 2011
दूसरा पेपरबैक संस्करण : 2017

लोकभारती पेपरबैक्स : उत्कृष्ट साहित्य के लोकप्रिय संस्करण

लोकभारती प्रकाशन
पहली मंजिल, दरबारी बिल्डिंग, महात्मा गाँधी मार्ग,
इलाहाबाद-211 001

वेबसाइट : www.lokbhartiprakashan.com
ईमेल : info@lokbhartiprakashan.com

शाखाएँ : 1-बी, नेताजी सुभाष मार्ग, दरियागंज, नई दिल्ली-110 002
अशोक राजपथ, साइंस कॉलेज के सामने, पटना-800 006 (बिहार)
36-ए, शेक्सपियर सरणी, कोलकाता-700 017

इण्डियन प्रेस
इलाहाबाद द्वारा मुद्रित

मूल्य : ₹ 95

BANARSI BAI
by Bimal Mitra

ISBN : 978-81-8031-697-5

'प्रियवर'
श्री अरविन्द गुह को...

बनारसी बाई

सन्ध्या उतर रही थी, मैं विडन स्क्वेयर की बगल से जा रहा था। कोई मीटिंग चल रही थी। औरतों की काफी भीड़ थी। सबके सिर पर पल्ला था। स्क्वेयर के बाहर भी बहुत-से लोग खड़े थे। वह लोग भाषण सुन रहे थे या नहीं, यह तो नहीं मालूम लेकिन यह अवश्य लग रहा था कि मजे ले-लेकर हँसी-मजाक कर रहे थे।

थोड़ा कौतूहल हुआ मुझे।

एक तरफ एक लड़के को अकेले खड़े दत्तचित्त भाषण सुनते देखा तो उसके पास जाकर पूछा मैंने, किसकी मीटिंग हो रही है यह?

जवाब में हँस दिया लड़का। मेरी समझ में कुछ भी नहीं आया।

फिर से पूछा मैंने, औरतों की कैसी मीटिंग है? कौन हैं यह लोग?

मुस्कुराकर उस लड़के ने आपादमस्तक मुझ पर नजर डाली और जाने क्या सोचकर बोला, सती-सावित्रियों की–

फिर भी नहीं समझा मैं।

पूछा, सती-सावित्रियों की?

–हाँ महाशय, साक्षात् सती-सावित्री, रामबागान की सती-सावित्रियों की।

फिर खड़ा नहीं रह सका मैं। जल्दी-जल्दी कदम बढ़ा दिये। थोड़ी दूर ही गया था, स्क्वेयर की रेलिंग अभी पार नहीं की थी, माइक्रोफोन से निकलते शब्द अभी भी कानों में पहुँच रहे थे कि अचानक एक वृक्ष की आड़ में खड़े मनोयोग से भाषण सुनते एक व्यक्ति पर नजर पड़ी। छतरी की मूठ पर भार डाले, गर्दन झुकाये खड़ा था वह। चौंककर ठिठक गया मैं, शक्ल पहचानी-सी लगी।

मुखर्जी बाबू हैं न?

धीरे से जाकर बगल में खड़ा हो गया, परन्तु उन्हें मेरी उपस्थिति का भान नहीं हुआ। दाढ़ी-मूँछ काफी बढ़ी हुई थी, जाने कब से नहीं बनी थी। कोट की दशा भी बहुत खराब थी।

मैंने कहा, आप मुखर्जी बाबू हैं न?

पहले तो जैसे वह मुझे पहचान ही नहीं पाये, पर केवल क्षण भर के लिए, फिर एकदम से चौंक उठे।

मैंने फिर से कहा, आप मुखर्जी बाबू हैं न?

बिना कोई जवाब दिये वह चलने को घूम पड़े। ऐसा लगा जैसे पीछा छुड़ाकर भागना चाह रहे हों। मैंने झट से कोट की बाँह पकड़ ली।

तब भी उन्होंने मुझे न पहचानने का भान किया। बोले, कौन हैं आप? मैं ठीक...

–पहचाना नहीं मुझे? मैं डाक्टर साहब का भाई हूँ। मैंने कहा–

–कौन-से डाक्टर साहब? मैं तो डाक्टर साहब को...

इस तरह अगर-मगर करते हुए मेरा हाथ छुड़ाकर खिसक जाने की चेष्टा करने लगे वह। इस पर रास्ता रोककर उनके सामने खड़ा हो गया मैं। सामने रास्ता बन्द देखकर, घूमकर उलटी दिशा में चलने का प्रयत्न किया उन्होंने।

फिर से उनके सामने आकर मैंने कहा, इतने साल बाद देखा है, पर मैं आपको भूला नहीं हूँ।

–लेकिन मैंने तो तुम्हें नहीं पहचाना भाई! असहाय स्वर में उन्होंने कहा।

–आप कुछ भी कहें, पर मैं आज आपको नहीं छोड़ूँगा। जेन्किन्स साहब ने आपको बहुत ढूँढ़ा, प्रेमलानी साहब ने तो विलासपुर आदमी भेजा, कटनी ट्रेन में चलनेवाले वेण्डरों को भी आपको देखने को कहा। अपने घर को ताला लगा गये थे आप–जेन्किन्स साहब ने सारे सामान की लिस्ट बनाकर रेलवे के स्टोर में रखवा दिया था–

मेरी ओर देखकर जैसे कुछ कहना चाहा मुखर्जी बाबू ने, पर मुँह से आवाज नहीं निकली।

मैंने पूछा, बनारसी बाई को पहचानते हैं आप?

इतना सुनते ही उनका चेहरा फक्क हो गया, रंग सफेद पड़ गया। वही मुखर्जी बाबू जो मुझे देखते ही जेब से पान का डब्बा निकालकर कहा करते थे, पान खाओगे भैया?

पान खाने का नशा था उन्हें और यह नशा केवल उन्हें ही नहीं उनकी पत्नी को भी था। बहुत बड़ा पानदान था उनके पास, जिसमें एक तरफ भीगे कपड़े में लिपटे हुए पान रखे रहते थे और दूसरी तरफ बने छोटे-छोटे खानों में लौंग, सुपारी, इलायची, तमाखू आदि रहते थे। श्रीमती मुखर्जी के मुँह में हर वक्त पान दबा रहता था, सोते-जागते चौबीसों घण्टे पान चाहिए था उन्हें। हर रविवार को मुखर्जी बाबू कटनी जाते थे। पास-पड़ोस के लोग, जिसको जिस चीज की जरूरत होती थी, कह देते थे और वह हरेक की हर चीज ला देते थे।

जाने से पहले वह हमारे घर भी आते और आवाज लगाते, डाक्टर बाबू, ओ डाक्टर बाबू–

मेरे बाहर निकलते ही कहते, तुम लोगों के लिए क्या-क्या लाना है भैया? मैं कटनी जा रहा हूँ, पूछो गुड़ चाहिए क्या? सुना है कटनी में खजूर का गुड़ आया है–

और केवल गुड़ ही नहीं, किसी की साड़ी लानी होती तो किसी के गेहूँ पिसाने होते। तरह-तरह के काम होते थे कटनी के लिए। अनूपपुर में तो कुछ भी नहीं

मिलता था। हफ्ते में एक दिन हाट लगता था। स्टेशन के पीछे की ओर बस्ती के किनारे खुले मैदान में दुकानें लगती थीं, उस दिन आफिस की छुट्टी होती थी, प्रेमलानी साहब का कारखाना बन्द रहता था। हफ्ते भर की साग-भाजी, आलू-प्याज सब-कुछ वहीं से खरीदकर रखना पड़ता था। बिलासपुर से कटनी को एक रेल लाइन गयी थी-जबलपुर व बम्बई के लिए वहीं से ट्रेन बदलनी पड़ती थी। अनूपपुर, बिलासपुर और कटनी के बीच में पड़ता था। चारों ओर दूर-दूर तक ब्लैक काटन सोएल (ड्ढद्यड्डष्द्म ष्शह्लह्लशठ्ठ ह्यशद्बद्य) के खेत फैले हुए थे, जिनमें गूमयों में बड़ी-बड़ी दरारें पड़ जातीं; फिर जून के मध्य जब बरसात की पहली बारिश पड़ती, तो उन दरारों से साँप निकलने शुरू हो जाते-काले, लम्बे, पतले साँप जो घरों में आँगन, बरामदे, रसोई और-तो-और बिस्तर तक में घुस जाते। आफिस से सबको कार्बोलिक एसिड दिया जाता, जिसे मेहतर घर के चारों तरफ डाल देता, परन्तु उसके बावजूद भी साँप अन्दर पहुँच जाते।

मैंने फिर पूछा, बनारसी बाई को जानते हैं आप?

वह भी क्या घटना थी। सी० पी० की गर्मी थी, सारा दिन लू चलती, रात को भी नींद नहीं आती थी। बिजली न होने के कारण रोशनी और पंखे का प्रश्न ही खड़ा नहीं होता था। नदी के किनारे फूस के छप्परों के घर थे। कोई एक फुट होगी शोन नदी-कभी पानी होता, कभी नहीं। काण्ट्रैक्टर हुकुमसिंह के लोग घुटने तक कपड़े उठाकर नदी पार कर लेते थे। पथरीली जमीन थी, नदी के तल में भी पत्थर थे। उसी ऊँची-नीची जमीन पर अनूपपुर की कालोनी थी। कुछ बंगाली थे और कुछ हिन्दुस्तानी-सभी कन्स्ट्रक्शन के काम में लगे हुए थे। बीच-बीच में ऊँची जगहों पर सीमेण्ट की पक्की दीवालों पर फूस की छत के मकान बने हुए थे। घरों के बीच की जगह के गड्ढों में झाड़-झँखाड़ लगे हुए थे, जिनमें साँप-बिच्छुओं ने घर बना रखे थे। जिस दिन लू चलती, कोई घर से बाहर नहीं निकलता, पश्चिम की ओर से साँय-साँय करती हवा बहती। छतों का फूस उड़-उड़कर इधर-उधर जा पड़ता। सड़कों पर फैला कोयले का चूरा उड़-उड़कर घरों के बन्द खिड़की-दरवाजों पर चिपक जाता, सारा घर धूल से पट जाता। प्रेमलानी साहब के कारखाने में काम करनेवाले लोग नाक-मुँह पर कपड़ा बाँधे रहते। धू-धू करता फर्नेस जलता रहता। बिजली की आरी से लकड़ी की चिराई होती। लोहा गरम करके पीटा जाता, जिसकी आवाज कालोनी के लोगों के कानों में ताला लगा देती।

सवेरे आठ बजे जेन्किन्स साहब का आफिस खुलता और बाबू लोग जल्दी-जल्दी कदम बढ़ाते आफिस पहुँचते। बीच के छोटे कमरे में जेन्किन्स साहब स्वयं और चारों तरफ के बड़े कमरों में बाबू लोग बैठते। मुखर्जी बाबू एक लम्बी टेबिल पर कागज फैलाकर स्केल पेन्सिल से ड्राफ्टमैन का काम करते और बीच-बीच में जेब से डिबिया निकालकर गाल में पान दबा लेते।

काम करते-करते नटु घोष कहते, ओ...मुखर्जी बाबू, पान कहाँ है?

मुखर्जी बाबू कहते, जेब से निकाल लो दादा, मेरे हाथ घिरे हैं।

–श्रीमती मुखर्जी के हाथ में मधु है दादा, ऐसा पान–कहकर नटु घोष दो पान निकालकर डिबिया वापस जेब में रख देते।

खाने बैठते तो प्रेमलानी साहब पत्नी से पूछते, यह बंगाली सब्जी कहाँ से आयी?

–मुखर्जी बाबू की पत्नी आयी थीं। पत्नी जवाब देती।

आलू, प्याज, मटर, सेम, जो कुछ भी कटनी से आता, श्रीमती मुखर्जी तरह-तरह की सब्जी बनाकर, कभी इसके घर तो कभी उसके घर भेज देतीं। सामान्य सब्जी भी वह इतनी अच्छी बनातीं कि लोग उँगलियाँ चाटते रह जाते। कालोनी की कोई औरत इतनी अच्छी सब्जी नहीं बना पाती। बच्चा कोई हुआ नहीं था, बस पति-पत्नी, दो ही प्राणी थे घर में।

श्रीमती मुखर्जी कहतीं, सारा दिन बैठी-बैठी क्या करूँ दीदी, कुछ काम तो है नहीं, बस बैठी खाना बनाती रहती हूँ।

गृहिणियाँ कहतीं, तुम्हारे हाथ की चीजें खाकर हमारे स्वामियों का स्वाद बदल गया है–घर का खाना पसन्द ही नहीं आता। बड़ी मुश्किल में पड़ गये हैं हम लोग तो।

मुखर्जी पत्नी हँसकर कहतीं, क्या करूँ, स्वामी बदलने का कोई उपाय नहीं है दीदी, नहीं तो वह भी कोशिश करके देख लेती।

अम्बिका मजूमदार अनूपपुर के स्टेशन-मास्टर थे। कालोनी में न रहते हुए भी कालोनी के लोगों के साथ काफी मिलना-जुलना था उनका। रोज अस्पताल से लगे खेल के मैदान में टेनिस खेलने आते थे। डाक्टर साहब, प्रेमलानी साहब, नटु घोष, हुकुमसिंह सभी खेलते थे। कालोनी की ताश मण्डली में रात के बारह बजे तक ताश खेलकर, एक मील चलकर अपने क्वार्टर में लौटते थे अम्बिका बाबू। उनके लड़के के अन्नप्राशन में पूरी कालोनी आमन्त्रित थी। सारी खरीदारी मुखर्जी बाबू ने ही की थी। तीन सौ का सामान दो सौ में लाकर दिया था उन्होंने। जेन्किन्स साहब भी आये थे। चाप, कटलेट, बकरी के मांस का कलिया; फिर दही, रसगुल्ले–

कटलेट खाकर जेन्किन्स साहब ने कहा था, वेरी गुड कटलेट, आठ साल हो गये ऐसे कटलेट खाये, किसने बनाये हैं?

मिसेज मुखर्जी ने, मजूमदार ने जवाब दिया था।

साहेब ने पूछा, मिसेज मुखर्जी कौन हैं?

–हमारे ड्राफ्टसमैन मिस्टर मुखर्जी की वाइफ–

–आई सी, माइ कांग्रेच्युलेशन्स टु हर, साहब ने कहा था।

अन्दर जाकर मजूमदार के बताने पर मुखर्जी गृहिणी सीधी बाहर चली आयी थीं और साहब के सामने पहुँचकर नमस्कार किया था। कोई हिचक नहीं थी बर्ताव में। शान्तिपुरी डोरिये की साड़ी सलीके से पहने हुए थीं, मुख पर सलज्ज हँसी और माथे पर गोल बिन्दी थी।

मुस्कुराते हुए खड़े होकर साहब ने कहा था, आपका कटलेट बहुत अच्छा हुआ–

कहकर हँस दिये साहब। साथ ही सब हँस पड़े थे। साहब की हिन्दी पर किसी ने ध्यान नहीं दिया।

खाने के बाद मुखर्जी गृहिणी ने पान लाकर दिया।

बोलीं, यह खाइये साहब, यह भी मेरे हाथ का है।

नटु घोष की पत्नी ने कहा था, तुम्हारे साहस की बलिहारी है भाई, उस लाल मुँहवाले साहब के सामने जाने की हिम्मत कैसे पड़ी तुम्हारी। हमें तो देखकर ही डर लगता है।

इसके बाद बाबू लोग खाने बैठे। ग्रास मुँह में जाते ही प्रेमलानी साहब वाह-वाह कर उठे। बोले थे, मिसेज मुखर्जी बड़ी अच्छी कुक हैं–

नटु घोष ने कहा–मुखर्जी महाशय, जवाब नहीं है श्रीमती मुखर्जी का–

मजूमदार बोले–चाप, कटलेट बनाने की मर्जी नहीं थी मेरी। हम लोगों के घरों में आता ही किसको है बनाना और कारीगर यहाँ मिलता कहाँ है? मिसेज मुखर्जी ने स्वयं प्रस्ताव रखा कि मांस ले आयें तो चाप कटलेट मैं बना दूँगी–

जंगल में रहते-रहते शहर की बातें जैसे भूल गये थे लोग। जेन्किन्स साहब तो सीधे विलायत से इंजीनियर की इस नौकरी पर आये थे। रेडियो, टेलीविजन, रेफ्रेजीरेटर, लाइट, फैन के देश से एकदम सी० पी० के इस जंगल में। जहाँ न मटन मिलता था और न आइसक्रीम। साँझ होते-होते मच्छरों का झुण्ड सिर पर व कानों के पास भनभनाने लगता था। फिर साँप, बिच्छू, केचुएँ, मकड़े, चींटी, खटमल तो थे ही। गरमी से घबराकर कभी-कभी तो साहब शरीर का कपड़ा भी उतार फेंकते और जोर-जोर से खुजाने लगते। धूप से सिर जल-भुनकर खाक हो जाता।

प्रेमलानी साहब भी शहर के आदमी थे। सिन्ध हैदराबाद के रहनेवाले थे। कराची में नौकरी करते थे। वह आफिस शायद बन्द हो गया था अचानक। अखबार में विज्ञापन देखकर इस नौकरी के लिए प्रार्थना-पत्र दे दिया था उन्होंने।

नटु घोष बंगाल में नौकरी ढूँढ़-ढूँढ़कर परेशान हो गये थे। कैसी भी नौकरी नहीं मिली। बहुत दिन घर की रोटियाँ तोड़नी पड़ी थीं उन्हें बैठकर। अंत में विज्ञापन देखकर इस नौकरी के लिए दरख्वास्त देने पर यह नौकरी मिली थी उन्हें।

सबके पीछे ऐसी ही कोई-न-कोई घटना थी। खुशी से कोई नहीं आया था वहाँ। स्टोर्स के बड़े बाबू कलकत्ते में पचास साल की नौकरी के बाद रिटायर हो गये

थे। आराम से बाकी जीवन व्यतीत कर सकते थे वह। सात्त्विक पुरुष थे। स्वपाक आहारी थे, किसी का छुआ नहीं खाते थे। विवाह नहीं किया था। आराम से थे। ब्याज के सामान्य रुपयों से गुजारा कर रहे थे। अचानक बैंक फेल हो गया।

कहते थे, मैंने जीवन में कभी किसी को धोखा नहीं दिया नटु बाबू–पर मैं ही जीवन के अन्तिम दिनों में ठगा गया–

नटु घोष ने जवाब दिया था, भगवान् की मार सबसे ऊपर है, यह तो कहावत ही है भूधर बाबू।

भूधर बाबू न तो पान खाते थे न नसवार सूँघते थे। सिनेमा देखने की आदत भी नहीं थी। आगे-पीछे बाल-बच्चों का भी झंझट नहीं था। पर एक धर्म-कर्म का कष्ट अवश्य था उन्हें।

कहते, कैसे देश में आकर पड़ा हूँ जहाँ न कोई मन्दिर है न कोई ठाकुर देवता–

गंगास्नान की सदा की आदत थी उन्हें। कलकत्ते में गंगा घर के पास ही थीं। अपनी झाड़ू व आसन साथ ले जाते थे और सारा घाट खुद धोते थे। साहब-कम्पनी की नौकरी थी। धोती के पल्ले के नीचे शर्ट पहनकर ऊपर से कोट चढ़ा लेते थे। आफिस में ईमानदार समझे जाते थे।

छोटा आफिस था। सोचा था जीवन के बाकी दिन धर्म-कर्म में बिता देंगे। वही उनका नशा था। किसे पता था कि नसीब में यह लिखा था।

कहते, साहबों के पास नौकरी करता हूँ इसलिए गुड मार्निंग कहना पड़ता है उन्हें, नहीं तो वह लोग क्या मनुष्य हैं!

नटु घोष कहते, मनुष्य नहीं हैं तो क्या हैं। देखते नहीं सात समुद्र तेरह नदी पार करके इस देश में आये हैं, और हमारे सर पर बैठे राज कर रहे हैं।

भूधर बाबू कहते, म्लेच्छ हैं सब, जिनकी कोई जात धर्म न हो वह भी भला मनुष्य है! मैं तो रोज आफिस से लौटकर स्नान करता था महाशय–

–क्या कह रहे हैं?

भूधर बाबू कहते, अब भी करता हूँ। यहाँ से जाने के बाद धोती कुर्त्ता उतारकर गमछा पहनूँगा और सारे कपड़े धोऊँगा–

अम्बिका बाबू के घर वह भी निमन्त्रित थे।

भूधर बाबू ने कहा था, मुझे माफ करना महाशय, मैं किसी के हाथ का बनाया नहीं खाता–

मजूमदार बोले थे, मेरे घर सारा खाना मुखर्जी गृहिणी बनायेंगी। ब्राह्मण के अलावा मैं किसी को कुछ भी छूने भी नहीं दूँगा। परिवेशन भी वही लोग करेंगे।

तब भी भूधर बाबू खाने नहीं गये थे।

अगले दिन नटु घोष ने कहा था, आप आये नहीं कल, क्या कटलेट बनाये थे श्रीमती मुखर्जी ने, जेन्किन्स साहब तो खाकर बिल्कुल–

भूधर बाबू बोले, वह सब तामसिक आहार है, उनसे मन की जड़ता बढ़ती है।

नटु घोष बोले, जड़ता बढ़े या और कुछ हो, इतने दिन बाद खाने को मिले, जान में जान आयी जरा, ऐसे कटलेट तो कलकत्ते में भी खाने को नहीं मिले कभी–

नौकरी के लिए दरख्वास्त देते समय भूधर बाबू ने सोचा नहीं था कि ऐसी जगह होगी। आकर चकित रह गये थे। नदी में स्नान करने जाते अवश्य थे। पर उसमें पानी ही कितना होता था। धोती तक तो भीगती नहीं थी सिर की बात तो बहुत दूर थी। उसी पानी में खड़े होकर नमः नमः करके इष्ट मन्त्र का जप कर लेते। मन प्रसन्न नहीं होता। इतने साल हो गये थे अनूपपुर रहते, एक दिन भी जप आह्निक करके तृप्ति नहीं हुई थी मन को। छुट्टी के दिन मुखर्जी बाबू आकर पूछते–कुछ लाना है बड़े बाबू, कटनी जा रहा हूँ–

भूधर बाबू कहते, आलू खत्म हो गये थे, आ जाते तो–

मुखर्जी बाबू कहते, तो दीजिये न! मैं तो जा ही रहा हूँ, साथ ही लेता आऊँगा–जेन्किन्स साहब के लिए दो दर्जन मुर्गी के अण्डे भी लाने हैं–

घबरा जाते भूधर बाबू।

–फिर रहने दीजिये मुखर्जी बाबू, मुर्गी के अण्डों से छुई चीज की मुझे जरूरत नहीं है–मैं उपवास कर लूँगा, मर जाऊँगा पर आपकी तरह जात नहीं गँवाऊँगा। नौकरी करने आया हूँ जात नहीं खो सकता–

पर मुखर्जी बाबू को बुरा नहीं लगता उनकी बात का। हँसकर हाथ में थैला झुलाते प्रेमलानी साहब के घर की ओर चल देते।

–कुछ मँगाना है क्या साहब।

–तुम जा रहे हो मिस्टर मुखर्जी, थोड़ा आटा पिसाना था, पिसा लाओगे?

–क्यों नहीं लाऊँगा। सबका सामान ला रहा हूँ। जेन्किन्स साहब, घोष बाब सभी का कुछ-न-कुछ लाना है–डाक्टर बाबू के बीस सेर आलू लाऊँगा, आप गेहूँ नहीं पिसवाकर ला सकता।

शुरू-शुरू में अनूपपुर में कुछ भी नहीं था। डाक्टर बाबू ही वहाँ के पहले व्यक्ति थे। तब यह सब घर मकान कुछ भी नहीं बने थे। शुरू में तम्बू में रहना पड़ता था। स्टेशन के किनारे-किनारे तम्बुओं की लाइनें लगी थीं। तब न तो प्रेमलानी साहब आये थे और न नटु घोष। डेढ़ सौ क्लर्कों में से एक भी नहीं आया था। बस जेन्किन्स साहब और डाक्टर बाबू आये थे, खड़गपुर से दो बक्से दवाइयों के आये थे, उन्हीं पर भरोसा था। हुकुमसिंह पहले ही आ गया था। नदी के उस पार दुमंजिले मकान में अपने रहने की व्यवस्था कर ली थी उसने। ऊपरी मंजिल लकड़ी की थी और छत

टीन की। कुली मजदूर आये थे जो जंगल साफ कर रहे थे। मकान बना रहे थे, सड़कें बना रहे थे, अस्पताल बना रहे थे। और फिर एक के बाद एक आफिस शुरू हो गये थे। हुकुमसिंह के तीन मजदूरों को साँप ने काट लिया था। विषधर सर्प।

हुकुमसिंह बताता था, कैसा भयानक जंगल था यहाँ--बाघ आता था रात को--दो शेर मारे भी थे हुकुमसिंह ने। नदी किनारे पानी पीने आता था रात को शेर। अपने दुमंजिले के कमरे से राइफल से दो बाघ मारे थे दो दिन में उसने। तब तक हम लोग नहीं आये थे। जेन्किन्स साहब भी नहीं आये थे।

कन्स्ट्रक्शन के काम में इन बातों से डरने से यह काम नहीं चला करता।

नयी लाइन बिछायी जा रही थी। अनूपपुर से एक रेल लाइन उत्तर की तरफ चली गयी थी। अनूपपुर के बाद दुर्वासीन, बिजुरि फिर मनेन्द्रगढ़ अन्तिम स्टेशन चिरमिरि होगा। शाल के बड़े-बड़े पेड़ थे, दोनों हाथों में तना नहीं समाता था। शाल और महुआ। आकाश को छू रहे थे वृक्ष। ऊपर की ओर आँखें उठाने पर कहीं-कहीं तो आसमान भी नहीं दिखायी देता था। शाम को काम खत्म करके मजदूर छावनी लौट आते थे सोने के लिए। आधी रात को शेर भालू आकर छावनी के चारों ओर चक्कर काटते। सुबह पंजों के निशान दिखायी देते।

बिजुरि से डाक व तार आते थे। डिस्पैच बाबू डाक खोलते।

खोलते ही मधुसूदन हाजरा कहते, अरे आज तीन जनों को बाघ ले गया है, सुना...

भूधर बाबू कहते--किसी दिन हमें भी ले जायेगा--

नटु घोष कहते, अनूपपुर में शेर नहीं आयेगा। इतनी रोशनी, इतनी बन्दूकें--आपने क्या सोचा है कि बाघ को डर नहीं लगता?

मुखर्जी बाबू किसी बात में नहीं पड़ते। दत्तचित्त लम्बी ऊँची टेबल के सामने खड़े सेट स्क्वेयर व स्केल लगाकर कागज पर पेन्सिल से लाइनें खींचते जाते और बीच-बीच में जेब से डिबिया निकालकर पान खा लेते।

नटु घोष कहते--मुखर्जी दो तो एक पान, हिसाब ही नहीं मिल रहा है--

मुझे याद है मुखर्जी बाबू को शुरू में नहीं देखा था मैंने। टेनिस खेलने आनेवालों को ही पहचानता था बस। स्टेशन-मास्टर अम्बिका बाबू धोती पहनकर खेलते थे। हुकुमसिंह चुस्त पायजामा पहनता था। फोरमैन प्रेमलानी साहब तो पक्के अँगरेज थे। और जेन्किन्स साहब हाफ पैण्ट पहनते थे। ओवरसियर नगेन सरकार को भी पहचानता था। नगेन सरकार का विवाह नहीं हुआ था। दिनभर काम करके और शाम को घर जाकर हारमोनियम बजाते हुए गाते शाम के समय जब जंगल का मंगल खत्म हो जाता, कारखाने की आरी चलने की घड़घड़ाहट बन्द हो जाती, हुकुमसिंह के मजदूरों द्वारा डाइनामाइट फटनी बन्द हो जाती तब दूर से आती ओवरसियर के घर से गाने की आवाज सुनायी देती।

वर्षा ऋतु के आकाश में जब काले बादल घिरे होते, अन्धकार में एक हाथ दूर खड़ा आदमी भी दिखायी नहीं देता, तब नगेन सरकार गाता–

नील आकाशेर असीम छेये
छड़िये गेछे चाँदेर आलो–

बलिष्ठ व्यक्ति था नगेन सरकार। मांसपेशियाँ मजबूत थीं। गठा हुअ. बदन था। हाफ पैण्ट पहनकर कारखाने का काम देखता। बहुत कड़ा ओवरसियर था। फोरमैन प्रेमलानी का प्रिय व्यक्ति था। स्वयं खड़े होकर सुबह से शाम तक काम कराता।

नटु घोष कहते, कल बड़ी रात तक गाते रहे नगेन बाबू–

नगेन सरकार कहते, क्या करूँ बताइये, आप लोग तो सब अपनी–अपनी बीबी के साथ रजाई में दुबककर सो जाते हैं, मैं भला क्या करूँ?

–तो आपको शादी करने को किसने मना किया है? कर लीजिये!

नगेन सरकार हँसकर कहता–ठीक कर दीजिये न आप एक पात्री, मैं कर लूँगा शादी–

मुखर्जी गृहिणी कहतीं, मैं करूँगी तय तुम्हारे लिये लड़की?

–कर दीजिये मुखर्जीगिन्नी, पर लड़की देखने में आपके जैसी होनी चाहिए–

हँस देती मुखर्जी गृहिणी।

कहतीं, अपने मुखर्जी बाबू से कहो न जाकर, उनके तो मन ही नहीं भाती मैं–

नगेन सरकार कहता–जिसे आप पसन्द नहीं आतीं धिक्कार है उसकी तकदीर को।

–तुम्हारे मुँह में घी शक्कर भाई।

हँसते–हँसते दुहरी हो जातीं मुखर्जीगिन्नी। कन्धे का पल्ला ठीक करके कहतीं, अभी तो खूब बातें बना रहे हो, पर आखीर में तुम भी उन्हीं के जैसे हो जाओगे देखना।

आप परीक्षा करके देख लीजिये ना–नगेन सरकार कहता।

–अब कहाँ हो सकता है भाई। मुखर्जी बाबू को कष्ट होगा।

–तो यह कहिये न कि आप ही नहीं छोड़ सकतीं–

और दोनों हो–हो करके हँस पड़ते।

मुखर्जी बाबू को मैंने सर्वप्रथम अपने घर पर ही देखा था। छुट्टियों में भैया के घर गया था घूमने–फिरने।

बाहर किसी की जोर–जोर से डाक्टर साहब, डाक्टर साहब आवाज सुनकर निकला–देखा सामने खड़े आदमी के एक हाथ में खाली थैले थे और दूसरे में टीन का खाली बक्सा। बालों में टेढ़ी माँग, पाँवों में जूते और मुँह पान से भरा हुआ।

मुझे देखकर चौंक–से गये।

बोले–तुम कौन हो?

–मैं डाक्टर बाबू का भाई हूँ, छुट्टियों में घूमने आया हूँ–मैंने जवाब दिया था।

–ओ...यह तो अच्छी बात है! क्या करते हो? नाम क्या है?

बताया सब।

सुनकर बोले, ठीक है–अच्छा किया! बहुत अच्छी जगह है, देखना चार दिन में ही मोटे हो जाओगे, मैं भी ऐसा ही दुबला–पतला था–

यह कहकर हाथ का छाता ऊँचा कर दिया और स्वयं ही हँस पड़े।

मुझे भी हँसी आ गयी थी। पूछा था, आप शायद यहाँ काम करते हैं।

–हाँ, ड्राफ्ट्समैन की नौकरी है। दो–सौ रुपये में घर का खर्च चल जाता है। सौ सवा सौ रुपये महीना बच जाता है।

चुप रहा मैं। कहता भी क्या।

मुखर्जी बाबू कहने लगे–पर कलकत्ते में? तीन सौ रुपये भी कम पड़ते थे, नाक में नकेल लगानी पड़ती थीं–क्यों? ठीक कह रहा हूँ न?

फिर मुँह नीचा करके बोले, यहाँ खर्च भी तो नहीं है कुछ।

–क्यों? खर्च क्यों नहीं है?

मुखर्जी बाबू बोले, अरे खर्च करूँगा किसमें? मिलता है यहाँ कुछ? और फिर दो जने कुल हैं गृहस्थी में–मैं और मेरी बीबी–

दो क्षण चुप रहकर बोले–कटनी जा रहा हूँ, हफ्ते भर के लिए आलू बैंगन ले आऊँगा, खर्च तो मछली में होता है सो मागुर खरीदकर रख देता हूँ, खाओ जितनी खा सको–

इसी समय भैया बाहर आ गये थे।

–लो आ गये डाक्टर बाबू, बताइये आपके लिए क्या–क्या लाना है।

–पाव रोटी ला सकेंगे मुखर्जी बाबू? भैया ने पूछा।

–आपने भी क्या कहा, जेन्किन्स साहब के अण्डे ला रहा हूँ, प्रेमलानी साहब के बीस सेर गेहूँ पिसवाकर लाऊँगा, नटु घोष की बीबी की साड़ी, मजूमदार बाबू के लड़के का जूता–

–हँस पड़े भैया। बोले और कहने की जरूरत नहीं है मुखर्जी बाबू–

एक दिन खुद ही मुखर्जी बाबू ने यह काम अपने सिर ले लिया था। कम्पनी से रेल का पास मिलता था सामान की खरीदारी के लिए। पर जाये कौन? ऐसा आदमी भी तो मिलना मुश्किल है जिस पर विश्वास किया जा सके। अन्त में मुखर्जी बाबू ने कहा था–आप लोगों को आपत्ति न हो तो मैं जा सकता हूँ–

तभी से शुरू हो गया–

मुखर्जीगिन्नी से पूछने पर कहतीं, असल में बात यह है कि वह खाने के जरा शौकीन हैं–

मैं कहता, आपके हाथ का बना खाना मिले तो सभी खाने के शौकीन हो जायें–

वह कहतीं, खाना बनाने में भला कौन-सी ऐसी बहादुरी है–

नटु घोष की बहू कहती, तुमसे 'शुक्तुनि' बनाना सीखूँगी एक दिन–

मुखर्जीगिन्नी कहतीं, और सुनो, अब क्या मैं आपको खाना बनाना सिखाऊँगी दीदी?

–नहीं भई, उस दिन तुम्हारे हाथ का बनाया खाना खाकर कितनी बड़ाई कर रहे थे वह।

–हाय राम, कब?

–वही जिस दिन तुमने 'शुक्तुनि' बनाकर भेजी थी। उस दिन से रोज कहते हैं वैसी ही बनाने की।

मुखर्जीगिन्नी की गृहस्थी में कोई विशेष काम तो था नहीं। मुखर्जी बाबू के आफिस जाते ही काम खतम। फिर वह दोपहर को आते थे खाना खाने।

खाते-खाते कहते, हाँ जी, नटु घोष कह रहा था, तुमने उनके यहाँ सब्जी भेजी थी–

–क्यों कुछ कह रहे थे क्या? उस दिन ज्यादा बन गयी थी इसलिए भेज दी थी–

मुखर्जी बाबू बोले, एक दिन फिर मांस के कटलेट बनाना। सब बड़ाई कर रहे थे–

मकान सभी के छोटे थे--करीब-करीब एक-जैसे। अनूपपुर से बिलासपुर जाते हुए ट्रेन से मकानों की पंक्तियाँ दिखायी देती थीं। मकान छोटे अवश्य थे परन्तु थे अच्छे। हुकुमसिंह ठेकेदार ने नाप-जोख करके बनाये थे। पानी नदी से बहँगी पर आता था। एक बहँगी एक पैसे में आती थी। प्रेमलानी साहब की बहू ने घर के सामने बगीचा लगा रखा था। पैसा बहुत था फोरमैन साहब के पास। तरह-तरह के फूल लगा रखे थे। खूब बड़े-बड़े गुलाब होते थे बगीचे में। कभी-कभी जेन्किन्स साहब के पास फूल भेज देती थीं मिसेज प्रेमलानी।

साहब अपनी टेबिल पर सजा देते थे।

पर एक दिन टेबिल पर बड़े-बड़े लाल-लाल फूल देखकर साहब ने पूछा– किसने दिये?

इतने बड़े फूल पहले तो कभी नहीं आये। इतनी बड़ी-बड़ी पंखुड़ियाँ मानो भार न सह सकने के कारण अभी गिर पड़ेंगी।

–किसने दिये ब्वाय?

–हुजूर, ड्राफ्ट्समैन बाबू की बीबी ने! ब्वाय ने जवाब दिया।

यों मुखर्जीगिन्नी की हिम्मत भी कम नहीं थी। जेन्किन्स साहब रोज शाम को घूमने निकलते थे। एक हाथ में छड़ी और एक हाथ में कुत्ते की चेन। बहुत तेज कुत्ता था।

उस दिन मुखर्जीगिन्नी घोष बाबू के यहाँ से लौट रही थीं। रास्ते में साहब से सामना हो गया। उनका ध्यान कुत्ते में केन्द्रित था।

उनको देखकर मुखर्जीगिन्नी खड़ी हो गयीं और मस्तक से दोनों हाथ लगाकर बोलीं, नमस्कार साहब–

चौंककर रुक गये साहब–

–कौन?

हँसने लगीं मुखर्जीगिन्नी। बोलीं, नहीं पहचाना साहब, उस दिन कटलेट खिलाये थे?

कटलेट की बात उठते ही याद आ गया साहब को। बोले–कल फूल तुमने ही भेजे थे?

–हाँ साहब, पसन्द आये?

–वेरी गुड, वेरी बिग साइज, बहुत पसन्द आये तुम्हारे फूल।

कहकर जो साहब कभी नहीं हँसते थे वही साहब खूब हँसने लगे। शेकहैण्ड करने के लिए शायद आगे बढ़े।

मुखर्जीगिन्नी दो कदम पीछे हट गयीं। हँसते-हँसते बोलीं–अच्छा चलूँ साहब, नमस्कार–

साहब ने भी दोनों हाथ ऊँचे करके नमस्कार किया।

अगले दिन मिसेज प्रेमलानी को यह बात बताते हुए हँस पड़ी थीं जोर से मुखर्जीगिन्नी।

बोली थीं–क्या मुश्किल है दीदी, साहब ने आगे हाथ बढ़ा दिया–घर आकर कपड़े बदलने पड़े फिर से–

–क्यों, कपड़े क्यों बदलने पड़े बहन?

–बदलती नहीं? उनकी भी कोई जात है? सूअर, गाय क्या नहीं खाते ये लोग।

उस दिन भूधर बाबू भी आश्चर्यचकित हो गये।

मुखर्जी बाबू ने कहा–सत्यनारायण की कथा है, जरूर आइयेगा बड़े बाबू–

–सत्यनारायण की कथा? क्या कह रहे हैं? आपके घर?

–हाँ होती तो हमेशा है, पर कभी सबको बुला नहीं पाया।

–हमेशा होती है? पुरोहित कहाँ से मिलता है? बड़े बाबू ने पूछा–

–कटनी से लाता हूँ। मुखर्जी बाबू ने जवाब दिया।

–कटनी से पुरोहित लाते हैं?

मुखर्जी बाबू बोले–वो तो लाना ही पड़ता है। यहाँ तो कोई मिलता नहीं।

भूधर बाबू ने पूछा–काफी खर्च पड़ जाता होगा? कितना हो जाता है?

मुखर्जी बाबू ने कहा–पुरोहित को सवा पाँच रुपये दक्षिणा के देता हूँ–

–सवा पाँच रुपये?

–सवा पाँच रुपये भी न मिलें तो कटनी से कोई आयेगा ही क्यों? दो दिन तो खराब होते ही हैं उसके यहाँ आने में। फिर यहाँ उसका रहना, खाना, नैवेद्य आदि वो है ही–

कटनी से पुरोहित लाकर सत्यनारायण की कथा कराने की बात सुनकर भूधर बाबू जैसे व्यक्ति भी सिर खुजाने लगे।

बोले, इसका मतलब है आपकी पत्नी बड़ी धर्मध्यानवाली हैं?

मुखर्जी बाबू बोले, आप समझ सकते हैं यह तो, हम लोग हिन्दू हैं, यह सब कैसे छोड़ सकते हैं। मेरी पत्नी कहती है कि विदेश में नौकरी करने आये हैं। इसका मतलब यह तो नहीं है कि हिन्दुत्व खो दिया है–

भूधर बाबू बोले, जरूर आऊँगा मुखर्जी बाबू, ऐसे कार्यों में तो मैं हमेशा साथ हूँ, यही तो मैं भी कहता हूँ। विदेश में म्लेच्छों के पास काम करने आया हूँ, अपनी जात तो नहीं दी उन्हें। बड़ी अच्छी लगीं आपकी बातें। आजकल के दिनों में ऐसी महिला भी हैं जानकर बड़ा सुख मिला, बड़ी आशा हुई–

बहुत स्वादिष्ट बना था प्रसाद।

मुखर्जीगिन्नी को मैंने प्रसाद बनाते देखा था।

उस दिन उपवास रखा था उन्होंने। सुबह ही नदी में स्नान कर आयी थीं। अनूपपुर में सब सोये पड़े थे उस समय। चार बजे थे सुबह के।

सुबह अँधेरे चार बजे अकेले नदी में नहाने की बात सुनकर नटु घोष की बहू बोली थी–इतने अँधेरे में अकेले नदी पर जाने में डर नहीं लगा तुम्हें?

–भगवान् के नाम पर गयी थी और आयी थी–डर क्यों लगता? मुखर्जीगिन्नी ने जवाब दिया था!

फिर शाम को पूजा खत्म होने पर प्रसाद से उपवास तोड़ा था उन्होंने।

नटु घोष ने कहा था, तुम्हारी पत्नी तो खूब हैं मुखर्जी!

भूधर बाबू बोले थे, सब औरतें अगर मुखर्जीगिन्नी जैसी हो जायें तो हमारे देश में चिन्ता ही किस बात की रह जाये–

ओवरसियर नगेन सरकार भी थे, उन्होंने कहा था–हारमोनियम होता तो मैं एक भजन गा देता–

मुखर्जीगिन्नी ने तुरत जवाब दिया–मेरे पास हारमोनियम है देवर जी, लाऊँ?

–आपके पास हारमोनियम? आप भी गाना जानती हैं?

–थोड़ा–बहुत गा लेती हूँ देवर जी, तुम लोगों के सामने गाने लायक नहीं–

नगेन सरकार जिद पकड़ गये।

बोले, यह बहानेबाजी नहीं सुनूँगा मैं आपकी। गाना तो पड़ेगा ही आपको–

भूधर बाबू चुप थे। नटु घोष ने पूछा, तुम्हारी पत्नी को गाना–बजाना भी आता है मुखर्जी?

सभी को आश्चर्य हुआ था। ऐसी धर्मशील महिला, इतनी भक्त, इतना बढ़िया खाना बनाती हैं, ऊपर से गाना भी जानती हैं!

मुखर्जीगिन्नी बोलीं, पहले तुम गाओ–

सारी उपस्थित महिलाएँ भी एक–दूसरे का मुँह देखने लगी थीं। नटु घोष की पत्नी ने कहा था, तुममें तो न जाने कितने गुण हैं भाई।

मुखर्जीगिन्नी ने जवाब दिया, नहीं दीदी, इतना कोई गाना–वाना नहीं आता, सुन–सुनकर थोड़ा–बहुत सीख लिया है बस–

हारमोनियम निकाल लायी थीं मुखर्जी पत्नी। बहुत दिनों से काम में नहीं आया था। बक्स पर धूल जम गयी थी।

हारमोनियम देखकर नगेन सरकार ने खुश होकर कहा था अरे वाह! यह तो डबल–रीड का हारमोनियम है, ऊपर से स्केल चेंजिंग भी है–बहुत कीमती है यह तो!

नटु घोष की पत्नी ने पूछा था, तुम्हारे पति को लगता है गाने का बहुत शौक है?

हँस दी थीं मुखर्जी पत्नी।

बोलीं, नहीं दीदी, उनको और गाने का शौक। उन्हें तो बस खाना और सामान खरीदना आता है–

–तो फिर तुमने हारमोनियम क्यों खरीदा?

–यह कोई आज का है जाने किस युग में शादी के पहले खरीदा था, माँ ने खरीदकर दिया था।

नगेन सरकार ने क्या गाया, किसी ने नहीं सुना। नटु घोष जम्हाई लेने लगे। प्रेमलानी साहब बच्चों को घर छोड़कर आये थे। उन्हें भी जाने की जल्दी थी। भूधर बाबू भी जाऊँ–जाऊँ कर रहे थे।

उसी समय नगेन सरकार ने गाना बन्द करके हारमोनियम मुखर्जीगिन्नी की तरफ सरकाते हुए कहा, अब आप गाइये मुखर्जीगिन्नी–

मुखर्जीगिन्नी बोलीं, मैं क्या गाऊँगी अब गृहस्थी के चक्कर में यह सब तो कबका छोड़ दिया है, भूल–भाल गयी अब तो सब–

कहकर हारमोनियम पर उँगलियाँ चलाने लगीं इधर–उधर। जरा देर बाद भजन की पहली लाइन शुरू की उन्होंने–

श्यामा माँ कि आमार कालो–

सीधे होकर बैठ गये भूधर बाबू।

नटु घोष को नींद आ रही थी, उनकी भी आँखें खुल गयीं।

प्रेमलानी साहब भी आँखें बन्द करके निमग्न होकर सुनने लगे। सब एकाग्र हो गये। गाने के स्वरों ने जैसे प्रातः की शीतलता ला दी। मैं मुखर्जीगिन्नी के बिलकुल सामने बैठा था। बड़ी अच्छी लग रही थीं वह। माथे पर सिन्दूर की बिन्दी थी, खुले बाल पीठ पर फैले थे, टसर की लाल किनारे की साड़ी बदन पर, सिर पर पल्ला, सारे दिन के उपवास के बाद मुँह पर विनम्र प्रसन्नता। पूरा व्यक्तित्व लोगों को अपनी ओर आकृषत कर रहा था। मुग्ध होकर सब उनका गाना सुन रहे थे।

क्या गाना था वह!

विभोर भूधर बाबू तो जैसे पूर्ण रूप से अपना आपा खोकर स्वयं को ही उस गाने का पात्र समझ बैठे थे। नटु घोष की जैसे कुछ समझ में नहीं आ रहा था, मुँह बाये मुखर्जीगिन्नी की ओर देख रहे थे। उपस्थित औरतों के सिर से पल्ला खिसक गया था। ऐसा प्रतीत हो रहा था जैसे सम्मोहन की छड़ी घुमा दी हो किसी ने सबके सिर पर।

गाना खत्म होते ही नटु घोष के मुँह से वाह–वाह के शब्द निकले।

प्रेमलानी साहब बोले–वण्डरफुल–मार्वलस–

नगेन सरकार बोले, आप इतना अच्छा गाना जानती हैं और हम लोगों को इतने दिन उससे वंचित रखा–छिः छिः–

भूधर बाबू अब तक चुप थे। अब जैसे उनकी नींद टूटी। बोले, माँ–माँ–

फिर बोले, साक्षात् भगवान् की कृपा न हो तो ऐसा स्वर किसी का नहीं होता है नगेन, यह तो साक्षात् माँ आ गयीं हमारे बीच–

मुखर्जी पत्नी शर्म से गड़ गयीं।

बोलीं, आप भी क्या कह रहे हैं बड़े बाबू, ऐसा कहकर शूमन्दा मत कीजिये आप मुझे! माँ के नाम का भजन गाने के लिए भी भला क्या स्वर की आवश्यकता होती है !

नटु घोष की बहू ने आगे बढ़कर मुखर्जी पत्नी का हाथ पकड़ लिया और बोलीं, तुम्हारे तो पाँव की धूल लेने की इच्छा होती है भाई–

बीच में ही रोककर मुखर्जी पत्नी बोलीं, छिः, छिः, ऐसी बात कहकर क्यों मुझे पाप चढ़ा रही हो दीदी–इतना कहकर नटु घोष की पत्नी के पाँव छू लिये उन्होंने।

भूधर बाबू बोले, तुम्हारी जन्मपत्री है मुखर्जी बाबू?

अब तक मुखर्जी बाबू एक कोने में चुप बैठे थे। जैसे कोई बात नहीं सुन रहे थे। भूधर बाबू की बात सुनकर बोले–नहीं बड़े बाबू, मेरी जन्मपत्री तो नहीं है।

नटु घोष उछल पड़े।

बोले, क्यों? आप क्या जन्मपत्री देखना जानते हैं बड़े बाबू?

भूधर बाबू बोले, नहीं, देखता कि मुखर्जी बाबू की जन्मपत्री में पत्नी के स्थान पर कौन-सा ग्रह है, बृहस्पति के अपने स्थान पर हुए बिना भाग्य में ऐसी बहू नहीं होती किसी के-

सचमुच मुखर्जी बाबू का भाग्य पत्नी के मामले में बहुत ही अच्छा था। केवल खाना पकाना व गाना गाना जानती हों यह बात नहीं थी--अनगिनत गुण थे उनमें। घर शीशे की तरह चमकता था हमेशा। गन्दगी से तो सख्त नफरत थी उनको। और फिर केवल अपने घर का ही नहीं। दोपहर को मुखर्जी बाबू के आफिस चले जाने पर कामकाज से निपटकर किसी-न-किसी के घर जा बैठतीं और हाथ बँटातीं काम में।

एक दिन भर दुपहरी में घर से निकलीं और प्रेमलानी साहब के घर जा पहुँचीं। सीधे अन्दर जाकर आवाज लगायी-अरे ओ साहब-बहू कहाँ हो?

मिसेज प्रेमलानी शायद उसी समय कमर सीधी करने बिस्तर पर लेटी थीं। भारी बदन की औरत थीं, मुखर्जी पत्नी की आवाज सुनकर उठ बैठीं।

तब तक पास पहुँचकर मुखर्जी पत्नी ने कहा-नींद में खलल डालने आ गयी आज मैं साहब-बहू की-

-आओ बहन, आओ।

मुखर्जी पत्नी बोलीं-इतना सोती हो दीदी तभी तो इतनी मोटी होती जा रही हो, यही हाल रहा तो थोड़े दिन बाद प्रेमलानी साहब की बाँहों के घेरे में भी नहीं समा पाओगी।

यह सुनकर मिसेज प्रेमलानी खिलखिलाकर हँस पड़ीं, फिर बोलीं-अरे अब तो प्रेमलानी साहब बूढ़े हो गये हैं बहन।

-बुढ़ापे में ही तो ज्यादा मजा आता है साहब-बहू। इसी उमर में प्रीति गाढ़ी होती है-मुखर्जी पत्नी ने जवाब दिया।

अचानक प्रसंग बदलते हुए मुखर्जी पत्नी ने गम्भीर स्वर में कहा-अच्छा छोड़ो यह सब बातें, इस वक्त तो मैं तुम्हारे पास दूसरे काम से आयी थी। यह बताओ तुम्हारे साहब की तबीयत कैसी है?

-क्यों? उन्हें क्या हुआ? आश्चर्य से मिसेज प्रेमलानी ने यह पूछा।

-लगता है तुम पति के बारे में कोई खबर नहीं रखतीं साहब-बहू। सुनो-

कहकर पल्ले की गाँठ खोलकर एक जड़ी निकाली मुखर्जी पत्नी ने और बोलीं-कल सुबह इसे अच्छी तरह धोकर सिल पर पीसकर साहब को पिला देना। उस दिन रास्ते में मिल गये थे तुम्हारे साहब। वह तो अनदेखा करके चले जा रहे थे। मैं ही पूछ बैठी कि 'कहो, कैसे हो साहब?' कुछ सुस्त-से लग रहे हो। तो बोले,

'आजकल कमर में बहुत दर्द है, इस कारण नींद अच्छी तरह नहीं आती'–तो इस जड़ी को पीने से दर्द भी चला जायेगा और नींद भी अच्छी आयेगी।

फिर मिसेज प्रेमलानी के कान के पास मुँह ले जाकर धीरे से बोलीं, पर एक बात है उस दिन साथ मत सोना–याद रहेगा न? छटपटाओगी तो नहीं?

मिसेज प्रेमलानी खिलखिलाकर हँस पड़ीं मुखर्जी पत्नी की यह बात सुनकर।

–अच्छा चलूँ साहब–बहू, आज जरा जल्दी में हूँ। कहते–कहते दरवाजे से बाहर हो गयीं मुखर्जी पत्नी।

नटु घोष की पत्नी फिर से गर्भवती हो गयी थी। उसे देखने के लिए उसके घर की तरफ चल दीं वह। महरी आ गयी थी काम करने, अतः दरवाजा खुला हुआ ही था।

अन्दर घुसकर आवाज लगायी उन्होंने दीदी, कहाँ हो?

अन्दर से आवाज आयी, आओ आओ–

बहुत–से कच्चे बच्चे थे नटु घोष के। सबसे बड़ी लड़की सोलह साल की थी। उसके बाद तेरह का, बारह का, ग्यारह का–बच्चों की गिनती बढ़ती गयी एक के बाद एक। अब तक तो जचगी कलकत्ते में ही होती रही इसलिए डर की कोई बात नहीं थी। पर घर से दूर इस जंगल में कहाँ दाई थी, कहाँ डाक्टर था और कहाँ दवाई थी। किसी नयी दवाई की आवश्यकता पड़ने पर हेड आफिस को लिखना पड़ता था। तीन महीने बाद जाकर कहीं जवाब आता, दवा आने में और कुछ दिन लग जाते तब तक रोगी चाहे स्वर्ग ही सिधार जाता। शुरू–शुरू में तो दवा के अभाव में काफी लोग मर जाते थे। हेड आफिस को लिखने पर भी कोई लाभ नहीं हुआ था। सुबह से ही अस्पताल के सामने भीड़ लग जाती। केवल कालोनी या कम्पनी के लोग ही नहीं आस–पास के गाँवों से भी लोग बीमार को लेकर चले आते। दस–दस बीस–बीस मील दूर से चलकर लोग दवा लेने आते। जितने लोग उतनी तरह की बीमारियाँ। शरीर में घाव हो जाता तो ठीक होने का नाम ही नहीं लेता जैसे।

जेन्किन्स साहब अंग्रेज आदमी थे। पता नहीं बीबी थी भी कि नहीं होगी भी तो सात समुद्र पार पड़ी होगी। यहाँ जंगल में अकेली पड़ी मक्खी मारने के लिए नहीं आयी थी। रोज रात को साहब का चपरासी गाँव जाकर किसी–न–किसी को पकड़ लाता था।

वैसे जेन्किन्स साहब आदमी अच्छे थे। पाँच रुपये हर रात के देते थे। और अगर कोई अच्छी तरह खुश कर देती तो पाँच के पन्द्रह भी हो जाते थे।

फिर जब रोग बढ़ता तो डाक्टर को बुलाते। कहते–फिर दर्द बढ़ रहा है–दवा दो–

दर्द कम होने के साथ दवा की मात्रा कम होती परन्तु चार दिन बाद फिर बढ़ जाती। यही क्रम चलता रहता था।

भूधर बाबू का कहना था, म्लेच्छ है म्लेच्छ--रोज आफिस से जाकर कोई शौक से थोड़े ही नहाता हूँ--

और तनखा के रुपये? नटु घोष पूछते।

ले तो जा रहा हूँ तालाब में फेंकने को--भूधर बाबू जवाब तड़ से देते।

एक दिन भूधर बाबू ने पूछा--घर की क्या खबर है घोष बाबू?

--उसकी चिन्ता नहीं है कोई बड़े बाबू, मुखर्जीगिन्नी देख रही हैं सब-कुछ। उन्हीं पर छोड़ दिया है सब--घोष बाबू ने जवाब दिया।

तो वाकई में नटु घोष को जरा भी नहीं सोचना पड़ा। सब सँभाल लिया मुखर्जी पत्नी ने। हालाँकि बड़ी-बड़ी लड़कियाँ थीं, पर उन पर थोड़े ही छोड़ा जा सकता था। आखिर तो जचगी का मामला था। बार-बार कहने पर भी घर नहीं गयीं वह। मुखर्जी बाबू खुद ही पकाकर खाते रहे जो भी उनसे बना। घर की एक चाबी यद्यपि मुखर्जी पत्नी के पास थी लेकिन सोमवार की रात को चार बजे जो वह घर से निकलीं तो तीन दिन बाद घर में घुसी थीं। डर से अधमरी हो गयी थीं नटु घोष की बीबी। परदेस और वह भी जंगल। जरा से भी कुछ हो जाये तो बच्चों को पानी देनेवाला भी कोई नहीं था। पर मुखर्जी पत्नी उसे बराबर भरोसा दिलाती रही थीं और केवल मुँह जबानी नहीं, अपनी बात निभायी थी उन्होंने।

फैली हुई कालोनी थी--एक मकान यहाँ तो दूसरा वहाँ। एक घर की आवाज दूसरे में सुनायी नहीं देती थी। रात को सारी कालोनी खाँ-खाँ करती। शेर भालू चीते घूमते रहते। और भी बहुत-से जीव-जन्तु थे। दिन में तो ठीक था--नदी के दोनों ओर के काले सूखे खेत दिखायी देते थे-- शोरगुल भी होता रहता। नदी के उस पार पहाड़ से टिका हुकुमसिंह का लकड़ी का दुमंजिला घर था--उसके बाद जंगल-ही-जंगल। उत्तर की ओर नदी के किनारे भी एक पहाड़ था, जिस पर सुबह से ही पत्थर तोड़ने का काम शुरू हो जाता था। गड्ढा बनाकर कुली उसमें डायनामाइट दबा देते और भागकर दूर चले जाते। फिर जोर से विकट आवाज होती और पत्थर के टुकड़े चारों ओर बिखर जाते। लेकिन रात को बड़ा डर लगता। उस समय बिलासपुर से एक पैसेंजर ट्रेन आती थी, जिसके पुल पर से गुजरते हुए होनेवाली आवाज से नटु घोष की पत्नी का दिल धड़कने लगता।

सोमवार को मुखर्जी पत्नी जब घोष के घर पहुँचीं तो वह सामने ही पायचारी करते दिखायी दिये।

मुखर्जी पत्नी बोलीं, भण्डार की चाबी दे दीजिये। और हाँ डाक्टर को बुलाने भेज दिया है न किसी को?

नटु घोष ने कहा, हाँ--

फिर उसके बाद उन्होंने जच्चा की देखभाल में दिन-रात एक कर दिया था। दादा जितनी बार देखने गये, मुखर्जी पत्नी की सेवा देखकर स्तम्भित रह गये थे।

लड़का हुआ था। मिसेज घोष तो बस बच ही गयी थीं। तकलीफ तो अधिक हुई ही थी, साथ-साथ रक्त नल की धार की तरह बहा था। लेकिन मुखर्जी पत्नी के चेहरे पर शिकन तक नहीं थी। बच्चों की देखभाल और जच्चा-ऐसे सँभाल लिया था सब, जैसे उनके बायें हाथ का खेल हो।

नटु घोष तो आभार से दब ही गये थे। कहा था, इतना किया आपने, कैसे धन्यवाद दूँ आपको।

मुखर्जी पत्नी ने कहा था, क्या कर पायी दादा, बच्चे तक को तो बचा नहीं पायी-

उसमें आप क्या कर सकती थीं, पत्नी बच गयी यही बहुत है।

मुखर्जी पत्नी ने कहा था, आज आफिस चले जाइये आप-

-मैं आफिस चला गया तो कौन सँभालेगा?

-मैं हूँ न!

नटु घोष ने कहा था, मुखर्जी महाशय को बहुत तकलीफ हो रही होगी। खाना भी खुद ही बनाना पड़ता होगा-

-कोई बात नहीं, बस आप इतना कह दीजियेगा कि मैं अभी दो दिन और घर नहीं आ पाऊँगी-

एक दिन साहब-बहू भी देखने आयी थीं। तब तक श्रीमती घोष ठीक हो गयी थीं। उन्होंने कहा था, मुखर्जीगिन्नी ने इस बार मौत के मुँह से निकाल लिया मुझे, नहीं तो बच्चे बिना माँ के रह जाते-

घर लौटते समय नगेन सरकार के साथ सामना हो जाने पर वह बोले थे, बलिहारी है आपकी मुखर्जीगिन्नी।

हँसकर मुखर्जी पत्नी ने कहा था, क्यों मैंने क्या किया है देवर जी?

-आप मनुष्य नहीं हैं सचमुच-

-हाय राम, देवर जी क्या कह रहे हो? मनुष्य नहीं तो क्या राक्षसी हूँ?

-कारखाने में भी आपके बारे में यही बात हो रही थी-

-अच्छा तो कारखाने में यही काम होता है? मुखर्जी पत्नी ने कहा।

-नहीं, मजाक नहीं मुखर्जीगिन्नी, डाक्टर साहब भी कह रहे थे कि इतनी सेवा तो अस्पताल की नर्स भी नहीं कर सकती। और भूधर बाबू कह रहे थे कि 'मनुष्य का कैरेक्टर ही सब-कुछ होता है। कैरेक्टर अच्छा हो तो मनुष्य के लिए कुछ भी असाध्य नहीं होता। उनका कैरेक्टर ही खरा सोना है।'-

दूसरे दिन नगेन सरकार सीधे घर पर आ धमका। बाहर से ही आवाज लगायी, मुखर्जीगिन्नी, ओ मुखर्जीगिन्नी-

अन्दर से आवाज आयी, कौन? देवर जी? आओ, आओ।

कहते-कहते सामने आ पहुँचीं और बोलीं, क्या हुआ देवर जी? इस वक्त? ड्यूटी नहीं है?

कमरे के अन्दर आकर बैठते हुए नगेन सरकार बोला-आज की छुट्टी ली है।

-यह तुम्हारे हाथ में क्या है देवर जी?

-हनुमान जी के मन्दिर में गया था, प्रसाद लाया था वहाँ से।

हनुमान जी का मन्दिर अनूपपुर से चालीस मील दूर था, बैलगाड़ी से जाना पड़ता था।

मुखर्जी पत्नी ने मज़ाक करते हुए कहा-क्या बात है? आजकल बड़ी भक्ति उमड़ रही है।

-नहीं मुखर्ज़ीगिन्नी, ऐसी कोई बात नहीं है। इस बार तनख्वाह बढ़ी थी इसलिए प्रसाद चढ़ाने चला गया था।

-कितनी बढ़ी?

-पचास रुपये। सोचा सबसे पहले आपको देकर आऊँ प्रसाद। पुण्यात्मा हैं आप। आपको देकर खाने से अधिक पुण्यलाभ होगा।

-तो फिर जरा रुको देवर जी, बासी कपड़े बदल आऊँ-उठते हुए मुखर्जी पत्नी ने कहा।

कहकर अन्दर गयीं और टसर की साड़ी पहन आयीं। दोनों हाथों से प्रसाद लिया और माथे से छुआकर अन्दर रख आयीं।

बाहर आकर बोलीं, अब तुम शादी कर लो देवर जी, अब तो तनख्वाह भी बढ़ गयी है।

-अच्छी लड़की कहाँ मिलती है? आप ढूँढ़ दीजिये-नगेन सरकार ने जवाब दिया।

-हाय राम, तुमने तो कमाल ही कर दिया देवर जी, बंगाल में भला लड़कियों का अभाव है?

-तो ढूँढ़ दीजिये न अपनी-जैसी एक, मैं आज ही शादी करने को तैयार हूँ।

इतना सुनते ही खिलखिलाकर हँस पड़ीं मुखर्जी पत्नी!

फिर बोलीं-लगता है देवर जी के बड़ी मन भा गयी हूँ मैं?

-इसमें भी कोई सन्देह है? भला आपके जैसी लड़की किसके मन नहीं भायेगी?

-कहाँ, तुम्हारे मुखर्जी बाबू का मन तो जीत नहीं पायी अब तक-मुखर्जी पत्नी ने कहा।

-मैं नहीं मानता यह बात। अगर मुखर्जी बाबू खुद अपने मुँह से कहें तो भी विश्वास नहीं करूँगा।

–मत मानो। मैंने खुद एक दिन पूछा था उनसे कि यहाँ के सारे लोग मेरी प्रशंसा करते हैं पर तुम्हारे मुँह से तो अपनी बड़ाई में एक शब्द भी नहीं सुना कभी–

–तो क्या बोले?

–उनकी बात छोड़ दो देवर जी, वह किसी के न लेने में न देने में। बस अपने खाने और सौदा खरीदने में मस्त हैं। अब मैं इतने दिन नटु घोष के घर रह आयी पर उन्हें कोई मतलब नहीं, कोई गुस्सा नहीं।

–हमारे यहाँ तो सब आपकी बातें करते हैं–नगेन सरकार ने कहा।

–क्या कहते हैं? उत्सुकता से मुखर्जी पत्नी ने पूछा।

–स्टोर्स के बड़े बाबू को तो पहचानती हैं आप, वही भूधर बाबू? वह कह रहे थे–

–कौन? वह? जिनके सिर पर चोटी है? बीच में ही मुखर्जी पत्नी ने पूछा।

–हाँ, बड़े सात्विक पुरुष हैं। रोज सवेरे नदी में स्नान करते हैं। फिर पूजा-पाठ करके किसी काम में हाथ लगाते हैं। बड़ी प्रशंसा करते हैं वह आपकी। और केवल भूधर बाबू ही नहीं जेन्किन्स साहब भी आपकी प्रशंसा करते हैं–

–वह तो मेरे हाथ के कटलेट खाकर।

–नहीं मुखर्जीगिन्नी, खाली यह बात नहीं है। नटु घोष की पत्नी की सेवा की बात उनके कानों तक भी पहुँच गयी है। कह रहे थे कि अब अस्पताल के लिए एक नर्स लायेंगे, हेड आफिस चिट्ठी भेज दी है।

–कुछ भी कहो देवर जी, पर तुम्हारे साहब अच्छे आदमी नहीं हैं–

–क्यों? क्या किया है साहब ने?

–क्यों, रोज रात को गाँव से लड़की लाकर घर में रखना क्या अच्छी बात है? तुम लोग इसका विरोध नहीं कर सकते?

नगेन सरकार ने जवाब दिया, वह भी क्या करें बताइये। विदेश में रहने आये हैं। मेमसाहब तो मिलती नहीं यहाँ, फिर कैसे दिन बितायें?

–क्यों, तो क्या औरत के बिना रहा नहीं जा सकता? अब यह बड़े बाबू हैं, तुम हो, तुम लोग कितनी औरतें लाते हो घर में? तुम्हारे दिन नहीं कटते क्या?

–हमारी बात और है मुखर्जीगिन्नी, हम ठहरे गरीब क्लर्क, ओवरसियर। हम लोगों में तो खराब होने लायक योग्यता भी नहीं है–

–अच्छा देवर जी, यह जो तुम चालीस मील दूर कहीं मन्दिर में मानता मानने गये, तो तुम लोग क्या यहाँ अपने लिये एक मन्दिर की प्रतिष्ठा नहीं कर सकते? विषय बदलते हुए मुखर्जी पत्नी ने पूछा।

–मन्दिर? उसके लिए बहुत पैसा चाहिए मुखर्जीगिन्नी?

–बस यहीं तो तुम लोगों की सामर्थ्य खत्म हो जाती है, जैसे ही किसी अच्छे काम की बात आयी नहीं रुपये का अभाव पड़ जाता है–सब लोग क्या महीने में पाँच रुपये भी नहीं दे सकते?

–पाँच रुपये से क्या होगा? नगेन सरकार ने पूछा।

–क्यों, हर आदमी अगर पाँच रुपये दे तो मन्दिर नहीं बन सकता?

तभी हिसाब लगाकर बता दिया मुखर्जी पत्नी ने। पाँच-पाँच रुपये सब दें तो तीन सौ तो वैसे ही इकट्ठे हो जायेंगे। और फिर कण्ट्रैक्टर हुकुमसिंह है, फोरमैन प्रेमलानी साहब हैं, डाक्टर बाबू हैं तथा जेन्किन्स साहब तो हैं ही।

हिसाब लगाया कि तीन हजार रुपये इकट्ठे किये जा सकते थे।

उसके बाद सबके उत्साह और प्रयत्नों से मन्दिर बन गया था। प्रतिष्ठा के दिन की बात अभी तक याद है। कितना उत्साह था लोगों में! सभी हिन्दू थे और अधिकतर घर-गृहस्थीवाले थे। मकान, डाक्टर, पानी की व्यवस्था तो कम्पनी ने कर दी थी। पर मन्दिर भी उतना ही आवश्यक था। मन्दिर की प्रतिष्ठा से हर हिन्दू को सुविधा थी। भगवान् की जरूरत तो हर किसी को होती है। नटु घोष को भी स्वीकार करनी पड़ी थी।

कहा था, बात तो ठीक ही थी मुखर्जीगिन्नी की, अभी उस दिन मेरी पत्नी ने शिव का उपवास किया, पर जल चढ़ाने के लिए शिवलिंग था ही नहीं।

प्रेमलानी साहब ने मन्दिर का प्रस्ताव सुनकर कहा था, वेरी गुड आइडिया, पचास रुपये मैं दूँगा और पत्थर व सीमेण्ट कारखाने से मुफ्त मिल जायेगा–

हेड आफिस भी पत्र लिख दिया था–जेन्किन्स साहब ने स्वयं बहुत सिफारिश की थी।

नटु घोष की बहू ने कहा था, धन्य है तुम्हारी माँ भाई, वह तो तुम्हारी प्रशंसा करते नहीं अघाते–

प्रेमलानी साहब की पत्नी बोली थीं, बहन, तुम्हारी कोशिश से ही यह सम्भव हुआ–

इस पर मुखर्जीगिन्नी ने कहा था, पहले बन जाने दो साहब-बहू, फिर कहना–

मेस में रहनेवाले छोकरे क्लर्कों ने भी उनकी बहादुरी के गुण गाये थे।

भूधर बाबू ने कहा था, देखा, मैंने कहा नहीं था कि पृथिवी पर असली चीज कैरेक्टर होता है, कैरेक्टर खरा हो तो रुपया-पैसा कुछ नहीं होता–मुखर्जीगिन्नी का कैरेक्टर ही खरा सोना है।

शुरू-शुरू में मुखर्जी पत्नी के कैरेक्टर के सम्बन्ध में छोकरे क्लर्कों को सन्देह हुआ था, यह सच है। मुखर्जी महाशय जब पत्नी के साथ स्टेशन पर उतरे थे तो स्टेशन-मास्टर अम्बिका मजूमदार ने देखा था।

ए० एस० एम० कंजिलाल बाबू से पूछा था उन्होंने, कौन है यह आदमी? क्या कह रहा था तुमसे?

कंजिलाल बाबू ने कहा था, कन्स्ट्रक्शन का आदमी है, यहाँ नौकरी पर आया है–

साथ में शायद बहू है?

उनको ही सन्देह नहीं हुआ था, शुरू-शुरू में हरेक को सन्देह होता था। मुखर्जी महाशय के बगल में मुखर्जीगिन्नी को देखकर छोकरे तो ओंठों ही ओठों में मुस्कुरा पड़ते थे। पति से बिलकुल ही उलटी थीं वह। उनके देखने, चलने, पान खाने, बात करने आदि सबमें एक बाँकपन-सा था, जो बरबस अपनी ओर खींच लेता था। और मुखर्जी महाशय एकदम निरीह, निर्बोध-से दिखते थे, कपड़े-लत्ते एकदम सीधे-सादे और बातचीत में अत्यन्त सरल।

शुरू में तो नटु घोष की बहू भी चकित रह गयी थी।

मजूमदार की बहू से उसने कहा था, क्यों दीदी, तेरह नम्बर के कमरे में जो आये हैं, उन्हें देखा?

–नहीं तो, क्यों? जरा आश्चर्य से मजूमदार की बहू ने पूछा था।

नटु घोष की बहू ने इस पर पूछा था, चलोगी किसी दिन?

परन्तु मजूमदार की पत्नी का जाना नहीं हो पाया था। स्टेशन से बहुत दूर पड़ती थी कालोनी। लड़की को साथ लेकर नटु घोष की बहू एक दिन जा पहुँची थी। पहले दिन ही मुखर्जीगिन्नी ने उसे अपना बना लिया था।

बोली थीं, हम तो नये आये हैं दीदी, परदेश का मामला है, वह भी डरपोक स्वभाव के हैं, आप लोगों का ही सहारा है–

–हम लोग भी तो नये ही हैं भाई, यहाँ कौन पुराना है।

उस दिन जो सूत्रपात हुआ तो दोनों में गाढ़ी मित्रता हो गयी। और उसके बाद तो एक-एक करके सभी को अपना बना लिया था उन्होंने। जो छोकरे शुरू में दूर से ओंठों ही ओंठों में सीटी बजाते थे, वह भी उनका गुणगान करते अघाते नहीं थे।

जब-तब नेपाल आकर कहता, मुखर्जीगिन्नी, चाय पियूँगा।

वह कहतीं, क्यों रे, अब आता ही नहीं तू?

नेपाल सफाई देता, कलकत्ता, हेड आफिस गया था–बृहस्पति को ही आया हूँ–

हाय राम, बृहस्पति को आया और आज शनिवार हो गया, इतने दिनों में एक बार भी नहीं आया? बिलकुल भूल गया मुझे!

और केवल नेपाल ही नहीं, अरुण, विमल, सभी का यही हाल था।

अचानक कभी अरुण भागता हुआ आता और कहता, थोड़ी सब्जी तो दो मुखर्जी पत्नी!

–केवल तरकारी? खाली तरकारी का क्या करेगा रे?

वह कहता, नेपाल ने खाना बनाया था, नमक झोंक दिया, खायी ही नहीं जा रही–जल्दी से थोड़ी तरकारी दे दो, नहीं तो आज भूखे ही रहना पड़ेगा–

दो बड़ी-बड़ी कटोरियों में दाल और आलू के साथ मागुर मछली की या कोई और तरकारी ले आतीं मुखर्जी पत्नी।

अरुण देखकर चकित रह जाता, आँखें फैलाकर कहता, अरे बाप रे, इतनी सारी क्यों ले आयी? हम दो ही तो हैं खानेवाले!

वह कहतीं, तो क्या हुआ, सब खायी जायेगी–

–सारी-की-सारी दे दोगी तो तुम लोग क्या खाओगे? आफिस से आकर अभी मुखर्जी महाशय भी तो खायेंगे?

–तो क्या हुआ, तू ले जा।

कभी-कभी ताश का खेल जमता। एक तरफ मुखर्जीगिन्नी और नेपाल होते और दूसरी तरफ अरुण और विमल। खेलते-खेलते झगड़ा हो जाता, पर फिर दोस्ती हो जाती। हँसी से कमरा गूँज उठता। मुखर्जीगिन्नी कहतीं, अबसे नेपाल को जोड़ीदार नहीं बनाऊँगी, अरुण कल से तू मेरा जोड़ीदार बनना–

नेपाल कहता, अरे वाह, मुझे कैसे पता चलता कि तुम्हारे पास पान का इक्का है?

वह कहतीं, एक नम्बर का बेवकूफ है तू, जब मैं नहला फेंककर चुप बैठ गयी, तो तभी समझ जाना चाहिए था तुझे।

एक दिन खेल के बीच में ही मुखर्जी महाशय आ पहुँचे और उन्हें खेलते देखकर बोले, खेल रहे हो, अच्छा खेलो-खेलो–

फिर पत्नी की ओर देखकर कहा, अजी, तीन रुपये तो देना।

–क्यों, किसलिए चाहिए अब? हाथ का पत्ता फेंककर नजरें उठाकर पूछा था उन्होंने!

–आफिस में सब-के-सब खिलाने को पीछे पड़े हैं–

–क्यों? किसलिए खाना चाहते हैं।

–वह उस महीने पाँच रुपये तनख्वाह बढ़ी थी न, इसलिए मिठाई माँग रहे हैं सब-के-सब। मैंने कहा, घर से रुपये लाकर खिलाऊँगा–

मुखर्जीगिन्नी का चित्त तो खेल में रमा हुआ था, आँख उठाने की भी फुर्सत नहीं थी। बोलीं, चाबी लेकर बक्सा खोल लो–

ऐसे ही एक दिन खेलते-खेलते नेपाल बोला था, मुखर्जीगिन्नी, हम लोग मन्दिर के लिए चन्दा इकट्ठा कर देंगे, बताओ कितने रुपये इकट्ठा करने हैं?

चन्दा इकट्ठा करते समय थोड़ी गड़बड़ हुई थी, हर आदमी तो पाँच रुपये दे नहीं सकता था–विशेषकर वह, जिनका वेतन कम था। परन्तु ऐसे लोग गिनती के दो-चार ही थे, जिन्होंने आपत्ति उठायी थी।

उन्होंने कहा था, मन्दिर बनाने से क्या फायदा? उससे तो नाटक क्यों न किया जाये, 'शाहजहाँ' तथा 'मेवाड़ पतन'–दो रात में दो नाटक। कलकत्ते से ड्रेसर व पेण्टर बुलाकर इकट्ठे किये रुपयों से नाटक किये जायें और अगर तब भी पैसे बच जायें, तो एक फीस्ट हो जाये–सबको भरपेट मांस और पुलाव खिला दिया जाये–

इस पर नटु घोष ने कहा था, इन छोकरों की ऐसी–वैसी बातों में मैं नहीं पड़ूँगा, एक पैसा नहीं दूँगा मैं–

प्रेमलानी साहब ने पूछा था, क्यों? टेम्पल क्यों नहीं बनेगा?

लोगों ने जवाब दिया था, कुछ लोग अड़ गये हैं। कह रहे हैं मन्दिर के बदले नाटक हो–

–नाटक? हाँ, यह भी क्या बुरा है, नाटक हो जाये।

परन्तु भूधर बाबू ने गुस्से से कहा था, मैं तो पहले ही जानता था कि ऐसा पुण्यकर्म नहीं होगा, बंगालियों में यूनिटी ही नहीं है। मैंने तो तभी कहा था–कैरेक्टर अच्छा न हो तो एकता–टेकटा सब हवा में उड़ जाती है, कोई जरूरत नहीं किसी चीज की, मेरे चन्दे के रुपये वापस कर दो–

ऐसा लगने लगा था, जैसे मन्दिर की बात धरी रह जायेगी। लेकिन खबर मिलते ही मुखर्जीगिन्नी घर से निकल पड़ी थीं।

छुट्टी का दिन था। नगेन सरकार घर बैठा हारमोनियम लिये स्वर साध रहा था। खिड़की खुली थी। घर के सामने जाकर पुकारा, देवर जी–

मुखर्जीगिन्नी को देखते ही नगेन सरकार ने गाना बन्द करके जरा आश्चर्य से कहा था, आप?

तमतमाकर मुखर्जीगिन्नी ने पूछा था, कौन कह रहा है कि मन्दिर नहीं बनेगा?

उनका चेहरा देखकर डर लगने लगा था नगेन सरकार को।

झट से बोला था, कुछ लोग कह रहे हैं...

–कौन? क्या नाम है उनका?

–नाम...

–मैं कह रही हूँ बनेगा–कम्पनी रुपया दे या न दे, कोई अड़ंगा लगाये या न लगाये, मन्दिर तो बनेगा ही–

उनके सामने नगेन की बोलती बन्द हो गयी थी।

उन्होंने पूछा था, बस यह बता दो कि तुम मेरे साथ हो या नहीं?

झट से नगेन ने कहा था, मैं तो तुम्हारे साथ हूँ मुखर्जीगिन्नी।

–तो फिर यह लो–

कहकर जल्दी से दाहिने हाथ से बायें हाथ की सोने की एक चूड़ी निकालकर उसकी हथेली पर जोर से पटक दी और बोलीं, कोई और दे या न दे, मैंने दे दिया। जरूरत पड़ेगी तो सारी चूड़ियाँ दे दूँगी।

उसके बाद उसी दिन दोनों मिलकर हर एक के घर गये थे और सबको समझाया था। बाद में नेपाल, अरुण व विमल भी साथ हो लिये थे।

तीनों ने कहा था, चिन्ता मत करो मुखर्जीगिन्नी, हम तुम्हारे सारे रुपये इकट्ठा कर देंगे–

उसी दिन से कालोनी में एक भूकम्प–सा आ गया था। नेपाल वगैरह ट्रेन के समय स्टेशन जाकर चन्दा इकट्ठा करते। कोई एक पैसा देता, कोई दो पैसे और कोई–कोई रुपया–दो रुपया–कोई नहीं भी देता। पहले दिन ही बीस रुपये बारह आने जमा हो गये थे तथा अगले दिन तेईस रुपये दो पैसे।

मुखर्जीगिन्नी की बात सुनकर प्रेमलानी साहब की बहू ने अपने हाथ से सोने की एक चूड़ी निकालकर दे दी थी। नटु घोष की बहू सोने की चूड़ी तो नहीं दे पायी थी, क्योंकि कई लड़कियाँ थीं, जिनका विवाह करना था। पर तब भी उसने बीस रुपये दिये थे।

जेन्किन्स साहब ने पाँच सौ रुपये दिये थे।

हेड आफिस ने भी जमीन देने की अनुमति भेज दी थी। भैया को भी देना पड़ा था। मुखर्जी पत्नी स्वयं आकर कह गयी थीं, डाक्टर साहब अगले शनिवार की शाम को आपको आना पड़ेगा, उसी दिन नींव खोदी जायेगी–

आज इतने दिनों बाद विण्डन स्क्वेयर के सामने मुखर्जी महाशय के समक्ष खड़े वह सारी बातें याद आने लगी थीं। कालोनी के मैदान के किनारे अस्पताल के ठीक पीछे नींव पड़ी थी। कितनी भीड़ थी वहाँ उस दिन। कोई भी नहीं छूटा था। उधर बिजुरि, मनेन्द्रगढ़, चिरमिरि से लोग आ गये थे। कण्ट्रैक्टर हुकुमसिंह स्वयं खड़े होकर काम करा रहा था।

मुखर्जी पत्नी घूम–घूमकर हरेक से कह रही थीं, आप लोगों के आने से हमारा उत्साह बढ़ गया–

नटु घोष ने सबसे उनका परिचय करा दिया था।

कहा था, यही हैं हमारी मुखर्जीगिन्नी, मिसेज मुखर्जी–एक तरह से इन्हीं के प्रयत्नों से यह मन्दिर बन रहा है–

मुखर्जीगिन्नी ने उस दिन सुबह से कुछ भी नहीं खाया–पिया था। सब कुछ निपटाकर लौटते–लौटते काफी रात हो गयी थी।

नेपाल वगैरह भी साथ–साथ घर आये थे। चलते समय मुखर्जी पत्नी ने कहा था, कल सुबह आना तुम लोग–रुपये मेरे पास ही रहने दो, आज का हिसाब कापी में लिख लेना–

हिसाब में बहुत सख्ती बरती थी उन्होंने, एक पैसे का भी हिसाब नहीं मिलता तो घण्टा निकाल देती थीं मिलाने में।

कहतीं, मन्दिर के रुपये हैं, एक-एक पैसे का हिसाब देना पड़ेगा, बाद में गोलमाल हुआ तो कौन जवाब देगा?

रोज रात को जमीन पर दरी बिछाकर नगेन, नेपाल, अरुण व विमल के साथ हिसाब लिखने बैठती थीं वह। हर व्यक्ति को जितने-जितने रुपये खर्च करने को दिये होते, हिसाब माँगतीं। अगर जरा भी गड़बड़ होती तो अपने साथ-साथ सबका दिमाग खराब कर देतीं।

हिसाब-किताब मिलाकर जब सोने जातीं तो अनूपपुर की कालोनी में सोता पड़ गया होता, मुखर्जी महाशय की तो एक नींद भी पूरी हो जाती थी। और सुबह उनके उठने से पहले ही वह नहा-धोकर चूल्हा जला चुकी होती थीं। जल्दी-जल्दी खाना-पीना निपटाकर मिस्त्रियों का हिसाब करने के लिए हुकुमसिंह के पास चली जाती थीं। उन लोगों की मजदूरी का हिसाब-किताब वही रखता था।

पूरे जोर-शोर से काम चल रहा था। मन्दिर के साथ-साथ उसके सामने खम्भों पर छत डालकर बैठने के लिए भी जगह बन रही थी, जहाँ आवश्यकता पड़ने पर गीता पाठ, चण्डी पाठ या कीर्त्तन भी हो सकता था।

रेलवे लाइन के कन्स्ट्रक्शन का काम था, आठ-दस साल चलना था। भविष्य में अनूपपुर के शहर बन जाने की सम्भावना थी, स्टेशन भी जंक्शन बननेवाला था। जिस प्रकार कोयले की खान के आस-पास कल-कारखाने बन जाते हैं, उसी प्रकार स्टेशन के आस-पास बस्ती बढ़ते-बढ़ते शहर बन जाता है। भविष्य में बम्बई, कलकत्ता, दिल्ली, मद्रास से लोग आकर जब पूछेंगे कि यहाँ मन्दिर किसने बनवाया तो इसी कालोनी के लोगों का नाम लिया जायेगा। तब कोई बतायेगा कि किस तरह वहाँ के कुछ हिन्दुओं ने मिलकर पैसा इकट्ठा करके मन्दिर बनाया था।

प्रेमलानी साहब ने कहा था, मन्दिर एक तरह से मिसेज मुखर्जी के प्रयत्नों से ही बना है, तो फिर पत्थर भी उन्हीं के नाम का लगाया जाये- क्यों मिस्टर नटु घोष, आपकी क्या राय है?

नटु घोष उछल पड़े थे सुनकर। कहा था, अरे महाशय, इसमें भी भला दो राय हो सकती है ! मेरी पत्नी तो मर ही जाती अगर वह न होतीं, घर से सैकड़ों मील दूर परदेश में विडोअर हो जाता मैं-मेरी लड़कियाँ तो उन्हें काकी कहने लगी हैं।

नगेन सरकार ने कहा था, उस मन्दिर की बात सबसे पहले उन्होंने ही मेरे सामने उठायी थी, सारा क्रेडिट उन्हीं का है-

कानों कान होती बात जब मुखर्जीगिन्नी के कान में पहुँची थी तो उन्होंने कहा था, छि: छि:, अगर ऐसी बात है तो आज से इस काम से मैं अलग हुई जाती हूँ।

नगेन सरकार ने संकुचित होकर कहा था, पर मुखर्जीगिन्नी आपने ही तो सब-कुछ-

बात बीच में ही काटकर उन्होंने कहा था, देवर जी, तुम्हारा ख्याल है कि तुम लोगों की मदद के बिना मैं अकेली यह सब-कुछ कर पाती?

नेपाल ने कहा था, अच्छा, तो फिर तुम मन्दिर कमेटी की सेक्रेटरी बन जाओ मुखर्जीगिन्नी–

–नहीं, मैं कुछ नहीं बनूँगी, बनना चाहती भी नहीं, मैं तो बस रोज भगवान् को जल चढ़ाकर प्रणाम कर आया करूँगी। और तुम्हीं बताओ मेरा नाम रखने से क्या बनेगा! मैं ठहरी औरतजात–तुममें से ही एक प्रेसीडेण्ट और एक सेक्रेटरी बन जाओ–

अन्त में मन्दिर बनकर तैयार हो गया था।

सबकी राय हुई थी कि जागरण के दिन एक मीटिंग भी बुला ली जाये।

सामान्य-सा अनुष्ठान होने की बात थी, परन्तु होते-होते अच्छा बड़ा आयोजन हो गया था। हुकुमसिंह ने अपनी तरफ से शामियाना लगवा दिया था। रीवाँ के ठाकुर प्रेसीडेण्ट बनने को तैयार हो गये थे।

खाने का सामान मुखर्जी महाशय कटनी से लाये, वहीं से निमन्त्रण-पत्र भी छपवाने का काम भी उन्हीं को सौंपा गया था। बेचारों ने जाने कितने चक्कर लगाये थे कटनी के।

नगेन सरकार ने सहानुभूति जतायी थी, आपको बहुत परिश्रम करना पड़ रहा है मुखर्जी महाशय–

उनके बदले मुखर्जीगिन्नी ने जवाब दिया था, नहीं देवर जी, खरीद-फरोख्त करने में उन्हें कोई तकलीफ नहीं होती–

फिर मुखर्जी महाशय की ओर देखकर बोली थीं, सब तो ले आये पर काँच के पन्द्रह गिलास और चाहिए थे–

मुखर्जी महाशय ने कहा था, पन्द्रह गिलास? अच्छा, ले आता हूँ–

–कहाँ से लाओगे?

–लोगों के घरों से दो-दो, चार-चार करके इकट्ठा करूँगा–

–हाँ, अब इसके अलावा चारा भी क्या है? और देखो, कुछ ट्रे मिल जायँ तो वह भी ले आना, हुकुमसिंह से मेरा नाम ले देना–उसके पास जरूर होंगी–

इस प्रकार सारा दिन मुखर्जी महाशय दौड़ते रहे थे। मुखर्जीगिन्नी भी दिन भर कामों में फँसी रही थीं। और वही दोनों नहीं, बल्कि नगेन सरकार, नेपाल, अरुण, विमल आदि भी भागते-दौड़ते रहे थे।

अचानक नेपाल ने आकर याद दिलाया था, मुखर्जीगिन्नी, फूलों की माला मँगाना तो याद ही नहीं रहा–

अरुण ने कहा था, और कुछ प्लेट व ग्लास भी तो चाहिए–

मुखर्जीगिन्नी ने हँसकर कहा था, उसकी चिन्ता मत करो, मुखर्जी महाशय से सब मँगवा लिया है–

शाम को जलसा आरम्भ होना था।

हम लोग जाने को तैयार हो रहे थे। भैया अस्पताल से जल्दी आ गये थे। मुखर्जीगिन्नी को वचन दे दिया था भैया ने।

उसी दिन अचानक सुबह की ट्रेन से भैया के मित्र प्रशान्त दत्त आ गये थे। इन्श्योरेन्स में काम करते थे, कभी दिल्ली, कभी बम्बई तो कभी कलकत्ता–जाना–आना लगा ही रहता था उनका–बीच–बीच में भैया के पास भी आ जाते थे और एक–दो दिन रहकर चले जाते थे।

दादा ने कहा था, अच्छा ही हुआ तुम आ गये, आज हमारे यहाँ एक जलसा है–

–कैसा जलसा?

–तुम भी चलना, हमारी इस कालोनी के मन्दिर की प्रतिष्ठा होगी आज–जाना तो पड़ेगा ही–थोड़ी देर रुककर वापस आ जायेंगे।

सचमुच एक विराट् आयोजन था उस कालोनी के लिए। जाने कहाँ से नेपाल वगैरह पद्मफूल भी ले आये थे, धूप व अगरबत्तियाँ जल रही थीं। हुकुमसिंह सामने बैठा था, उसके पास ही जेन्किन्स साहब व प्रेमलानी साहब बैठे थे। सामने बेंचें बिछाकर मंच बना दिया गया था। रीवाँ के ठाकुर गले में माला पहने सभापति की कुर्सी पर बैठे थे। एक ओर औरतों के बैठने का स्थान था।

प्रशान्त बाबू को शायद यह सब अच्छा नहीं लग रहा था। भैया से कहने लगे, दुर, यह सब क्या सुनना! सब बेकार की बातें, चल उठ–

भैया ने हाथ पकड़कर बैठाते हुए कहा था, जरा देर बैठ न, परदेश में हूँ, ऐसे मामलों से अलग रहने पर बदनामी होती है–

प्रशान्त बाबू जरा अंग्रेज आदमी थे। कहने लगे, यह मन्दिर–वन्दिर के चक्कर में मैं नहीं पड़ता भाई, तेरी इच्छा है तू सुन, मैं तो चला–

नगेन सरकार ने भाषण दिया। ओवरसियर थे--लिखकर लाये थे।

बोले थे, आज हमारे इस मन्दिर की प्रतिष्ठा के पीछे जिस व्यक्ति ने अक्लान्त परिश्रम तथा निष्ठा व निरालस भाव से कार्य किया है, सबसे पहले उन्हीं को भक्तिभाव से प्रणाम करता हूँ, वह न होतीं तो यह सम्भव नहीं होता। उनका नाम है श्रीमती मुखर्जी। उन्हें आप सभी जानते हैं। वह हमारे कन्स्ट्रक्शन के ड्राफ्ट्समैन मिस्टर मुखर्जी की पत्नी हैं।...

इसके बाद जेन्किन्स साहब की वक्तृता हुई।

उन्होंने कहा, क्रिश्चियनों के लिए जो महत्त्व चर्च का होता है, वही हिन्दुओं के लिए टेम्पल का होता है। टेम्पल उनके धर्म का अंग है–मिसेज मुखर्जी जब इस टेम्पल का प्रस्ताव लेकर मेरे पास आयीं तो मैंने अन्तःकरण से उसका समर्थन किया और हेड आफिस से भी डोनेशन दिलाने की व्यवस्था की–

प्रोग्राम की लिस्ट देखकर मुखर्जीगिन्नी ने कहा, देवर जी, अब तुम्हें गाना गाना है–

आश्चर्य से नगेन सरकार ने पूछा था, मैं गाना गाऊँगा? कह क्या रही हैं आप?

–बिलकुल ठीक कह रही हूँ, तुम्हारे बाद शेफाली गायेगी और फिर दीपाली।

प्रोग्राम मुखर्जीगिन्नी ने ही तय किया था।

नेपाल ने आकर पूछा, चाय का पानी चढ़ा दूँ?

–अभी नहीं, जरा देर बाद–मुखर्जीगिन्नी ने जवाब दिया था। फिर कहा था, हर प्लेट में दो समोसे और दो रसगुल्ले रखकर देना। प्रेसीडेण्ट के लिए तो दो राजभोग भी हैं–

अरुण ने पूछा था, तो प्रेसीडेण्ट को क्या अलग से ले जाकर खिलाऊँ?

दूसरी तरफ जल्दी से मुँह बढ़ाकर नगेन सरकार फुसफुसाया, मुखर्जीगिन्नी, ठाकुर एक गिलास ठण्डा पानी माँग रहे हैं, सोडा है, वह दे दूँ?

उधर अरुण दौड़ा हुआ आया था, अब कौन गायेगा मुखर्जीगिन्नी? दीपाली का गाना तो हो गया। भूधर बाबू आपको गाने के लिए कह रहे हैं, श्यामा संगीत।

उन्होंने आपत्ति जताते हुए कहा था, नहीं, नहीं, मुझे बिलकुल फुर्सत नहीं है, शेफाली को बैठा दो फिर से। उसे बुला, मैं कह देती हूँ–

मुखर्जीगिन्नी ने उस दिन गरद की लाल किनारी की साड़ी पहनी थी। बालों का ढीला–सा जूड़ा बना रखा था। माथे पर जरा बड़ी–सी सिन्दूर की बिन्दी भी लगा रखी थी। बहुत अच्छी लग रही थीं उस दिन। आड़ से हर ओर उनकी नजर थी। कहीं जरा भी गड़बड़ होने पर तुरत उनके पास खबर पहुँच जाती थी। कोई अव्यवस्था नहीं थी–प्रत्येक को अलग–अलग काम सौंप दिया था। सारा कार्यक्रम निर्विघ्न चल रहा था।

इतने में भूधर बाबू स्वयं अन्दर पहुँच गये थे। उन्होंने भी टसर के कपड़े पहन रखे थे। सिर की चोटी को जरा फुलाकर स्पष्ट कर रखा था।

अन्दर पहुँचकर बोले थे, कहाँ है मेरी माँ, कहाँ हो माँ जननी?

एक जने ने दौड़कर मुखर्जीगिन्नी को खबर दी।

जल्दी से सामने आ पहुँची थीं वह–

भूधर बाबू तब तक एक सुर में माँ, ओ माँ, ओ माँ जननी, पुकारे जा रहे थे।

मुखर्जीगिन्नी ने झट से झुककर चरणरज ली और बोली थीं, मुझे अपराधी मत बनाइये बड़े बाबू–

भूधर बाबू ने कहा था, नहीं माँ, तुम क्या सामान्य औरत हो! तुम तो महाशक्ति हो, कोई चाहे कुछ भी कहे लेकिन मेरे आँख कानों को धोखा थोड़े ही दे सकता है कोई–

लज्जा से गड़ गयी थीं मुखर्जीगिन्नी और कहा था, छि: छि:. मैंने जाने कितने अपराध किये हैं–अब और लज्जित मत करिये आप मुझे–

परन्तु भूधर बाबू इस पर भी रुके नहीं थे, कहते ही रहे–नहीं नहीं, मैं सन्तान हूँ तुम्हारी, अबोध सन्तान माँ! माँ होकर तुम सन्तान का एक अनुरोध नहीं रखोगी?

–क्या बात है बाबा, बताइये क्या करना है?

–एक गाना सुना दो आज माँ। अब मना मत करना माँ, बोलो गाओगी ना?

–पर इधर कितने काम हैं बाबा, मैं गाने चली गयी तो इधर कौन सँभालेगा?

–जो सँभालनेवाले हैं वही सँभालेंगे माँ, तुम और मैं तो निमित्त–मात्र हैं...

आगे बोले, और फिर भगवान् के स्थान पर अब तक उन लोगों ने जितने भी गाने गाये, वह भी कोई गाने थे? एक में भी तो भगवान् का नाम नहीं था!

पर उस तरह का गाना क्या सबको अच्छा लगेगा!

–क्यों भगवान् का नाम अच्छा नहीं लगेगा? मेरी माँ होकर तुम यह क्या कह रही हो माँ?

इस पर मुखर्जीगिन्नी ने पूछा था, अच्छा बताइये कौन–सा गाऊँ?

खुश होकर भूधर बाबू बोले थे, बस वही सुना दो 'श्यामा माँ कि आमार कालो'।

हारकर वह बोली थीं, अच्छा बाबा, आप बैठिये जाकर मैं गाती हूँ–

भूधर बाबू के जाने के बाद नेपाल, नगेन आदि की तरफ देखकर उन्होंने कहा था, तुम लोग जरा सँभालना इधर। वह जिद कर रहे हैं, गाना ही पड़ेगा–

सब–के–सब उछल पड़े थे! कहने लगे थे, सचमुच आप गायेंगी मुखर्जीगिन्नी?

–नहीं गाऊँगी तो कैसे चलेगा बताओ? पितृतुल्य आदमी हैं वह, उनकी बात कैसे टाल सकती हूँ?

आज भी याद है कि उनके गाने के लिए तैयार हो जाने पर कैसे लोगों में उत्साह की लहर दौड़ गयी थी। जब नगेन सरकार ने उनके गाने की घोषणा की तो जोर–जोर से तालियाँ बज उठी थीं।

नगेन सरकार ने कहा था, अब हमारे इस मन्दिर की प्राण व प्रेरणा देनेवाली श्रीमती मुखर्जी आप लोगों को एक श्यामा संगीत सुनायेंगी–

प्रशान्त बाबू ने पूछा था, यह कौन हैं रे?

भैया ने कहा था, हमारे यहाँ के ड्राफ्ट्समैन की पत्नी हैं–सुना है बहुत अच्छा गाती हैं–

–यह मन्दिर शायद इन्हीं ने बनवाया है?

–हाँ, केवल मन्दिर नहीं, हर काम में उनका हाथ होता है, किसी की मुसीबत में सबसे आगे रहती हैं। बहुत मिलनसार हैं, सभी बहुत मानते हैं उन्हें–

तभी पर्दा खुल गया। सामने खड़ी मिसेज मुखर्जी ने झुककर सबको प्रणाम किया। बगल में तबले पर नेपाल बैठा था। उन्होंने बिना किसी की ओर देखे, आँखें बन्द करके गाना शुरू कर दिया–

'श्यामा माँ कि आमार कालो'–

सभा में निस्तब्धता छा गयी। ऐसी निस्तब्धता कि सुई गिरने की आवाज भी सुनायी दे जाये–

प्रशान्त बाबू एकदम से बीच में बोल पड़े थे, अरे, यह तो बनारसी है–

भावावेग में भूधर बाबू चिल्ला उठे थे, माँ–माँ–माँ–

वहाँ बैठे सभी लोग तन्मय हो गये थे। जैसा मधुर कण्ठ था, वैसा ही मधुर स्वर भक्ति से ओत-प्रोत–

भूधर बाबू ने फिर कहा था, आहा...यह है गाना, जिसे वास्तव में गाना कहा जा सकता है।

बगल में ही नटु घोष बैठे थे। वह भी कैसे पीछे रहते, उन्होंने भी मन्तव्य प्रकट किया था, मन में विशुद्ध भक्ति न होने पर कण्ठ से ऐसे सुर नहीं निकलते बड़े बाबू!

भूधर बाबू ने कहा था, अरे विशुद्ध कैरेक्टर भी तो चाहिए–मैं क्या यों ही 'माँ' कहकर पुकारता हूँ।

प्रशान्त बाबू फिर बोले थे, अरे यह हो ही नहीं सकता कि यह बनारसी न हो–

भैया ने उन्हें रोका था, अरे, तू चुप रह न, गाना बहुत अच्छा लग रहा है–

–अरे बनारसी यहाँ श्यामा संगीत गा रही है, कितनी ठुमरियाँ सुनी हैं इसकी। ठुमरी भी अच्छी गाती थी यह–

–कौन बनारसी?

–मैं तो भाई एक ही बनारसी को जानता हूँ, सारी बनारसियों को भला कैसे पहचान सकता हूँ!

भैया ने कहा था, यह तो हमारे ड्राफ्ट्समैन मुखर्जी की पत्नी है, हम सब उसे मुखर्जीगिन्नी कहकर बुलाते हैं!

बायें हाथ की हथेली पर मुक्का मारते हुए उत्तेजित स्वर में प्रशान्त बाबू ने कहा था, देख, मैं शर्त लगाने को तैयार हूँ कि यह बनारसी है, दुर्गाचरण मित्तिर स्ट्रीट के तेरह नम्बर कमरे की औरत–

–तेरा दिमाग तो सही है? क्या अण्ट-शण्ट बक रहा है?

मुँह घुमाकर भूधर बाबू बोले थे, जरा चुप रहिये न–

आगे से किसी और ने भी कहा था, चुप रहिये न जरा–बड़ा शोरगुल हो रहा है–

इस पर चुप रह गये थे प्रशान्त बाबू।

परन्तु गाना समाप्त होते ही उठकर चिल्लाये थे, एक ठुमरी सुनूँगा–

देखा, यह सुनते ही मुखर्जीगिन्नी सन्न-सी रह गयी थीं, चेहरा लाल हो गया था। दूसरे ही क्षण उठकर अन्दर चली गयी थीं और पर्दा खींच दिया था।

बाहर हल्ला-गुल्ला शुरू हो गया था।

भूधर बाबू कह रहे थे, क्या भजन सुनाया तुमने माँ, आहा, चित्त प्रसन्न हो गया–

नटु घोष कहने लगे, मन में विशुद्ध भक्ति है न, इसलिए भावाभिभूत होकर गाया है–एक और सुनने का दिल हो रहा है–अरे, उनसे एक और सुनाने को कहो ना।

एक जना अन्दर चला गया था।

पर अन्दर भी उस वक्त नेपाल, अरुण, विमल आदि इसी बात को लेकर मुखर्जीगिन्नी को घेरे खड़े थे। एक और गाने का अनुरोध कर रहे थे।

उन्होंने कहा था, मेरा सिर दर्द से फटा जा रहा है रे, अब और नहीं टिका जा रहा।

अचानक किसी ने पुकारा था, बनारसी!

सभी एकदम से पीछे घूमकर पुकारनेवाले को देखने लगे थे।

तब तक प्रशान्त बाबू सामने पहुँचकर हँसकर बोले थे, अरे वाह, यहाँ कब आयी बनारसी! कृपालनी साहब तो फिर एक बार तुम्हारे यहाँ जाने की जिद कर रहे थे। गये तो घरवाली ने कहा, बनारसी अब नहीं रहती यहाँ, तो यहाँ चली आयीं तुम? हमें बताया भी नहीं?

मुखर्जीगिन्नी जैसे कुछ भी नहीं सुन पा रही थीं, सहनशक्ति जैसे जवाब दे गयी थी।

नेपाल ने जरा तल्खी से पूछा था, कौन हैं आप? कहाँ से आये हैं?

प्रशान्त बाबू ने कहा था, मैं बनारसी से बात कर रहा हूँ, हम एक-दूसरे को जानते हैं न!

इस पर अरुण ने कहा था, उनकी तबीयत ठीक नहीं है, बाद में बात करियेगा आप–

मुखर्जीगिन्नी ने कहा था, एक ग्लास पानी दे तो–

आगे कुछ कहे बिना प्रशान्त बाबू के हँसते हुए बाहर चले आने पर नेपाल ने पूछा था, वह सज्जन कौन हैं मुखर्जीगिन्नी? तुम्हारी जान-पहचान के हैं क्या?

प्रश्न का कोई जवाब न देकर उन्होंने कहा था, जरा मुखर्जी महाशय को बुला दे, घर की चाबी उनके पास है, मैं घर जाऊँगी–

उनके चले जाने की बात सुनकर सबका दिल बैठ गया था। और दिल बैठने की बात भी थी। उनके बिना तो सारा आयोजन ही नष्ट हो जाता। उनके बिना वहाँ का काम सँभालनेवाला कोई भी तो नहीं था। अभी तो ठाकुर साहब का भाषण होना था, फिर सबको खिलाना-पिलाना था। उनके न रहने पर न जाने कौन-सी कमी रह जाये।

बाहर भी अच्छा-खासा हो-हुल्लड़ शुरू हो गया था।

नेपाल ने पूछा था, अब किसका भाषण होगा मुखर्जीगिन्नी?

इस पर वह बोली थीं, मैं तो जा रही हूँ भाई, तुम लोगों से जो कुछ हो सके कर लेना-

तब तक मुखर्जी महाशय अन्दर पहुँच गये थे। मुखर्जीगिन्नी ने कहा चलो-

मुखर्जी बेचारे हाँ में हाँ मिलानेवाले आदमी थे। उन्होंने भी तुरत कह दिया था, चलो-

बाहर बहुत देर तक प्रतीक्षा करने के बाद भूधर बाबू चिल्लाये थे, अरे ओ छोकरे, मुखर्जीगिन्नी से एक और श्यामा संगीत सुनाने को कहो ना-

नटु घोष ने कहा, सुना है, वह चली गयीं-

-क्यों? चली क्यों गयीं?

किसी ने कहा था, वह मुखर्जीगिन्नी नहीं हैं, वह बनारसी हैं-

दूसरे ने पूछा था, बनारसी-माने?

-बनारसी माने बनारसी देवी!

-क्या कह रहे हैं आप?

-जी ठीक ही कह रहा हूँ!

प्रशान्त बाबू ने पीछे से जरा उच्च स्वर में कहा था, अरे महाशय, दुर्गाचरण मित्तिर स्ट्रीट गये हैं आप कभी? गये होते तो बनारसी को पहचान जाते। उसके कमरे में एक बार भी गये होते तो उसका गाना नहीं भूल पाते। भला मुझे क्या पता था कि यहाँ कोयले के इस प्रदेश में आकर वह मुखर्जीगिन्नी बन गयी है?

भैया ने पूछा था, पर तूने बनारसी को कैसे पहचाना?

सिगरेट जलाकर प्रशान्त बाबू ने कहा था, मुझे कौन धोखा दे सकता है। मैं इन्श्योरेन्स का दलाल हूँ, कितने ग्राहकों को चराया है, उसने भले ही गरद की साड़ी पहनकर माँग में सिन्दूर भर लिया हो, लेकिन मेरी आँखें धोखा नहीं खा सकतीं-

भैया ने पूछा था, तू क्या उसके यहाँ गया था?

-अरे मुझे तो जाने कहाँ-कहाँ जाना पड़ता है ग्राहकों को खुश करने के लिए! कोई होटल में खाना चाहता है तो किसी को पार्टी देनी पड़ती है। किसी को शराब पिलानी पड़ती है और खुद को भी पीने का नाटक करना पड़ता है। किसी-किसी को

ऐसी जगह भी ले जाना पड़ता है। 'केस' लेने के लिए जैसा ग्राहक हो, उसकी वैसी ही खातिर करनी पड़ती है–

भूधर बाबू उत्तेजित होकर बीच में ही बोल पड़े थे, ठहरिये महाशय, सती लक्ष्मी के लिए ऐसे-वैसे शब्द मुँह से मत निकालिये, जीभ गलकर गिर जायेगी आपकी–

नटु घोष ने पूछा था, डाक्टर बाबू, ये क्या आपके मित्र हैं?

भूधर बाबू फिर शुरू हो गये थे, आप क्या मुखर्जीगिन्नी को हमसे ज्यादा जानते हैं? पता है, मैं आदमी का मुँह देखकर कैरेक्टर बता सकता हूँ?

प्रशान्त बाबू ने इस पर एकदम से उठकर कहा था, तो चलिये न, आपके सामने ही कहलवा देता हूँ कि वह मुखर्जीगिन्नी है या बनारसी–

–चलिये, चलिये। मैं भी देखता हूँ कि उनके मुँह की तरफ देखकर आपको यह कहने का कैसे साहस होता है।

–चलिये! अभी आमना-सामना करा देता हूँ।

दोनों खड़े होकर चलने को तैयार हो गये थे।

नटु घोष ने भी उठते हुए कहा था, चलिये, डाक्टर बाबू, चलकर देख ही लिया जाये। कौन जाने अब क्या होगा, मैंने तो उसके हाथ का पका भी खाया है, बीबी-बच्चों ने भी खाया है। हे राम! अब क्या होगा?

भूधर बाबू ने कहा था, मैंने भी तो खाया है महाशय, उन्हीं के घर बैठकर इन्हीं की बनायी सत्यनारायण की सिन्नी खायी है। और आप कह रहे हैं कि मैं आदमी नहीं पहचानता? जानते हैं, मैंने आज तक मुखर्जीगिन्नी को छोड़कर कभी किसी का छुआ नहीं खाया?

प्रशान्त बाबू ने कहा था, यह सब कहने-सुनने से क्या फायदा महाशय, हाथ कंगन को आरसी क्या?–चलकर खुद ही देख लीजिये–

तब तक बात औरतों के बीच भी पहुँच गयी थी।

नटु घोष की बहू गाल पर उँगली रखकर बोली थी, हाय राम, यह कैसी सर्वनाशी बात सुनायी दे रही है, मेरे तो हाथ-पाँव ठण्डे हुए जा रहे हैं।

साहब बहू बोली थी, यह भी कभी हो सकता है दीदी?

स्टेशन-मास्टर अम्बिका मजूमदार की बहू ने कहा था, हे भगवान्, कैसे कलंक की बात है, हम लोगों का तो जात जनम सब चला गया।

सब अन्दर की ओर चल पड़े तो मैं भी साथ हो लिया था। लेकिन मुखर्जीगिन्नी वहाँ नहीं थीं। मुखर्जी महाशय के साथ घर चली गयी थीं वह। सिर दर्द के कारण ठहर नहीं पायी थीं।

प्रशान्त बाबू ने कहा था, चलिये, फिर घर ही चलें।

भूधर बाबू तुरत तैयार हो गये थे।

परन्तु नटु घोष बोले थे, रहने दीजिये, अब इतनी रात को जाना ठीक नहीं है। कल सुबह इसका फैसला कर लिया जायेगा, आप भी अभी नहीं जा रहे, और हम भी यहीं हैं–

प्रेमलानी साहब ने समर्थन करते हुए कहा था, यही ठीक है–

उस रात वह बात वहीं रह गयी थी। सब अपने-अपने घर चले गये थे। सभा फिर जम नहीं पायी थी–बीच में ही भंग हो गयी थी।

सुबह-सुबह औरों के आने से पहले ही भूधर बाबू हमारे घर आ पहुँचे थे। कहने लगे, सारी रात नींद नहीं आयी मुझे–जिसे माँ कहकर पुकारा हो उसके ऐसा होने की कल्पना ही नहीं की जा सकती महाशय–चलिये, जल्दी चलिये–

तब तक और लोग भी आ पहुँचे थे। नटु घोष कहने लगे, मेरी पत्नी तो रात भर रोती रही, इतने दिनों तक हाँड़ी एक करती रहीं, बच्चे तो उसे काकी माँ कहते नहीं अघाते थे–

कालोनी के दक्षिण की ओर ऊँचे टीले पर तेरह नम्बर का मकान था। बाहर बगीचा था, फूल खिले हुए थे। बड़ी साध से बगीचा लगाया था मुखर्जीगिन्नी ने। लेकिन पास पहुँचते ही दरवाजे पर ताला लटकता दिखायी दिया था। कहीं कोई नहीं था। तभी उनकी नौकरानी आती दिखायी दी थी।

नेपाल ने उससे पूछा था, ए लक्ष्मी, तेरी मालकिन कहाँ हैं?

–वह तो कल रात की ट्रेन से चली गयीं।

–चली गयीं? कहाँ? एक साथ सबने पूछा था।

–यह तो नहीं मालूम बाबू।

–माल-असबाब ले गयीं।

–नहीं, कुछ भी नहीं ले गयीं, खाली हाथ गयी हैं–

बस वहीं सारी बात खत्म हो गयी थी। उसके बाद वह दोनों कभी किसी को नहीं मिले थे। वह लोग कभी लौटे ही नहीं। कालोनी कुछ साल और रही वहाँ। चिरमिरि तक रेल लाइन पहुँचने में चार-पाँच साल लग गये थे। काम खत्म होने पर कालोनी उठ गयी थी। आफिस बन्द हो जाने से सब फिर बेकार हो गये थे। ताला तोड़कर मुखर्जी का सामान आफिस में जमा करा दिया गया था। फिर उस सामान का क्या हुआ पता नहीं।

आज इतने दिन बाद मुखर्जी महाशय से साक्षात् हो जायेगा, इसकी कल्पना भी नहीं थी।

पूछा, मुखर्जीगिन्नी कहाँ हैं?

यह सुनते ही मुखर्जी महाशय का चेहरा फक्क पड़ गया।

तिरस्कृत स्वर में मैंने कहा, आखिर आपने अनूपपुर के सारे लोगों की जात भ्रष्ट कर दी मुखर्जी महाशय?

उनकी आँखों से टप-टप आँसू गिरने लगे।

मैंने कहा, शादी करने को आपको कोई और लड़की नहीं मिली? भद्र घर के लड़के होकर आपने...

मुखर्जी महाशय मेरा हाथ छुड़ाकर जाने का प्रयत्न करने लगे। मैंने और कसकर पकड़ लिया।

कहा, बताइये, आपको बताना ही पड़ेगा कि आपने एक बाजारू औरत से शादी क्यों की थी? कैसे परिचय हुआ था उससे आपका?

असहाय, करुण नेत्रों से वह मेरी ओर देखने लगे।

फिर बोले, विश्वास करो भैया, बनारसी के साथ मेरी छुटपन से ही दोस्ती थी, जब हम दो तीन-साल के थे। हम लोग एक ही गाँव के थे ना-बेलडाँगा के-

इतना कहते-कहते ही हाँफ उठे थे वह।

जरा दम लेकर बोले, मैं जानता हूँ कि तुम लोग मेरा विश्वास नहीं करोगे, लेकिन बारह वर्ष की उम्र तक मैं यही जानता था कि मेरा विवाह उसी से होगा, बनारसी मुझे बहुत चाहती थी ना! और सच तो यह है कि मैं भी उसे चाहता था।

मैंने पूछा, फिर?

-फिर जाने क्या हुआ कि वह लोग किसी वजह से एक बार अपने मामा के साथ कलकत्ता गंगा स्नान के लिए गये तो फिर लौटे ही नहीं। उसकी गरीब विधवा माँ थी, मकान भी टूटा-फूटा था-

-उसके बाद?

मुखर्जी महाशय ने गहरा श्वास लेकर कहा, अब तुम बड़े हो गये हो, इसलिए बताने में शर्म नहीं है, करीब बीस साल बाद अचानक वह मिल गयी थी-

-कहाँ?

-वहीं, अपने कमरे में, दुर्गाचरण स्ट्रीट के एक मकान में रहती थी वह। सुना था बहुत अच्छा गाती है, इसलिए सुनने चला गया था। पहले मैंने ही पहचाना था उसे। कहा था, तुम बनारसी हो ना?

यह कहकर वह कोट की आस्तीन से आँखें पोंछने लगे।

फिर बोले, उसने उसी दिन पण्डित बुलाकर मुझसे शादी कर ली-

-फिर?

-इस मीटिंग को देखकर यही सोच रहा था, कानून तो पास हुआ ही, पर अगर और कुछ बरस पहले पास हो जाता तो क्या बिगड़ जाता।

इतनी देर बाद फिर मुझे मुखर्जीगिन्नी का ख्याल आ गया। पूछा, मुखर्जीगिन्नी कहाँ हैं अब?

खोये-खोये स्वर में मुखर्जी महाशय कहने लगे, फिर भैया उसके बाद जहाँ भी नौकरी पर गया, एक-न-एक दिन पकड़ा गया-कहीं भी शान्ति नहीं मिली।

मैंने फिर पूछा, मुखर्जीगिन्नी अब कहाँ हैं?

-मर गयी।

मेरी बोलती बन्द हो गयी।

मुखर्जी महाशय कहने लगे, अन्तिम जीवन बड़ा कष्ट में बीता उसका, मन-ही-मन दग्ध होती रही, तिल-तिल मरती रही और बस छुपती रही, आखिरी दिनों में तो जुबान ही बन्द हो गयी थी।

•

नायक–नायिका

चौड़ी सड़क थी, जिसके एक ओर टीन की छत का एक कच्चा मकान था। दरवाजे के ऊपर की दीवाल पर एक छोटा–सा साइनबोर्ड लटक रहा था, जिस पर लिखा था–'द ग्रेट होमियो हाल।' लेकिन अन्दर घुसने पर पता लगता था कि कमरे में पाँच आदमियों से ज्यादा नहीं समा सकते थे।

सड़क पर चलते यात्रियों की नजर जैसे ही उस साइनबोर्ड पर पड़ती, हँस देते।

आपस में एक–दूसरे से कहते, देखो–देखो–'ग्रेट होमियो हाल' देखो।

अलकतरा पुता एक छोटा नीचा दरवाजा था। अन्दर जाने के लिए सिर झुकाना पड़ता। उसे देखकर ऐसा लगता था जैसे बारिश की तेज बौछार पड़ते ही कमरा पूरा–का–पूरा ढह जायेगा, अस्तित्व खत्म हो जायेगा उसका। और अगर कोई जरा अन्दर झाँककर देख लेता तो हँसते–हँसते लोट–पोट हो जाता। कोई रोगी होता नहीं–बस एक कम उम्र का आदमी सड़क पर नजरें गड़ाये बैठा दिखायी देता, शायद रोगी की आशा में बैठा रहता था।

और दरवाजे के दूसरी तरफ?

दूसरी तरफ एक बहुत बड़ा मकान था। लाल ईंटों का खूबसूरत मकान। सदर दरवाजे पर बन्दूकधारी दरबान पहरा देता होता। मकान के इस किनारे से उस किनारे तक सारे खिड़की दरवाजे सारे दिन बन्द रहते। नया मकान था। अन्ततः रंग रोगन तो नया ही था। हमेशा चमकता रहता था। बीच–बीच में एक बड़ी–सी मोटर सामने आकर खड़ी हो जाती थी। मोटर के रुकते ही दरवाजे तक दोनों तरफ पर्दा टाँग दिया जाता। पता ही नहीं चलता कि कौन उतरता–चढ़ता। बस 'द ग्रेट होमियो हाल' का डाक्टर तिनकड़िभंज मुँह बाये उस ओर देखता रहता।

असल में चौड़ी सड़क के उस बड़े मकान को लेकर ही यह मेरी कहानी है।

निर्मल लाहिड़ी बोले, कहाँ महाशय, पिछली पूजा पर ही तो देवघर गया था मैं, आपके उस बड़े मकान को देखने की तो याद पड़ती है–पर वह 'द ग्रेट होमियो हाल' में दिखायी नहीं दिया था–सड़क के दोनों ओर दो बड़े मकान थे।

मैंने कहा, यह कोई आज की बात थोड़े ही है। मेरी उम्र उस समय ज्यादा–से–ज्यादा बारह–तेरह की होगी जब पिताजी के साथ गया था, मैंने ही 'ग्रेट होमियो

हाल' नहीं देखा था उस समय, तो आपको कैसे दिखायी देता? यह सब तो मेरी सुनी हुई बातें हैं! न वह टीन की छत का कच्चा दवाखाना देखा था और न दरबानवाला मकान--तब तक वह मकान टूट-फूटकर गिरने लगा था-। और सच तो यह है कि वह डाक्टर तिनकड़िभंज भी पहलेवाले तिनकड़िभंज नहीं रहे थे। उनका चेहरा ही बदल गया था।

कुछ मित्र बैठे शाम के समय गप्पें मार रहे थे।

निर्मल लाहिड़ी बोले, बचपन में बस दगाबाजी ही करता रहा भाई, इसलिए जीवन में कुछ भी नहीं कर पाया–अच्छी तरह अड्डेबाजी ही करता तो कुछ काम बनता, कम-से-कम अड्डेबाज के नाम से तो मशहूर होता, अब न घर का रहा और न घाट का–

चित्त सरकार बोले, आदमी भाग्य में जैसा लिखाकर लाता है वैसा ही तो होगा। अब देखो न, भाग्य में बारह लड़कों का बाप बनना लिखा था, तो हुआ–

समीर डे बोले, भाग्य-वाग्य सब बेकार की बातें हैं, असली चीज है पुरुषत्व। पुरुषत्व ही सब-कुछ है–आइन्सटाइन ने कहा है–

चित्त सरकार बीच में ही बोले, अपना आइन्सटाइन अपने पास रखो, तुम्हारा आइन्सटाइन इतना बड़ा युद्ध रोक पाया था?

समीर डे बोले, यह तुम्हारे-जैसे फैटेलिस्टों की वजह से ही सारी परेशानी है, नहीं तो दो सौ साल पहले ही देश स्वाधीन हो गया होता–

चित्त सरकार बोले, अभी हुआ ही क्या है भाई, नयी-नयी शादी हुई है, पत्नी अभी भी नयी है, खून में गरमी है तुम्हारे, इसलिए पुरुषत्व-पुरुषत्व चिल्ला रहे हो!

निर्मल लाहिड़ी बोले, भाग्यचक्र भी बस एक ही चक्र है! भाग्यचक्र की चरखी में घूमते-घूमते हाड़-मांस दग्ध हो गये, इसलिए तो बस भागा फिरता हूँ–

चित्त सरकार बोले, वह नहीं कर पायेंगे दादा, नहीं तो उसे भाग्य कहते ही क्यों!

समीर डे बोले, तो फिर बताइये कि दलाई लामा जो आराम से राज कर रहा था–अचानक सब छोड़कर इण्डिया भागकर आना पड़ा, यह भी भाग्य है...?

चित्त सरकार बोले, यही तो मजे की बात है भाई, जो भाग्य राजा बनाता है, वही भाग्य एक दिन भिखारी बनाकर छोड़ देता है–नहीं तो क्या ऋषि-मुनि ऐसे ही कह गये हैं–भाग्यम् फलति सर्वत्र–

समीर डे क्रूद्ध हो गये थे।

बोले, तो फिर मैं तो कहूँगा इण्टरनेशनल पॉलिटिक्स आप लोग खाक समझते हैं–

मैंने बात को मोड़ देने के लिए कहा, बहस छोड़िये, चलिये मैं एक कहानी सुनाता हूँ–

निर्मल लाहिड़ी बोले, चलिये वही सुनाइये। ओह अब तक जम गया होता–

चित्त सरकार बोले, खासी अच्छी अड्डेबाजी चल रही थी, समीर ने सब मिट्टी में मिला दिया–

समीर डे शायद कुछ कहने जा रहे थे। मैंने रोकते हुए कहा, तुम रुको समीर–बहस से बहुत डरता हूँ मैं। दुनिया में तर्क से जीतनेवाला अब तक तो कोई दिखायी नहीं दिया मुझे। बहस खत्म करने के लिए ही मैंने कहानी शुरू की थी। क्योंकि कहानी बहस की मृत्यु होती है।

मेरे पिता विख्यात कविराज थे। उन दिनों दक्षिण कलकत्ते में मेरे पिता जैसा नाम और किसका था, मैं नहीं जानता। राजा-रजवाड़ों, ऐटर्नी बैरिस्टर से शुरू करके आफिसों के क्लर्क तक न जाने कितने उनके क्लायण्ट थे। बीच-बीच में काशी, पटना, पुरी व आसाम के चाय बगीचों से भी बुलावा आ जाता था। स्कूल की छुट्टी होती थी, तो मैं भी उनके साथ जाता था। इस तरह बहुत-सी जगह घूमा था मैं।

तो उस बार देवघर से बुलावा आया।

कलकत्ते के बहुत बड़े बैरिस्टर किरण चौधरी आबहवा बदलने देवघर गये थे। वह पिताजी के पुराने पेशेण्ट थे। सुबह-सुबह तार आया–किरण चौधरी की हालत खराब है, तार मिलते ही कविराज देवघर चले आयें।

मेरे स्कूल की छुट्टियाँ चल रही थीं।

कुछ दवाइयाँ तैयार करवाकर पिताजी मुझे लेकर देवघर चल दिये।

कुछ दिन बहुत अच्छे बीते वहाँ। पिताजी तो शुरू के कई दिन रोगी को लेकर ही व्यस्त रहे। साहबी पद्धति के अनुयायी थे किरण चौधरी। देवघर में भी उनका रंग-ढंग बदला नहीं था। सुबह से रात तक ब्रेकफास्ट, लंच और डिनर की मार से जब आत्माराम पिंजड़ा तोड़कर निकल भागने का उपक्रम कर रहा था उस समय किरण चौधरी ने अपना रास्ता जरा बदला।

पिता जी ने कहा था, अब मैं चलता हूँ चौधरी साहब, अब चिन्ता की कोई बात नहीं है–

अनुरोध करते हुए चौधरी साहब बोले थे, एक सप्ताह और रुक जाइये कविराज जी। मैं पूरी तरह ठीक हो जाऊँ तो चले जाइयेगा आप–

पिताजी का कोई नुकसान तो हो नहीं रहा था। हफ्ते में हजार रुपये फीस के मिलते थे और रहने खाने के अलावा दवा के दाम अलग से। और फिर कलकत्ते से देवघर आने-जाने का फर्स्ट क्लास का किराया।

परन्तु इस पर भी पिता जी ने कहा था, ठहर तो सकता हूँ, लेकिन आज से मेरे खाने-पीने की दूसरी व्यवस्था करनी पड़ेगी, आपका वह डिनर लंच अब नहीं खाया जायेगा–

चौधरी साहब एकदम मान गये थे। कहा था, आप बताइये क्या खायेंगे? वही बन जायेगा–

–हम लोगों के लिए उस स्टू, सूप के बदले शुक्तुनि, मोचार घण्ट, झिंगेपोस्त, थोड़-हेंच्कि आदि बनवाना पड़ेगा आज से–

–ठीक है, यही बना करेगा–किरण चौधरी ने कहा था।

बाहर से पक्के अंग्रेज होते हुए भी अन्तर में बंगाली ही थे वह। शायद पत्नी के पल्ले पड़कर ही साहबीपने के पक्षपाती बन गये थे। नहीं तो पक्के साहब होकर बीमारी के समय एलोपैथ डाक्टर को न बुलाकर कविराज को क्यों बुलाते?

खैर, दूसरे दिन से खाने की वही व्यवस्था हो गयी। हम लोग एक हफ्ते और रहे देवघर। हम दोनों बाप-बेटे सुबह घूमने निकलते, दोपहर को खा-पीकर थोड़ा विश्राम करते और शाम को फिर घूमने निकलते। चौधरी साहब भी धीरे-धीरे ठीक होते जा रहे थे।

आने के पहले दिन अचानक एक घटना घटी। वही घटना मेरी कहानी का विषयवस्तु है।

तुम लोग अब तक पुरुषत्व और भाग्य के बारे में तर्क-वितर्क कर रहे थे और मैं चुप बैठा सुन रहा था। किताबों में तो कोई सच बात नहीं लिखता। किताब पढ़ने पर वास्तविक मतामत मिलना तो दूर रहा बल्कि बात और उलझ जाती है। सुना है कि नेपोलियन स्वयं भगवान् की सत्ता को नहीं मानता था, परन्तु यह चाहता था कि उसकी प्रजा भगवान् को माने–इसी में उसे सुविधा थी। क्योंकि दुभक्ष अगर पड़ जाये तो भगवान् को माननेवाली प्रजा सारा दोष भगवान् को ही देगी, राजा को नहीं। और अगर तुम पूछो कि भगवान् और भाग्य दोनों क्या एक ही चीज हैं। तो मैं कहूँगा, भले ही एक न हों, पर अलग भी नहीं हैं, दोनों एक-दूसरे से जुड़े हैं।

निर्मल लाहिड़ी बोले, यह फिर तत्त्व को लेकर क्यों भाषण देने लगे–कहानी सुनाइये ना–

मैंने कहा, कहानी सुना रहा हूँ; परन्तु तत्त्व की थोड़ी मीमांसा किये बिना तुम लोग कहानी को कपोल कल्पित कहकर उड़ा दोगे और फिर कहानी में तत्त्व का पंच मिलाये बिना तुम उसे विश्वासयोग्य भला मानोगे भी क्यों?

समीर डे अब तक चुप बैठे थे, अब और नहीं रहा गया उनसे। बोले, आपकी कहानी क्या दैव को स्हश्चश्चश्हह्ल करती है? अगर ऐसा है तो फिर मैं चल दिया।

चित्त सरकार बोले, कहानी कोई तुम्हारे अकेले के लिए नहीं है जी, हम लोग भी हैं, हमें भी कहानी सुनना अच्छा लगता है, और फिर कहानी क्या ज्यामिति का थियोरम है, जो कुछ प्रमाणित करना पड़ेगा?

समीर शायद उत्तर देना चाहता था इसका, पर मैंने रोकते हुए कहा, समीर अच्छी तरह जानता है कि कहानी और थियोरम दो अलग चीजें हैं, अतएव तुम लोग तर्क-वितर्क मत करो--। पाँच सौ वर्ष पहले इसका प्रमाण दे दिया गया है! पाँच सौ साल पहले ही मनुष्य ने प्रमाणित कर दिया है कि मनुष्य का जीवन पापग्रस्त नहीं

है, पाप का प्रायश्चित्त करना ही मनुष्य जीवन की एकमात्र साधना नहीं है। मनुष्य ने प्रमाणित कर दिया है कि दुर्भिक्ष, महामारी, निरक्षरता, अत्याचार और दुर्नीति दैव के अमोघ विधान नहीं हैं।

अचानक निर्मल लाहिड़ी बोले, आप क्या कहानी के नाम पर हमें रेनेसाँ समझा रहे हैं?

मैंने कहा, नहीं, पर कहानी के साथ इसका सम्बन्ध है इसलिए कह रहा हूँ–

चित्त सरकार ने कहा, ना ना, हम लोग कहानी सुनना चाहते हैं, तत्त्व नहीं– आप अपनी कहानी शुरू करिये–

मैं बोला, कहानी सुना रहा हूँ इसीलिए तत्त्व को खुलासा कर रहा हूँ, अगर लिखता तो यह नहीं करता। कहानी के साथ ही जुड़ा रहता वह। जो हो, पाँच सौ साल पहले हुए रेनेसाँ के आविर्भाव के फलस्वरूप चर्च के एकच्छत्र शासन में दरार पड़ गयी, नये देश आविष्कार करने के लिए लोग हर दिशा में चल पड़े और अमेरिका, आस्ट्रेलिया व अफ्रीका में उसका बहुत प्रभाव पड़ा...उसी प्रभाव के कारण लिबरेलिज्म का उदय हुआ–

चित्त सरकार बोले, यह सब क्या कह रहे हैं आप दादा? लिबरेलिज्म, रेनेसाँ–यह सब कौन सुनना चाहता है?

समीर डे बोले, आप पहले यह बताइये कि आज की इस आलोचना के साथ आज की कहानी का क्या सम्बन्ध है?

निर्मल लाहिड़ी बोले, कहानी अभी शुरू भी नहीं हुई और तुम सम्बन्ध ढूँढ़ने बैठ गये?

समीर डे बोले, लेकिन कहानी किसको लेकर है, यह पूछने का अधिकार तो है हम लोगों को?

मैंने कहा, नहीं, यह अधिकार नहीं है किसी को! क्यों नहीं है इस प्रश्न का उत्तर देने लगा तो बहुत समय नष्ट हो जायेगा। अतः इसे छोड़ देना ही अच्छा है। इससे तो मैं बता दूँ कि मेरी यह कहानी प्रेम को लेकर है।

समीर बोले, ओह, फिर वही प्रेम?

मैंने कहा, हाँ, प्रेम–जैसी पुरानी सड़ी–गली चीज़ भी दुनिया में दूसरी कोई नहीं है और न ही वैसी कोरी नयी चीज़! यह बिलकुल धरती–जैसी है जो बहुत पुरानी होते हुए भी रोज सूर्योदय के साथ नयी हो जाती है।

कुछ क्षण विराम लेकर मैंने फिर कहना शुरू किया, प्रेम कभी पुराना नहीं होता! और प्रेम सबको मिलता भी नहीं! जिसको मिलता है वही इसका आनन्द जानता है। प्रेम पास भी खींचता है और दूर भी ठेलता है–परन्तु कभी भी वंचित नहीं करता। प्रेम को लेकर वैष्णव कवियों ने हजारों पदावलियाँ लिख डाली हैं, लाखों युगों तक हिय से हिया लगाये रखने पर भी हिया नहीं जुड़ता। बोझा ठेलना है। हम

तो पत्नी के साथ अगर तीन घण्टे बैठ लेते हैं तो भागने को परेशान हो उठते हैं, लाखों युगों की बात तो सोचकर ही डर से दिल काँपने लगता है। इसलिए समझ सकते हो कि जिसे हम लोग प्रेम कहते हैं वह वास्तविक प्रेम नहीं हैं—प्रेम एक दूसरी ही चीज है।

इसलिए अब शुरू से ही सुनाता हूँ।

बैरिस्टर किरण चौधरी तो ठीक हो गये थे पूरी तरह। अगले दिन हमारे चले जाने का निश्चय हुआ। पहले दिन शाम को हम घूमने निकले।

देवघर में देखनेवाली जो भी चीजें थीं, करीब-करीब सभी देख ली थीं। सड़क के किनारे-किनारे चल रहे थे। देवघर की सड़क कैसी होगी तुम लोग समझ ही सकते हो, ऊँची-नीची, टेढ़ी-मेढ़ी। अगल-बगल कोई दुकान या मकान। पिताजी का काम खत्म हो गया था, इसलिए निरुद्विग्न चित्त बातें करते हुए चल रहे थे हम लोग।

पिताजी बोले, चलो इस बहाने तुमने देवघर भी देख लिया।

मैंने कहा, अच्छी तरह कहाँ देखा पिताजी।

—इससे ज्यादा और क्या देखते?

—यहाँ के किसी आदमी से तो परिचय हुआ ही नहीं—यहाँ भी तो ऐसे बहुत-से लोग होंगे, जो बहुत दिनों से यहीं रह रहे होंगे।

इसी तरह बातें करते-करते चल रहे थे कि अचानक एक मकान से एक सज्जन ने बाहर निकलकर पुकारा, कविराज जी, आइये, आइये-

आदमी पिता जी का परिचित नहीं था।

वह सज्जन बोले, आप मुझे पहचान नहीं पायेंगे, यही मेरा घर है, तीस साल से रह रहा हूँ यहाँ—पर उससे क्या हुआ, आइये, अन्दर आइये।

अन्दर ले जाकर हमें बैठाकर बोले; मेरा नाम तिनकड़िभंज है, हूँ तो बंगाल का ही, पर यहीं रहने लगा हूँ। कलकत्ता, भवानीपुर में हमारा पैतृक मकान है।

फिर पिता जी की तरफ हुक्के की नली बढ़ाकर बोले, लीजिये, हुक्का पीजिये।

पिताजी बोले, रहने दीजिये, मैं हुक्का नहीं पीता।

वह बोले, तो फिर पान खाइये, कुछ नहीं लेंगे तो आपका सत्कार कैसे करूँगा?

इतना कहकर नौकर को आवाज लगाकर पान मँगवा लिये।

फिर बोले, सुना है चौधरी साहब का इलाज करने आये हैं आप?

पिताजी ने कहा, हाँ, अब वह जरा ठीक हो गये हैं।

वह बोले, हाँ, यह भी सुना है, जब बीमार हुए थे, तो मुझे भी बुलवाया था।

पिताजी ने पूछा, आप भी शायद डाक्टर हैं?

उन्होंने कहा, हाँ, पर अब मैंने डाक्टरी छोड़ दी है।

–इसका मतलब?

–मतलब यह कि जिसे डाक्टरी कहते हैं वह मैंने बस एक बार ही की है, जीवन में बस एक ही मरीज ठीक किया है। यह जो कुछ भी देख रहे हैं, उसी का फल है। यह तिमंजिला मकान, पीछे की यह सात बीघा जमीन, नौकर-चाकर जो कुछ भी है सब-कुछ उसी का नतीजा है। आज भी आनाज, तेल, घी, साग-भाजी, कुछ भी खरीदकर नहीं खाना पड़ता–

–यह कैसे!

पिताजी और मैं दोनों आश्चर्य में पड़ गये।

तिनकड़ि बाबू बोले, मैंने डाक्टरी-वाक्टरी कोई पास नहीं की महाशय, बस बँगला की एक होम्योपैथी की किताब पढ़ी थी, फिर इससे ज्यादा क्या होता! बहुत मिल गया, आप ही बताइये कि एक मरीज ठीक करके कितने डाक्टरों को इतना बड़ा मकान, सात बीघा जमीन और जीवन भर का आश्रय मिलता है?

–यों, फिर डाक्टरी क्यों नहीं की आपने? पिता जी ने पूछा।

–करने की इच्छा तो थी महाशय, रोगी भी कम नहीं आते थे, नाम हो गया था, धीरे-धीरे काफी लोग आने लगे थे। मैं भी किताब पढ़-पढ़कर दवा देने लगा था, पर एक भी ठीक नहीं हुआ।

कहकर वह अट्टहास कर उठे।

फिर बोले, चाय पियेंगे न! मैं खुद चाय नहीं पीता ना, इसलिए पूछना ही भूल गया।

पिता जी बोले नहीं-नहीं, यह सब झँझट मत करिये, फिर न मैं चाय पीता हूँ और न मेरा लड़का।

तिनकड़ि बाबू ने कहा, वह न पीना ही अच्छा है कविराज जी, आपका आयुर्वेदशास्त्र क्या कहता है, यह तो मैं नहीं जानता और ना ही होम्योपैथी के शास्त्र की बात जानता हूँ, पर इतना अवश्य जानता हूँ कि चीज अच्छी नहीं है।

पिताजी बोले, यह सब छोड़िये, आप अपनी कहानी बताइये–चलिये यहाँ आया था तो आपसे मुलाकात हो गयी। जगह-जगह न जाने कितने बंगाली बिखरे हुए हैं, सभी अपने-जैसे हैं, फिर मैं भी तो भवानीपुर में ही रहता हूँ, वहाँ आपसे मिलना नहीं हुआ, हुआ तो यहाँ आकर।

तिनकड़ि बाबू बोले, भवानीपुर में रहता तो था, पर तीस सालों में एक बार भी वहाँ जाना नहीं हुआ, और फिर वहाँ कोई रहता हो तो जाता भी! जो रहते हैं वह जाने पर शायद आदर-सत्कार करें भी, पर अब जाने को मन ही नहीं चाहता–

–भवानीपुर के किस मुहल्ले में आपका घर है?

–चाउलपटि तो अवश्य जानते होंगे आप, अभी भी राजकमलभंज के वंश का नाम लेने पर वहाँ के दो-चार वृद्ध शायद बता भी दें। पर सुना है कि चाउलपटि का

रूप ही बदल गया है अब। और बदलेगा भी क्यों नहीं! इन तीन सालों में देवघर भी क्या कम बदला है! जब मैं शुरू में आया था, तो इस सड़क पर एक भी बत्ती नहीं थी, जानते हैं! वह जो तिमंजिला मकान देख रहे हैं, वहाँ मैदान था, लड़के फुटबाल खेलने आते थे वहाँ–बस उसके सामने तेल का एक दीया टिमटिमाता रहता था–इस सड़क पर तो घुप्प अँधेरा छाया रहता था! और यह जहाँ मेरा घर है, वहाँ भी कुछ नहीं था, बस छोटी-सी बस्ती थी। कुछ कच्चे घर थे। मैंने भी यहीं एक कच्चा घर एक रुपये महीना किराये पर लेकर डिस्पेन्सरी खोली थी।

–डिस्पेन्सरी।

–जी हाँ! और मेरी होमियोपैथिक डिस्पेन्सरी बस नाम की थी, अन्दर कुछ भी नहीं था। बाजार से एक टूटी मेज और कुर्सी खरीद लाया था। दोनों के तीन रुपये दिये थे। उस वक्त उतना भी दे सकने की सामर्थ्य नहीं थी मेरी। उस वक्त तो यही चिन्ता खाये जाती थी कि किराये का रुपया कैसे दूँगा। मरीज तो कोई आता नहीं था और मैं इलाज ही क्या खाक जानता था जो मेरे पास मरीज आता।

पिता जी बोले, पर इतनी जगह होते हुए आप देवघर ही क्यों आये थे? चिकित्सा करने आये थे?

–असल में चिकित्सा तो एक बहाना था। सोचा था, बाबा वैद्यनाथ के चरणों में जा पड़ने पर कुछ-न-कुछ हो ही जायेगा। आपकी तरह किसी की चिकित्सा करने नहीं आया था मैं–मैं तो एक तरह से कहा जाये तो भागकर आया था–सगे सम्बन्धियों से नाराज होकर घर से भाग आया था। आज भी याद है कि जिस दिन आया था साथ में पत्नी और जेब में कुल सैंतीस रुपये थे।

फिर कुछ क्षण रुककर बोले, आपको अगर जल्दी न हो तो चलिये शुरू से ही सुना दूँ!

–नहीं नहीं, मुझे कोई काम नहीं है, आप सुनाइये। पिता जी ने कहा।

मुझे याद है कि तिनकड़ि बाबू की कहानी सुनते-सुनते अँधेरा गहरा आया था। एक अपरिचित व्यक्ति की बैठक में बैठे-बैठे उस रात जैसे कोई अरबी उपन्यास सुना था। मैं छोटा ही था, पिता जी साथ थे। इसलिए हर विषय में स्वयं कोई प्रश्न नहीं कर रहा था। एक साठ साल का वृद्ध अपने जीवन की कहानी सुना रहा था। सुनते-सुनते मैं भी मानो चाउलपटि के उस परिवेश में पहुँचकर एक दर्शक बन गया था।

अद्‌भुत काल था वह। उन दिनों एक जोड़ा जूते की कीमत तीन रुपये थी। एक रुपये में एक शर्ट मिल जाती थी। सस्ते-मन्दे का जमाना था। चाउलपटि के स्कूल में पढ़ते हुए अचानक एक दिन नाम कट गया।

भैया ने बड़े बाजार की एक दुकान में लगा दिया। सात रुपये महीना वेतन था। भवानीपुर से बड़े बाजार तक पैदल जाना-आना था।

गद्दी पर नौ बजे पहुँचना पड़ता था। दर्माहाट के तीन नम्बर मकान की निचली मंजिल पर एक खाने-पीने की दुकान थी, दही-बड़े, जलेबी, पकौड़ी आदि मिलता था। चप्पल फटकारते-फटकारते रोज पहुँचता।

भैया ने कहा, यहाँ लगे रहकर काम-काज सीख ले, फिर दुकान करा दूँगा तुझे।

शुरू-शुरू में दिल से लगा भी रहा, अच्छा काम करने लगा था। कैसे बही-खाता रखा जाता है, कैसे हिसाब की गड़बड़ पकड़ी जाती है, कितने माल में कितना मुनाफा होता है, कितनी आय होने पर कितना खर्च करना चाहिए, माल किस दाम में खरीदकर किस दाम में बेचना चाहिए-यही सब सीखने-समझने लगा था।

गद्दी के मालिक घनश्याम बाबू थे।

कहते, ए...बंगाली बाबू-

वह मुझे यही कहकर बुलाते थे। आदमी अच्छे थे। उमर हो गयी थी। पश्चिम के किसी प्रदेश से आकर पैतृक व्यवसाय में लग गये थे। कई प्रकार का व्यवसाय था उनका। घी का, गमछों का, कपड़े का। जिस पर हाथ रखते, उसी में पैसा बरसने लगता। उस तरह की दस गद्दियाँ थीं बड़े बाजार में। घनश्याम बाबू टेलीफोन पकड़े बैठे रहते सारा दिन और लोगों को हुकुम देते रहते। मैं कुल सात रुपये महीने का नौकर था, अधिक क्षमता नहीं थी मेरी। दूर से घनश्याम बाबू को टेलीफोन पर किसी को डाँटते देखता तो दिल धुक-धुक करने लगता। सोचता अगर मुझे भी किसी दिन उस तरह डाँटने लगे तो?

वह गद्दी पर बहुत देर तक रहते थे। किसी-किसी दिन तो सात-आठ बज जाते थे। उनके साथ हम लोगों को भी बैठे रहना पड़ता।

भैया किसी व्यवसाय के आफिस में नौकरी करते थे। आफिस से लौटने पर मुझे न देखकर लौटने तक बेचैन रहते।

घर पहुँचने पर कहते, इतनी देर कैसे हुई?

मैं कहता, घनश्याम बाबू आज देर से घर गये।

वह कहते, गद्दी से सीधे घर आना, और कहीं मत जाना।

सात रुपये से नौकरी शुरू की थी। तय हुआ कि एक-दो महीने बाद वेतन बढ़ाकर दस रुपये कर दिया जायेगा, इसलिए मन लगाकर काम करता था। हमारी उम्र के लड़कों के लिए अनगिनत आकर्षण थे उन दिनों, पर मेरी नजर बस काम की ओर रहती थी। सोचा था, संसार में जिसका भाई के अलावा कोई नहीं है, उसको खेलने, घूमने, पढ़ने-लिखने की विलासिता शोभा नहीं देती। पढ़ना-लिखना भी मेरे

लिए जैसे विलासिता था। सुबह पहुँचकर अपनी डेस्क पर बैठता और दत्तचित्त बहीखाता लिखता रहता।

एक भैया को छोड़कर दुनिया में मुझे प्यार ही कौन करता था!

बंगाल में लड़कियों का अभाव नहीं है। एक दिन मेरे लिए भी एक रिश्ता आया।

भैया बोले, तुम्हें चिन्ता करने की जरूरत नहीं है–जो कह रहा हूँ करो।

मैंने थोड़ी आपत्ति उठायी थी।

पर भैया ने फिर कहा था, जब मैं हूँ, तो तुम्हें किस बात की चिन्ता है? तुम जैसे नौकरी कर रहे हो, किये जाओ, अभी तो मैं मरा नहीं।

अच्छी तरह याद है कि घनश्याम बाबू से छुट्टी माँगते ही उन्होंने कहा था, शादी है? शादी का शौक चढ़ा है?

सकुचाकर मैंने कहा था, भैया बहुत पीछे पड़ रहे हैं, इसीलिए..

–कितने दिन की छुट्टी चाहिए?

–तीन दिन की, इतने में काम चल जायेगा मेरा।

घनश्याम बाबू अच्छे आदमी थे। हेड मुन्शी पण्डित जी थे। पण्डित जी से कहकर उन्होंने तीन दिन छुट्टी दिलवा दी थी। सुना है विवाह के नाम से सभी को खुशी होती है, लेकिन मुझे जाने कैसा डर लग रहा था। किस जमाने की बात है–यौवन शुरू ही हुआ था तब। उन दिनों आनन्द होना ही स्वाभाविक होता–कुछ उत्तेजना, एक रोमांच! लेकिन याद है कि कुछ भी नहीं हुआ था। बस केवल एक ही ख्याल मन में था कि भैया के ऊपर बोझा बढ़ाना होगा यह। कैसे गृहस्थी चलेगी? कैसे भैया इतने लोगों को खिलायेंगे? भैया थे देवता आदमी। दुनिया भर का बोझा अपने ऊपर लेकर जैसे आनन्द मिलता था उन्हें। और भाभी? भाभी को अपना कहने को कुछ भी नहीं था। भैया के कहने में सब चलते थे। संसार में आपने ऐसे आदमी अवश्य देखे होंगे जो सबका सारा दायित्व अपने ऊपर लेकर निश्चिन्तता से चला ले जाते हैं और दूसरे को आभास तक नहीं होने देते। भैया भी ऐसे ही थे। उनके बच्चे बड़े हो गये थे, उनकी चिन्ता भी थी–उनकी नौकरी, शादी–ब्याह! एक विधवा बहन थी, दो बहनों की शादी करनी थी। इस पर भी न जाने क्यों वह मेरे विवाह की जल्दी मचा रहे थे।

जब भी कोई कुछ कहता, बस यही कहते, तुम लोग इतना सोचते क्यों हो, मैं हूँ न।

वह हैं, यह तो हम भी जानते थे, लेकिन उनकी सामर्थ्य भी तो जानते थे। इसीलिए हमारे चिन्तातुर रहते हुए भी उनके मुँह पर सदा ही मुस्कान रहती थी।

सुबह से रात तक बहनें और भाभी मिलकर जिस तरह गृहस्थी का काम करती थीं, वह देखकर भी दया आती थी। मैं पूरी तनख्वाह लाकर भैया के हाथ पर

रख देता था। गिने-चुने रुपये लेकर वह मेरे हाथ पर एक रुपया रखते हुए कहते, यह अपने खर्च पानी के लिए रख।

मुझे बड़ी शर्म आती थी। रुपये ही कितने थे! विवाह के बाद तो क्या उन्हें दूँगा और क्या अपने लिये रखूँगा, बस यही चिन्ता खाये जाती! अचानक अगर कभी उन्हें कुछ हो गया तो क्या करेंगे हम? क्या खायेंगे और कहाँ रहेंगे? गद्दी पर आते-जाते यही सब सोचता रहता। कई बार तो गाड़ी के नीचे आते-आते बचा। चप्पल टूट जाती पर भैया से कहते शर्म आती। छतरी के अभाव में न जाने कितनी बार बारिश में नहाया होऊँगा। भीगे कपड़े बदन पर ही सूख जाते। कभी मुँह खोलकर किसी से कुछ नहीं कहता।

घर में जो नया व्यक्ति आया, वह भी बिलकुल मेरे ही जैसा था। मेरे ही समान लज्जा से सिकुड़ी-सिमटी रहती। मेरी अवस्था खराब थी इसलिए वह स्वयं को भी जैसे सबसे छुपाये रहती, गृहस्थी के कामों में अपने को खो देना चाहती। मैं जब आफिस से लौटता, तो पहले भैया से मिलकर तब अपने कमरे में जाते। कभी हमारे वंश का कितना नाम था, यह बात जैसे भूले रहना चाहता।

कभी-कभी भैया पूछते, आज क्या खबर है? घनश्याम बाबू अच्छे हैं न?

मैं कहता, हाँ-

जैसे घनश्याम बाबू के ठीक-ठाक रहने पर ही मेरा और हमारा ठीक-ठाक रहना निर्भर था। मानो वही हमारे भाग्यविधाता थे। और भाग्यविधाता नहीं थे, यह कहूँ भी क्यों? उनके जरा-सा बीमार पड़ते ही गद्दी के सारे आदमी विचलित हो जाते, मुझे भी चिन्ता होती। एक घनश्याम बाबू पर इतने लोगों का परिवार चल रहा था। वही तो सब-कुछ थे। जिसे भी उनकी कृपा-दृष्टि का एक कण भी मिल जाता, धन्य हो जाता।

मेरी पत्नी भी सब समझती थी। गद्दी पर अगर किसी दिन हेड मुन्शी की डाँट खाने से मन खराब रहता तो उसे पता चल जाता। उस दिन वह कुछ नहीं पूछती, बस चुपचाप मेरी ओर देखते हुए पंखा झलती रहती।

मैं अगर कहता कि हवा की जरूरत नहीं है, तुम सोओ जाकर! तो बस इतना कहती, तुम सो जाओ, मैं हवा कर रही हूँ।

गर्मी के कारण नींद ही कहाँ आती थी। परन्तु उसके जोर-जोर से पंखा चलाने पर भी नींद नहीं आती। पड़ा-पड़ा सोचता रहता कि क्या कर पाया जीवन में! और मेरे जीवन का मूल्य ही क्या है। गृहस्थी की समृद्धि के लिए मैं कर ही क्या सकता हूँ, मेरी क्षमता ही कितनी है।

पत्नी मुझे समझाने की कोशिश करती, तुम इतना सोचते क्यों हो, मैं तो सुख से ही हूँ।

भैया कहते, तुम्हारी नौकरी लग गयी, यही बहुत है, अब मुझे कोई चिन्ता नहीं है।

सचमुच जैसे सारी चिन्ताएँ मुझे ही थीं। कैसे बड़ा आदमी बनूँगा, नाम कमाऊँगा, भैया का मुँह उज्ज्वल करूँगा! सड़क पर चलते-चलते आस-पास के मकानों को तृषित नजरों से देखता। मन में आता ऐसा एक मकान होने पर कितना सुख होगा। उन मकानों में रहनेवाले कितने सुखी हैं। अन्दर बिजली के लट्टू जलते देखता तो मेरे मन में जैसे अँधेरा छाने लगता। हम सबसे गरीब थे। बहन की मैली साड़ी, भैया का दुबला-पतला शरीर, पत्नी का निराभरण चेहरा एक-एक करके आँखों के सामने घूम जाता।

गद्दी पर काम का अन्त नहीं था इसलिए वहाँ जाकर सब भूल जाता। चालान, इन्वायस, पार्सल, आर्डर, हिसाब-किताब में डूब जाता।

गद्दी पर बंगाली मैं अकेला ही था।

एक दिन हेड मुन्शी ने कहा, लोग कहते हैं कि बंगालियों की बुद्धि बहुत तेज होती है।

दूसरी तरफ से तिलक चाँद बोला, बंगाली मछली जो खाते हैं पण्डित जी।

पण्डित जी ने मेरी ओर मुड़कर पूछा, आज मछली खायी थी बंगाली बाबू?

चतुरानन जी ने कहा, बंगाली रोज मछली खाते हैं, सुबह-शाम दोनों वक्त।

पण्डित जी ने पूछा, ब्राह्मण भी मछली खाते हैं बंगाली बाबू?

तब तक मैं चुप था, केवल सुन रहा था। पण्डित जी का प्रश्न कानों में पड़ते ही मुँह उठाकर बोला, बंगालियों में सभी मछली खाते हैं मुन्शी जी, ब्राह्मण भी।

सुनते ही पण्डित जी छिः छिः कर उठे।

मैंने कहा, इतने दिनों से बंगाल में रह रहे हैं आप और इतना भी नहीं जानते?

बही से सिर उठाकर तिलक चाँद ने कहा, बंगाली ब्राह्मणों की जात नहीं होती मुन्शी जी-वह लोग गोश्त भी खाते हैं-मुर्गे का गोश्त।

चतुरानन जी बोले, मुर्गे का, हंस का, पंछी का-सबका गोश्त खाते हैं बंगाली ब्राह्मण।

पण्डित जी बोले, बड़े गन्दे हैं बंगाली!

आमतौर पर मैं ऐसी बातों का विशेष प्रतिवाद नहीं करता था। बस यही कहा मैंने कि बंगाल ने स्वामी विवेकानन्द, राममोहन राय, ईश्वरचन्द्र विद्यासागर-जैसे बड़े-बड़े आदमी पैदा किये हैं।

नाम सुनकर वह लोग कुछ भी नहीं समझ पाये। पूछने लगे, कौन थे यह लोग? सेठ थे? किस चीज का कारबार करते थे?

-कारबार नहीं करते थे पण्डित जी, ऐसे महान् आदमी थे सब, मछली खानेवालों के देश में ही जन्मे थे सब।

मेरी बात सुनकर तिलक चाँद और पण्डित जी हो-हो करके हँस उठे थे।

परन्तु वास्तव में मन-ही-मन पण्डित जी मुझे प्यार भी करते थे। मेरे जितना विश्वास उन्हें किसी पर नहीं था।

लोगों की आड़ में मुझसे कहते, बंगाली बाबू मन लगाकर काम सीख लो, सेठ जी से कहकर तुम्हारी तनख्वाह बढ़वा दूँगा मैं।

रुआँसू होकर मैं कहता, सात रुपये में मेरा पूरा नहीं पड़ता पण्डित जी! बहू है, दो बिन ब्याही बहनें हैं, भैया पर बोझ बना बैठा हूँ–

मेरा रुआँसू चेहरा देखकर धमकाते हुए कहते, रोते क्यों हो! काम करो सेठ जी के खुश होते ही रुपये बढ़ाने को कह दूँगा।

परन्तु घनश्याम बाबू मेरी पहुँच के बाहर थे। शुरू-शुरू में तो उनके पास पहुँच ही नहीं पाता था। एक बहुत बड़ी मोटी गद्दी पर बड़ी-बड़ी जिल्द बँधी बहियों से घिरे बैठे रहते थे वह। दो-दो टेलीफोन थे, जो रात-दिन बजते रहते थे। एक बन्द होता तो दूसरा बजना शुरू कर देता। वहीं बैठे-बैठे लाखों-करोड़ों का लेन-देन करते थे घनश्याम बाबू। पूरे कलकत्ते में उनके आदमी घूमते रहते थे। कोई गंगा की जेटी पर जाता, कोई रेल गोदाम जाता तो कोई शेयर मार्केट। हर जगह से टेलीफोन आता और घनश्याम बाबू गद्दी पर बैठे-बैठे निर्देश देते रहते–रेलवे के बाबू माल नहीं छोड़ रहे तो पान खिलाओ, गंगा की जेटी पर पुलिस ने भैंसा गाड़ी रोक दी है तो उसके हाथ में कुछ दे दो। रुपये फेंकने पर सब वश में हो जाते हैं। सीधी उँगली से घी नहीं निकलता तो उँगली टेढ़ी कर लो।

वह कहा करते थे, दुनिया तो रुपये से चलती है–रुपया बिखेरो तो हर काम बन जाता है।

कभी-कभी हम लोगों के पहुँचने के पहले ही घनश्याम बाबू गद्दी पर पहुँच जाते थे। सब सहम जाते, सारा दिन आपस में बातचीत नहीं करते, अपनी-अपनी जगह पर सिर झुकाये काम करते रहते। उनके कमरे से टेलीफोन पर चीखने की आवाजें आती रहतीं–अभी बेच...बेच दे–

तो कभी, ली-ली-ली–

शुरू-शुरू में मेरी समझ में कुछ भी नहीं आता था।

पण्डित जी भी डरे हुए अपना काम करते रहते। ऐसी चुप्पी छायी रहती जैसे सबको साँप सूँघ गया हो।

ऐसे ही एक दिन मेरा चेहरा देखकर पण्डित जी ने कहा था, आज अपने मन से काम करो बंगाली बाबू।

मेरी समझ में कुछ भी नहीं आया था।

जरा देर चुप रहकर मैंने पूछा था, आज क्या हुआ है मुन्शी जी?

वह बोले थे, कोयला गिर गया है।

कोयला गिर जाना बहुत खराब था। घनश्याम बाबू की कम्पनी के बहुत-से रुपये कोयले के शेयरों में थे। उसी शेयर के भाव गिर जाने पर कम्पनी कहाँ जायेगी और कम्पनी नहीं रहेगी तो हमारा क्या होगा कम्पनी के साथ हम लोगों का भाग्य

भी तो जड़ित है–इन्हीं चिन्ता व डर में सारा दिन बीता था! ऐसा प्रतीत हो रहा था, जैसे नौकरी चली गयी थी और मैं बेकार हो गया था। सोच रहा था आज भैया के सामने कैसे जाकर खड़ा होऊँगा! किस मुँह से बात करूँगा।

लेकिन ऐसी हालत ज्यादा दिन नहीं रही। कोयला फिर चढ़ गया था। उस दिन गद्दी पर घनश्याम बाबू फिर देर से आये थे। उस दिन फिर हँसी ठट्ठा हुआ था हम लोगों में।

पण्डित जी ने कहा था, तुम लोगों का मोहन बागान जीत गया बंगाली बाबू–तुम किस दल में हो?

तिलक चाँद ने कहा था, बंगालियों का बस मोहन बागान है पण्डित जी, और कुछ नहीं।

चतुरानन जी बोले थे, और मछली भी है–

पण्डित जी ने पूछा था, आज कौन-सी मछली लेकर खायी बंगाली बाबू?

मैं हँस भर दिया था, किसी पर गुस्सा नहीं आया था मुझे। कम्पनी की अवस्था सुधर गयी थी। कोयले का भाव चढ़ गया था, घनश्याम बाबू का मिजाज अच्छा हो गया था फिर, मेरी नौकरी बच गयी थी–महीना पूरा होते ही वेतन मिल जाने की उम्मीद बँध गयी थी।

उस दिन पत्नी से भी हँसकर बात की थी।

उसने कालीघाट का प्रसाद दिया था लाकर। कहा था, तुमने जिस तरह चिन्ता में डाल दिया था कि माँ की पूजा बोल दी थी।

आज जो मेरा ऐश्वर्य देख रहे हैं आप--इसकी तो कल्पना भी नहीं कर पाता था तब! इसीलिए उस वक्त की बातें आपको सुनाना अच्छा लग रहा है। किस तरह कष्ट व चिन्ताओं में वह दिन बिताये थे, वह शायद आप ठीक से समझ नहीं पायेंगे। आप सोच रहे होंगे कि नौकरी तो गद्दी पर खाता लिखने की करता था, उससे होमियोपैथिक डाक्टर कैसे बन गया और होमियोपैथी से इतना रुपया कैसे कमा लिया। आप यहाँ किरण चौधरी का इलाज करने आये हैं, इसीलिए आपको देखकर पुराने दिनों की कहानी सुनाने का मन हो आया।

पिता जी ने कहा, सुनाइये, सुनाइये, हमें कोई काम नहीं है इस वक्त ऐसे ही इस तरफ घूमने निकल आये थे, आपके साथ परिचय हो गया, अच्छा ही हुआ–

तिनकड़ि बाबू कहने लगे, रोज ही आप लोगों को इधर से गुजरते हुए देखता था तो बुलाऊँ–बुलाऊँ सोचता ही रह जाता था और तब तक आप आगे निकल जाते थे। आज बुलाने का पक्का निश्चय करके दरवाजे के सामने ही बैठा था।

फिर जरा रुककर कहने लगे, उस जमाने की आपको अवश्य याद होगी कविराज जी, क्या सस्ते-मन्दे का जमाना था। पर क्या बताऊँ कि उस सस्ते में भी कितने अभावों में दिन बीते थे। पत्नी को कभी एक अच्छी साड़ी भी खरीदकर नहीं

दे सका था। दिन-रात मन-ही-मन भगवान् से दुआ माँगना रहता था-कम्पनी की अवस्था और दृढ़ हो भगवान्, कोयले, लोहे या ताँबे का भाव न गिरे कभी-इसी में हमारा भला है।

महीना पूरा होते ही वेतन लेकर दौड़ता हुआ जाता और भैया के हाथ पर रख देने के बाद जी को जरा चैन पड़ता।

भैया पूछते, वेतन बढ़ाने की बात नहीं कहते वह लोग?

सोचता वेतन बढ़ने की बात तो दूर, अगर नौकरी बची रहे, यही बहुत है। पर ऊपर से कहता, अभी मैंने बात की ही नहीं भैया।

-क्यों?

-अभी पिछले दिनों घनश्याम बाबू का मिजाज खराब था। अभी बढ़ाने की बात करने पर कहीं और न बिगड़ जायें।

-पर उन लोगों ने तो कहा था कि बढ़ा देंगे?

-कहा तो था, पर कोयले के शेयर के भाव गिर जाने से कई दिन आफिस में हलचल रही।

-शेयर मार्केट के भाव तो हमेशा चढ़ते-उतरते रहेंगे, घनश्याम बाबू का क्या एक कारबार है, लाख-दो-लाख रुपये जाने-आने से उन्हें क्या फर्क पड़ता है!

मैंने कहा, पण्डित जी तो घबरा गये थे, कह रहे थे कि अगर कोयले ज्यादा गिर गया तो कम्पनी बन्द हो जायेगी।

-दुर, ऐसा भी कभी होता है। घनश्याम बाबू का नया व्यवसाय थोड़े ही है! सात पीढ़ियों से कलकत्ते में कारबार कर रहे हैं, दो-चार बार भी अगर कुछ हो जाये तब भी उनका कुछ नहीं बिगड़ेगा, वह हम बंगालियों-जैसे थोड़े ही हैं!

सचमुच जितना घनश्याम बाबू को देखता उतना ही आश्चर्यचकित रह जाता मैं।

पण्डित जी उनके बारे में बताते रहते-लिखना-पढ़ना सीखा नहीं। पिता शिवश्याम बाबू के साथ छुटपन से ही कभी-कभी गद्दी पर आते। पिता अन्दर गद्दी पर बैठे इन्हीं की तरह टेलीफोन पर चीखते-चिल्लाते और ये पण्डित जी के साथ गप्पें मारते। बड़े कृपण थे शिवश्याम बाबू। इतना बड़ा व्यवसाय नहीं था तब। थोड़ी पूँजी से थोड़े-थोड़े शेयर लेते थे। बड़ी सावधानी से काम करते थे। तेरह लड़के थे, हर एक को अलग-अलग कारबार में लगा दिया था। कहा करते थे, ज्यादा पैसा नहीं रखूँगा, लड़के नवाब हो जायेंगे। बड़े लड़के घनश्याम बाबू को अपना पैतृक कारबार सौंपा था।

शिवश्याम बाबू के पूर्वज पटना, गया या छपरा-किसी जिले से आये थे। उन दिनों कलकत्ता बसना शुरू ही हुआ था। फुटपाथ पर गमछे की ढेरी लगाकर बेचते थे या कन्धे पर उठाकर चौराहा-चौराहा घूमते थे। थोड़े मुनाफे पर ही बेच देते थे। उसी

से दही–हाट में एक छोटी दुकान खोली थी। और फिर वही दुकान फूलते–फलते इतनी बड़ी कम्पनी बन गयी। कॉटन स्ट्रीट पर मकान बन गया। और अकेला वही मकान नहीं, सात लड़कों के लिए अलग–अलग मकान बने थे। फिर तो सबके अलग–अलग मकान बन गये थे। घनश्याम बाबू के दर्माहाटवाली गद्दी के मकान पर ही सारे हिन्दुस्तान के लोग आकर बैठते थे। व्यापारी आकर ठहरते थे, उनके ठहरने खाने का प्रबन्ध भी था। मकान के पश्चिमवाली तरफ व्यापारियों के मुनीम आकर ठहरते थे। उनके लिए अलग रसोईघर व नौकर और महाराज थे। सुबह उठकर सारे मुनीम गंगा स्नान करके आते और नीचे की चाय की दुकान पर कुल्हड़ों में चाय पीकर अपने–अपने काम पर निकल जाते। फिर दोपहर को लौटकर खाना खाते। एक लम्बा सोने का कमरा था, जहाँ चारपाइयों की लाइनें लगी होती थीं, वहीं सब सोते थे। सब पुराने ग्राहक थे घनश्याम बाबू के।

रसोई में हमेशा हँसी–मजाक चलता रहता। महाराज सभी को पहचानता था। कोई पूछता–आज क्या बना है चौबे जी?

वह कहते, अरहर की दाल और भिण्डी की सब्जी और रोटी।

–रात को क्या बनाओगे?

–खिचड़ी!

दूसरा कहता, खिचड़ी में मिर्च ज्यादा डालना। बंगाल में रहते–रहते तुम भी बंगाली बन गये हो चौबे जी, पूरे बंगाली।

महाराज, नौकर, मुन्शी सब हँस पड़ते।

एक कहता, कलकत्ता भी अजब शहर है चौबे जी, छप्पन साल से रह रहा हूँ यहाँ, ऐसा शहर दूसरा नहीं देखा। तुम्हारे शिवश्याम बाबू बड़े भले आदमी थे, राजा आदमी थे। उस जमाने में...फिर बात अधूरी छोड़कर पूछता, घनश्याम बाबू की तबीयत तो अच्छी है?

–नहीं हुजूर।

घनश्याम बाबू की तबीयत कई दिनों से खराब चल रही है, गद्दी पर नहीं आये। पण्डित जी हैं। चतुरानन जी, तिलक चाँद जी हैं–और एक बंगाली बाबू भी हैं–

सुबह से शोर–गुल शुरू हो जाता था गद्दी पर। स्टेशन से आनेवालों का ताँता लगा रहता। रसोई धोयी–पोंछी जाती। जमादार आकर सारे मकान की सफाई करता।

रसोई में जब मुनीमों का खाना चलता तो नीचे का चायवाला चाय की केटली और कुल्हड़ लिये अन्दर आता। चायवाले को दम लेने की फुर्सत नहीं होती थी। दस गद्दियों पर चाय देनी पड़ती थी।

सीढ़ियों से ही आवाज लगानी शुरू कर देता, गरम चाय। लकड़ी के जीने पर उसके कदमों की पट–पट आवाज होती। पण्डित जी, चतुरानन जी और तिलक चाँद जी चाय लेते।

तिलक चाँद जी पूछते; चाय नहीं पियोगे बंगाली बाबू?

मैं कहता, मैं चाय नहीं पीता।

चाय कैसे पीता! कुछ पैसे बचते तो महीने के आखीर में सहारा मिल जाता। चाय पीने की इच्छा होते ही, भैया, बहनों, भाभी व पत्नी का मुँह आँखों के सामने घूम जाता। अपराध के डर से सिर झुकाकर समस्त विकास-ऐश्वर्य से मुँह मोड़कर अँधेरे में अपने को छुपा लेता। सोचता, यह सब मेरे लिये नहीं है, यह सब निषिद्ध है मेरे लिये-जीवन भर के लिए निषिद्ध।

शायद इसी तरह मेरा सारा जीवन घनश्याम बाबू की गद्दी पर बीत जाता। शायद इसी तरह गद्दी के उत्थान-पतन के साथ अपने को जोड़ लेता। परन्तु एक दुर्घटना घट गयी। बहुत बड़ी दुर्घटना! और मेरे जीवन के समस्त लेन-देन का हिसाब एक क्षण में आमूल बदल गया।

अगर वह दुर्घटना नहीं घटती तो आज आप मुझे यहाँ नहीं देखते। न यह मकान होता और न इस आराम व शान्ति से शेष जीवन बिता पाता।

एक दिन घनश्याम बाबू तबीयत खराब हो जाने से गद्दी पर नहीं आ पाये! मैं सदा की तरह गद्दी पर पहुँचा। बारिश तेज थी, काफी भीग गया था। पहुँचते ही पण्डित जी बोले, बंगाली बाबू!

पुकार सुनते ही पास गया।

बहुत व्यस्त थे पण्डित जी। बोले, तुम्हें कॉटन स्ट्रीट जाना पड़ेगा आज।

–कॉटन स्ट्रीट? कब?

–आज शाम को। घनश्याम बाबू का टेलीफोन आया था, उनकी तबीयत ठीक नहीं है। दस्तखत कराने को तीन खाते ले जाने हैं।

मैंने कहा, दीजिये, अभी चला जाता हूँ।

वह बोले, अभी तैयार थोड़े ही हैं। वाउचर जमा होने के बाद ही तो तैयार होंगे।

गद्दी का काम खत्म होने पर खाते घनश्याम बाबू के घर पहुँचाने थे और अगले दिन सुबह लेकर आने थे।

नौकरी करता था तो जो भी कहा जाता करना ही था। मना करने से कौन सुनता! उस दिन गद्दी जल्दी बन्द हो गयी। सबको छुट्टी मिल गयी थी, पर मेरी ही तकदीर में छुट्टी नहीं थी। घनश्याग बाबू के घर जाकर सब समझाना था, डर से काँप रहा था मैं। सोच रहा था; क्यों पण्डित जी ने मुझे इस मुसीबत में डाल दिया! मैं तो गद्दी पर अकेले एकान्त में काम करके ही सन्तुष्ट था। मैं यथासम्भव घनश्याम बाबू के पास जाना ही नहीं चाहता था कभी। सरल भीरु प्रकृति का आदमी था मैं। हमारे जैसे लोग जीवन में मानो हारने के लिए ही जनमते हैं। हम विजय नहीं चाहते, बस किसी तरह टिके रहना चाहते हैं। कहीं कोई विपर्यय न घटे, कोई व्यतिक्रम न

हो। अव्याहत शान्ति से जीवन बीत जाये। न हम किसी की कोई क्षति करें और न हमें कोई नुकसान पहुँचाये–इस तरह के आदमी होते हैं हम मध्यवर्गी। यही मनोवृत्ति लेकर मैं भी दुनिया में आया था। सोचा था, इसी प्रकार दूसरों की नौकरी करते हुए दुःख–कष्ट में जीवन बीत जायेगा। इससे अधिक कुछ चाहा भी नहीं था– चाहने का साहस ही कभी नहीं हुआ। साहस होता भी कैसे! हम लोग सत्यमार्ग पर तो चलते हैं, परन्तु दस जनों के सामने छाती फुलाकर सच बात कहने का साहस नहीं होता हमसे। हम मन–ही–मन गरजते हैं, अन्याय का प्रतिशोध लेने का संकल्प करते हैं, परन्तु मुँह खोलकर प्रतिकार करने के समय डरकर पीछे हट जाते हैं; असल में मैं भीरु प्रकृति का आदमी था, नौकरी के लिए ही बना था। और नौकरी भी कोई ऐसी नौकरी नहीं थी--अश्रद्धा, अवज्ञा, अवहेलना की नौकरी थी वह। मेरे न होने से घनश्याम बाबू को कोई फर्क नहीं पड़ता था। मैं घर पर भी एक बोझा था और गद्दी पर भी। मेरा अभिमान दुर्जेय था, अनुभूति तीव्र थी, पर क्षमता सामान्य थी। जरूरत पड़ने पर प्रतिवाद भी नहीं कर सकता था।

एक ऐसे आदमी को कॉटन स्ट्रीट घनश्याम बाबू के घर भेजा गया।

शाम हो गयी थी।

कॉटन स्ट्रीट जानी–पहचानी थी। उन्हीं सब रास्तों से चलते हुए मैं गद्दी पर जाता था। उस समय भी सड़क पर काफी भीड़ थी। उन मुहल्लों में काफी रात तक भीड़ रहती थी।

चलते समय पण्डित जी से पूछा था, घनश्याम बाबू से क्या कहना है?

पण्डित जी ने कहा था, कहना कुछ नहीं है, बस खाते दे देना।

फिर पूछा था, घनश्याम बाबू क्या पहली मंजिल पर रहते हैं?

जरा गुस्से से उन्होंने कहा था, यह जरा–सा काम भी नहीं होगा तुमसे? वह पहली मंजिल पर रहते हैं या दूसरी–तीसरी पर, यह भी मुझे बताना पड़ेगा? उनके घर दरबान, नौकर कोई नहीं है?

शर्मिन्दा हो गया था मैं। बड़े आदमी का मकान था–दरबान, नौकर, मुन्शी किसी–न–किसी का सामने होना स्वाभाविक ही था। किसी से भी पूछा जा सकता था।

नम्बर ढूँढ़ता हुआ मकान के सामने पहुँचा तो देखा बहुत बड़ा मकान था– बिलकुल सड़क के ऊपर, चार–पाँच मंजिला मकान। छत पर सफेद व हरे रंग की रेलिंग थी। नीचे एक दरवाजा था। दरवाजे पर कोई नहीं था पर लोग उसी दरवाजे से जा–आ रहे थे। मुझे वहाँ खड़ा देखकर कोई कुछ पूछ भी नहीं रहा था। अन्दर घुसते ही दोनों तरफ दो कमरे थे और फिर आँगन। आँगन के चारों ओर पतले–पतले लाल– नीले खम्भे थे। कहीं पास ही काँसे का घण्टा बज रहा था। शायद आरती हो रही थी।

दबे पाँव अन्दर गया।

सचमुच ही आरती हो रही थी। शायद घर की देवमूर्ति थी। धूप-धूनी से कमरे में धुँधलका छाया हुआ था। एक आदमी झन्‌झन् झाँझ बजा रहा था। बड़े आदमी का मकान था, रोज ही पूजा-आरती होती होगी। चारों ओर दीवालों पर तरह-तरह की तस्वीरें लटक रही थीं। हनुमान का लंकादहन, सीताहरण, हनुमान का वक्ष चीरकर राम की मूत का दिखाना आदि। खाते बगल में दबाये बहुत देर तक खड़ा रहा वहाँ। मन-ही-मन देवता को प्रणाम भी किया। भले की बंगालियों का ठाकुर नहीं था, पर जो कोई भी था, था तो आखिर भगवान् ही। भगवान् तो सभी का भगवान् होता है। और फिर मुझे भगवान् के अलावा भरोसा भी किसका था! सिर झुकाकर बहुत देर तक प्रणाम करता रहा था। फिर इधर-उधर देखने लगा, पर किसी ने भी मेरी ओर घूमकर नहीं देखा। समझ में नहीं आ रहा था, किससे पूछूँ, बात करूँ। दो-चार नौकर-जैसे लोगों को आते देखा भी, सभी हिन्दुस्तानी लग रहे थे, परन्तु वह लोग भी मेरी ओर देखे बिना बगल से निकल गये, जैसे मैं वहाँ था ही नहीं। अन्दर झाँककर देखा-बहुत बड़ा आँगन था और फिर चारों ओर दालान के बाद कमरे।

एक आदमी बाहर आ रहा था। निकट आते ही मैंने पूछा, बाबू जी कहाँ हैं?

मेरी ओर ठीक से देखे बिना ही वह बोला, भीतर जाओ।

और जिस तेजी में आया था, उसी तेजी में चला गया।

मैं उसी तरह चुप खड़ा रहा। समझ नहीं पा रहा था, अन्दर कहाँ जाऊँ।

बरामदे के किनारे बत्ती जल रही थी पर उससे पूरा आँगन प्रकाशित नहीं था। धुँधला-धुँधला था सब। अँधेरे के कारण कोई कहीं बैठा था कि नहीं, यह भी दिखायी नहीं दे रहा था। और आरती के घण्टे, झाँझ की आवाज के कारण और कोई आवाज सुनायी नहीं दे सकती थी।

धीरे-धीरे आँगन में गया। इधर-उधर नजर दौड़ायी, मकान आकाश छू रहा था। नक्षत्रविहीन आकाश का एक चौकोर टुकड़ा सिर पर दिखायी दे रहा था, केवल हर मंजिल पर चारों ओर रेलिंग घिरा बरामदा था। हर मंजिल पर बरामदे में बहुत ही कम पावर के बल्ब टिमटिमा रहे थे। मकान देखकर लगता था कि अन्दर बहुत-सारे लोग रहते होंगे। परन्तु ऐसा नहीं था। जितने आदमी थे, उनसे ज्यादा नौकर-चाकर थे और जितने नौकर चाकर थे, उनसे कई गुना कमरे थे।

बड़े चक्कर में पड़ गया था, किससे पूछूँ कि घनश्याम बाबू कहाँ मिलेंगे।

एक और पगड़ीवाला हाथ में बाल्टी लिये आता दिखायी दिया।

झट से आगे बढ़कर पूछा, बाबू जी कहाँ रहते हैं?

मेरी ओर देखकर उसने कहा, अन्दर जाइये।

इतना कहकर वह भी तेज कदमों से चला गया।

फिर मुश्किल में पड़ गया था।

बहुत देर खड़ा रहा उसी तरह। उस दिन की याद आने पर आज भी शरीर में सिहरन दौड़ जाती है। हालाँकि नौकरी के लिए सब-कुछ करने को तैयार था मैं।

नौकरी के लिए मान-अपमान सब-कुछ सहना पड़ता है। लेकिन तब तक यह कहाँ पता था कि सिर पर तलवार लटकी हुई थी। कहाँ मालूम था कि गद्दी से किस खोटी घड़ी में घनश्याम बाबू के घर के लिए चला था। तिलक चाँद या चतुरानन जी अथवा पण्डित जी खुद ही वह काम कर सकते थे। पर शायद मेरी भलाई के लिए ही पण्डित जी ने मुझे भेजा था; ताकि मैं घनश्याम बाबू की नजरों में पड़ जाऊँ, उनके सामने प्रमाणित हो जाये कि मैं काम का आदमी था और मेरा वेतन बढ़ जाये।

सीढ़ी के पास एक आदमी शायद अफीम के नशे में ऊँघ रहा था।

उसके पास जाकर पूछा, बाबू जी किधर मिलेंगे?

मेरी ओर अच्छी तरह देखा भी नहीं उसने और कह दिया, ऊपर-

कहाँ का पानी कहाँ जाकर ठहरता है, कोई कह सकता है क्या। अब देखिये न, नौकरी थी सात रुपये महीने की, उसमें भी दिन भर गद्दी पर काम करो और शाम को मालिक के घर जाओ। यही नियम है। नहीं तो उस दिन वह विपदा ही क्यों आती। उस दिन की छोटी-सी घटना ने जीवन में चरम दुर्भाग्य ला दिया था लेकिन आज उसे दुर्भाग्य भी कैसे कहूँ? आज तो उसे सौभाग्य ही कहना पड़ेगा। नहीं तो सारा जीवन शायद उसी सात रुपये महीने में गद्दी पर बिताना पड़ता।

अँधेरे जीने पर धीरे-धीरे सँभलता हुआ ऊपर चढ़ने लगा। जीना जहाँ समाप्त हुआ था वहाँ से लेकर आखीर तक लम्बा बरामदा था।

इधर-उधर नजर दौड़ायी। ऐसा लगा जैसे पश्चिम की ओर के एक कमरे से कोई निकलकर पूर्व की ओर के एक कमरे में गया।

पुकारकर घनश्याम बाबू का कमरा पूछने का मन हुआ, पर जब तक मुँह खोलता वह न जाने कहाँ गायब हो गया था। अनुमान लगाकर एक ओर के बरामदे में चलने लगा मैं।

दिल धक-धक कर रहा था। सोच रहा था, यह कहाँ आ गया मैं? कैसा मकान है यह? इतने कमरे, इतने लम्बे-लम्बे बरामदे, कमरों में जरूर बहुत-से लोग होंगे! पर किसे पुकारूँ!

सीधा चलता रहा। सारे कमरों के दरवाजे भिड़े हुए थे। किस कमरे में जाऊँ, समझ में नहीं आ रहा था। काफी चलने के बाद एक मोड़ आया तो दाहिनी ओर घूम गया। वहाँ भी लम्बा बरामदा था।

एक बार पीछे की ओर घूमकर देखा।

कितनी दूर आ गया, पता ही नहीं चल रहा था।

एक बार तो लौट जाने का मन हुआ। बिना कुछ कहे-सुने न जाने कहाँ घुस गया था। शायद अन्त:पुर था। शायद पुरुष का प्रवेश निषिद्ध था वहाँ। लेकिन वापस लौटने को भी जी नहीं चाहा। सभी ने तो सीधे अन्दर जाने को कहा था-दो-तीन से तो पूछा था। क्या अन्दर आने का कोई और जीना भी था!

फिर रुककर इधर–उधर देखा।

वहाँ सड़क की ट्राम की घड़–घड़ सुनायी नहीं दे रही थी। बहुत दूर से आरती के घण्टों व झाँझों की आवाज आ रही थी। इतना बड़ा मकान था, कहाँ से कहाँ पहुँच गया था! लौटना चाहता भी तो शायद लौट नहीं पाता, किसी के बताये बिना रास्ता पहचानना मुश्किल था।

पास ही एक कमरा था, दरवाजा भिड़ा हुआ था।

सोचा, देखूँ अगर अन्दर कोई हो तो उसी से पूछूँ।

जरा–सा ठेलते ही दरवाजा खुल गया।

बड़ा–सा बैठने का कमरा था। दीवालों पर कुछ तस्वीरें लटकी हुई थीं, जिनमें अधिकतर देवी–देवताओं की थीं। तीन सोफे और कुछ कुर्सियाँ पड़ी थीं। एक टेबिल थी और फर्श पर कार्पेट बिछा हुआ था।

ऐसा लगा जैसे कमरे में कोई था, जो जरा पहले ही कहीं चला गया था। सोचा यहाँ इन्तजार करने से शायद किसी से सामना हो जाये, कोई नौकर–चाकर ही आ जाये। देखने से तो यही घनश्याम बाबू का बैठने का कमरा लगता है।

पर अचानक एक घटना घट गयी।

बगल के कमरे में किसी औरत की आवाज सुनायी दी।

हिन्दी मैं बोल तो ठीक से नहीं पाता था, पर गद्दी पर काम करने की वजह से समझने अच्छी तरह लगा था।

किसी ने कहा, शरम नहीं आती तुम्हें?

बड़ा ही मधुर पर क्रूद्ध स्वर था।

फिर किसी पुरुष का स्वर सुनायी दिया–

तुम विश्वास करो जयन्तिया, मेरी बात तो सुनो।

लड़की बोली, ठहरो, बेवकूफ कहीं के।

–इतना मत चिल्लाओ, कोई सुन लेगा।

–कोई नहीं सुनेगा, आज कोई नहीं है घर में, सब शादी में दावत खाने गये हैं–इसीलिए तुम्हें बुलवाया है। लड़की ने उसी तेजी में कहा।

आदमी बोला, क्यों, मैं तो आता ही रहता हूँ, बिना बुलाये ही आ जाता हूँ।

–चुप रहो! एक नम्बर के लम्पट हो तुम। तुम सोचते हो कि मुझे पता नहीं है आजकल तुम कहाँ जाते हो।

–मैं भला कहाँ जाता हूँ! अपने काम के अलावा कहीं भी तो नहीं जाता।

लड़की को बहुत गुस्सा आ गया था शायद। कहने लगी, झूठ मत बोलो। मुझे सब–कुछ पता है। परसों रात कहाँ थे तुम? सारी रात घर नहीं आये। तुम्हारा ख्याल है कि मुझे मालूम नहीं तुम किसके साथ सारी रात रहे, मेरे से छुपाने की कोशिश मत करो।

बातचीत सुनकर मैं जरा आश्चर्य में पड़ गया, पर समझ कुछ नहीं पाया। यह क्या पति-पत्नी लड़ रहे थे? क्या करूँ समझ में नहीं आया। सोचने लगा, पति-पत्नी के झगड़े में मैं क्यों कान लगाऊँ? दूसरे की गोपनीय बातें सुनने का मुझे क्या अधिकार है?

फिर एक बार सोचा चला जाऊँ, परन्तु सुनने का लोभ भी हो रहा था। यह तो जानता था कि हमारे-जैसे मध्यवित्त परिवारों में भी पति-पत्नी का झगड़ा होता है, कुछ दिनों के लिए बोलचाल बन्द हो जाती है। पर बड़े लोगों में? तब तक बड़े लोगों को केवल दूर से ही देखा था। बड़ी-बड़ी मोटरों में पति-पत्नी को अगल-बगल बैठकर जाते देखा था। उनके कपड़े, लत्ते, जेवर, हाव-भाव, चाल-चलन दूर से देखकर मन-ही-मन ईर्ष्या हुई थी। सोचता था उनके जीवन में शायद कोई समस्या नहीं है। जितना उन्हें देखता था, उतनी ही अपने ऊपर घृणा होती थी। सोचता था, उनमें हमारी तरह झगड़ा नहीं होता शायद। उनके जीवन में केवल सुख व स्वच्छन्दता है, केवल विलास और वैभव है। सड़क पर अकेले चलते हुए किसी बड़े आदमी के दुमंजिले-तिमंजिले मकान की खिड़की से कोई बहू दिखायी दे जाती तो अपनी पत्नी याद आ जाती। कैसा प्रशान्त चेहरा-अनुपम रूप होता था उनका। भीगे बाल पीठ पर पड़े होते, पाप से रँगे होंठ, चेहरा रँगा-पुता। शायद खिड़की में खड़ी पति के लौटने की प्रतीक्षा करती होतीं। सोचता काश! अपनी पत्नी को भी अगर ऐसा घर दे पाता, ऐसे जेवर कपड़े दे पाता, ऐसा विलास और अवसर दे पाता! घर लौटकर देखता मैली साड़ी पहने पत्नी उसी तरह चौके चूल्हे में लगी होती। सुबह बिस्तर से उठने के बाद से रात को सोने तक उस काम का विराम नहीं था। कपड़े धोना, झाड़-पोंछ करना, खाना बनाना, बर्तन माँजना--बस काम और काम। दोनों बहनें, भाभी और पत्नी सभी काम कर-करके परिश्रान्त हो जातीं, पर तब भी शान्ति नहीं मिलती, आराम नहीं मिलता। और इन लोगों को देखो, कैसे रहती हैं! कैसे गाड़ी में घूमने जाती हैं। चेहरा कैसे खिला रहता है!

तब तक बड़े लोगों के सम्बन्ध में यही धारणा थी। परन्तु अचानक सब जैसे गड़बड़ा गया।

कमरे में तब भी झगड़ा चल रहा था।

अचानक लड़की बोली, तुमने मेरे साथ ऐसा विश्वासघात किया? भूल गये मैंने तुम्हारे लिये क्या किया था?

आदमी बोला, नहीं, भूल कैसे जाऊँगा! सचमुच तुमने मेरे लिये बहुत-कुछ किया है जयन्तिया, सब याद है मुझे--सब-कुछ ।

-खाक याद है! रुपये के लिए जब तुम्हारा कारबार बन्द हो रहा था, तब बाबू जी से कहकर मैंने तुम्हें पाँच हजार रुपये नहीं दिलवाये? तुम जब बीमार पड़े थे, दिन-रात दर्द से तड़पते थे, तब अपने खर्चे से इलाज कराकर किसने तुम्हारी जान बचायी थी?

आदमी ने कोई जवाब नहीं दिया इसका।

लड़की फिर कहने लगी, जब भी तुम्हें रुपयों की जरूरत पड़ी मैंने सबसे छुपा-छुपाकर दिये तुम्हें। सब भूल गये?

वह बोला, यही सब कहने के लिए तुमने मुझे यहाँ बुलाया था आज?

लड़की गुर्रायी मेरे रुपयों से तुम दूसरी लड़की को जेवर गढ़वाकर दो और मैं चुप बैठी रहूँ-क्यों?

यह सुनते ही मैं और भी आश्चर्य में पड़ गया। कुछ भी समझ में नहीं आ रहा था। यह तो पति-पत्नी का सम्बन्ध नहीं था। पति-पत्नी का ऐसा सम्पर्क तो होता नहीं। कम-से-कम हम लोगों में तो नहीं ही था तथा किसी और समाज में भी नहीं होना चाहिए था। लेकिन क्या पता, औरों की बात तो मालूम नहीं थी। बड़े लोगों को दूर से ही देखा था, उनके साथ घनिष्ठ होने का सुयोग तो मिला नहीं था कभी। उनके शयनकक्ष की बात तो दूर रही, कभी मकान के अन्दर भी पैर नहीं रखा था। वह लोग आपस में क्या बात करते थे, नहीं जानता था। सारे दिन के परिश्रम के बाद जब हम लोगों के यहाँ पति घर लौटता था तो पत्नी हाथ-मुँह धोने को पानी दे जाती और फिर चाय ले आती। पास बैठती और दिन भर के काम के बारे में पूछती। कभी पूछती, आज इतनी देर हो गयी आने में? अथवा, खाना बन गया, ले आऊँ?

परन्तु उन गृहस्थियों की बात अलग थी। विशेषकर जो बंगाली नहीं थे। वहाँ शायद पति-पत्नी का सम्बन्ध भी दूसरी तरह का था।

लेकिन तब तक असली बात कहाँ जान पाया था। कौन सरयूप्रसाद था और कौन जयन्तिया थी-सरयूप्रसाद के साथ जयन्तिया का क्या सम्बन्ध था, यह भी नहीं पता था। क्यों सरयूप्रसाद उस मकान में आता था और क्यों जयन्तिया उसे बुला भेजती थी-सब एक पहेली-सा था। बस मैं तो खड़ा-खड़ा यही सोच रहा था कि यह कहाँ आ गया मैं। किस रहस्य से जुड़ गया-वहाँ से जा भी नहीं पा रहा था और वहाँ रहना भी उचित नहीं था। आप मेरी उस समय की हालत का अनुमान लगा सकते हैं। आज इस कमरे में बैठकर इतने दिन बाद भी उस दिन की घटना की याद करके शरीर में सिहरन दौड़ जाती है। परन्तु उस दिन उस मकान से निकल भागने की भी क्षमता नहीं थी मुझमें। मुझे हर हालत में घनश्याम बाबू की गद्दी पर नौकरी करनी थी, न करने का कोई चारा नहीं था। नौकरी छूट जाने पर गृहस्थी का पहिया अचल हो जाता, मुझको, मेरी पत्नी को सारे परिवार को उपवास करना पड़ता।

इसलिए खाते बगल में दबाये उसी कमरे में चुप खड़ा रहा। दोनों पाँव थर-थर काँप रहे थे। कमरे के बाहर भी कोई दिखायी नहीं दे रहा था, जिससे कुछ पूछता।

क्या करूँ, क्या न करूँ, बड़ी विडम्बना में फँस गया था। सोचने लगा, अगर घर के सारे लोग शादी की दावत खाने गये हैं तो जयन्तिया क्यों नहीं गयी? सरयूप्रसाद से मिलने के कारण? कौन है सरयूप्रसाद? किस कारण उसे जयन्तिया ने साँझ के झुटपुटे में बुलाया था?

आप सोच रहे होंगे कि मुझे सरयूप्रसाद का नाम कैसे पता चला। सचमुच, उसका नाम मैं तब तक नहीं जानता था। मैं तो यही समझ रहा था कि दोनों पति-पत्नी हैं और दाम्पत्य कलह हो रहा है। पत्नी शायद पति की स्वेच्छाचारिता के लिए अभियोग प्रकट कर रही है। परन्तु मैं उस समय वहाँ नहीं रहना चाहता था–बस डर की वजह से वहाँ से निकल जाना चाहता था। मालिक के घर लड़की–जमाई की बातों में पड़ना अन्याय है। किसी को पता चल गया तो नौकरी चली जाने का डर है।

अचानक कमरे में झगड़े ने और भयंकर रूप ले लिया।

आदमी बोला, तुम क्या चाहती हो कि मैं तुम्हारे कहने पर ही चलूँ?

लड़की ने कहा, हाँ, तुम्हें मेरे कहने पर चलना पड़ेगा।

–कभी नहीं।

–मेरी बात नहीं मानोगे तो नतीजा बहुत बुरा होगा।

–मुझे डरा रही हो?

–मुझे ऐसी लड़की मत समझ लेना जो तुम्हारी हर बात मान ले।

–मैं भी तुम्हारी हर बात नहीं मान सकता।

–नहीं मानोगे? जरूर मानोगे। माननी ही पड़ेगी तुम्हें। तुम समझते हो कि मैं तुम्हारी यह सब बातें बर्दाश्त कर लूँगी?

–अब मैं भी बर्दाश्त नहीं कर सकता।

–बर्दाश्त नहीं करोगे माने? किसने तुम्हारा कारोबार खड़ा किया। थे तो रास्ते के भिखारी ही, दो वक्त खाना भी नहीं जुटता था, फुटपाथ पर गमछे बेचते थे। अब यह आफिस, टेलीफोन, मकान, शेयरों की खरीद–फरोख्त किसके पैसे से कर रहे हो? बाबू जी से कितने रुपये उधार लिये थे? कितना सूद दिया है अब तक? हिसाब रखा है उसका?

–माँगा किसने था तुमसे?

–पूछ रहे हो, किसने माँगा था? यह पूछते हुए शरम नहीं आती? ऊपर से कह रहे हो, किसने माँगा था?

–कुर्ता क्यों पकड़ रखा है?

–सिल्क का कुर्ता पहन रखा है! सारा घमण्ड चूर कर दूँगी। सारी बहादुरी निकाल दूँगी! तुमने समझा क्या है मुझे।

–छोड़ो, हटो–रास्ता छोड़ो, काम है मुझे। जाता हूँ मैं।

–देखती हूँ कैसे जाते हो?

–क्यों, जाने नहीं दोगी?

–मेरी बात का जवाब दिये बिना नहीं जा सकते।

–किस बात का?

–तुम्हारा ख्याल है, मेरी आँखों में धूल झोंककर निकल जाओगे?

आदमी ने खीझकर कहा, अपनी यह बक-बक सुनाने को बुलाया था क्या तुमने मुझे?

—बक-बक?

—और नहीं तो क्या है? आजकल तो जब भी आता हूँ, तुम यही सब शुरू कर देती हो! और कुछ रहा ही नहीं तुम्हारे पास कुछ कहने को।

—आज तुम यह बात कह रहे हो। एक दिन था जब तुम मेरी जरा-सी मुस्कुराहट पर जान निछावर करने को तैयार थे! एक दिन मुझसे दो बात करने की आशा में तुम हमारे घर आकर घण्टों अवसर की ताक में घूमते रहते थे!

—हाँ करता था—पर अब तुम पहले जैसी नहीं रही—तुम बदल गयी हो!

—बदल गयी हूँ? कौन बदल गया है? मैं या तुम?

—मैं अगर बदला भी हूँ तो तुम्हारी वजह से।

लड़की और गुस्से से बोली, निर्लज्ज झूठे!

—गाली मत दो—कहे देता हूँ।

—गाली क्या—तुम्हारी तो जान ले लेने पर भी मुझे शांति नहीं मिलेगी।

तिरस्कृत स्वर में आदमी ने कहा, हटो, रास्ता छोड़ो, मुझे जाना है, काम बहुत है।

—ठहरो, इतनी आसानी से नहीं छोड़ूँगी मैं।

आप मेरे मन की इस समय की अवस्था की कल्पना नहीं कर सकते कविराज जी। आज तो उम्र हो गयी है, दुनिया बहुत देख ली है, बहुत-कुछ सीख लिया है, समझ लिया है। परन्तु उस दिन उम्र कम थी, नयी-नयी शादी हुई थी—उस परिस्थिति में मैं क्या कर सकता था! मैं तो यही समझा था कि वे दोनों पति-पत्नी थे और सम्बन्धों में दरार पड़ गयी थी। मैं वहाँ रहना नहीं चाहता था, पर निकल भी नहीं पा रहा था। मेरे दोनों पाँवों में जैसे किसी ने कीलें ठोंक दी थीं, हिलने की भी क्षमता नहीं रह गयी थी। और फिर अँधेरा होने के कारण रास्ते का भी अन्दाज नहीं था। पकड़े जाने का डर अलग था।

आप शायद कहेंगे कि मेरी भी दुर्बलता अवश्य रही होगी। इसमें शक नहीं है कि मुझे भी कौतूहल था। परन्तु मेरी उस समय की पारिवारिक अवस्था व मानसिक गठन की बात पर ध्यान दें तो ऐसा नहीं कहेंगे। दिन-रात जिसे नौकरी जाने का डर हो, उसके लिए इस तरह का कौतूहल होना ऐयाशी है। और विशेषत: जब वह मालिक का घर हो। वहाँ कोई अनुचित काम करने की और कल्पना भी नहीं की जा सकती!

अन्त में साहस जुटाकर कमरे से निकलकर जिधर से आया था उसी तरफ अन्दाजे से चलने लगा। कहीं किसी आदमी की आवाज नहीं थी। अँधेरा पहले से ज्यादा हो गया था। मुँह बाये जरा देर बरामदे में खड़ा रहा। ऊपर की तरफ देखा,

किसी–किसी कमरे में बत्ती जलती दिखायी दी। नीचे की मंजिल पूरी तरह अन्धकार में डूबी हुई थी। बाहर पूजा के दालान में उस समय भी जोर–जोर से घण्टे बज रहे थे। किस तरफ से चलकर, किस जीने से उतरकर वहाँ पहुँचूँ समझ में नहीं आ रहा था। सोचने लगा कि उलटे रास्ते चलकर और अन्दर न पहुँच जाऊँ–फिर तो और मुसीबत में पड़ जाऊँगा।

धीरे–धीरे फिर उसी कमरे की तरफ लौट आया, जिससे निकला था। कमरे में तब भी बत्ती जल रही थी, मेरे जाने के बाद शायद कोई नहीं आया था वहाँ। हताश होकर फिर चारों ओर देखने लगा, शायद कोई दिखायी दे जाये, पर व्यर्थ। कभी–कभी ऐसा प्रतीत होता जैसे अँधेरे में कोई एक ओर से निकलकर दूसरी ओर चला गया, पर जोर से पुकारने की हिम्मत नहीं पड़ती।

अन्त में फिर चल पड़ा। बरामदे में चलते–चलते एक जगह पहुँचा तो आगे रास्ता बन्द था, बस सिर पर एक लट्टू टिमटिमा रहा था।

सोचने लगा, क्या आश्चर्य है! इतने बड़े आदमी का मकान है, क्या किसी को नहीं होना चाहिये! सारे–के–सारे दावत खाने चले गये? नौकर–चाकर भी आरती में चले गये। अगर चोर–डाकू आ जायें तो। और घनश्याम बाबू तो बीमार हैं, वह कहाँ चले गये? उनकी सेवा–शुश्रूषा के लिए भी दो–चार आदमी होने चाहिए?

आज अपने उस दुःखी जीवन की बातें सुनाकर शायद आपको उबा रहा हूँ। लेकिन आपको सुनाकर मैं जैसे फिर अपने उसी जीवन में लौट गया हूँ। भले ही वह जीवन सुखी नहीं था, कष्ट के दिन थे। परन्तु अतीत का शायद एक मोह होता है और ज्यों–ज्यों उमर बढ़ती है, वह मोह बढ़ता जाता है। आप भी बूढ़े हो गये हैं, आप भी अवश्य समझते होंगे। नहीं तो आपको रास्ते से बुलाकर क्यों अपनी रामकहानी सुनाने बैठ जाता।

पिताजी ने कहा, नहीं नहीं, आप सुनाइये, मुझे अच्छा लग रहा है।

तिनकड़ि बाबू बोले, अच्छा नहीं लगे तब भी आप लोगों को सुनाऊँगा ही–हर आदमी तो समझता नहीं! और सबको सब–कुछ बताया भी नहीं जा सकता, आप प्रवीण चिकित्सक हैं, एक चिकित्सक की व्यथा समझ सकेंगे।

पिता जी ने कहा, पर आप चिकित्सक बने कैसे?

–वही तो बताने जा रहा हूँ। उस दिन घनश्याम बाबू बीमार न पड़ते और मैं वह खाते लेकर उनके घर नहीं जाता तो मेरा चिकित्सक बनना भी सम्भव नहीं होता और इस ऐश्वर्य–सम्पदा का मालिक नहीं बनता। दो लड़के हैं मेरे, दोनों ऊँचे वेतन पर पंचकोट स्टेट में नौकरी करते हैं–पंचकोट के राजा ने स्वयं बुलाकर नौकरी दी है उन्हें। सब उस रात की घटना की वजह से हुआ।

मनुष्य के बारे में उससे पहले मुझे कोई अभिज्ञता नहीं थी। आँखों से जो दिखायी देता, उसी को सत्य मानकर विश्वास कर लेता। परन्तु दृष्टि की ओट में एक

और संसार है, उसके कायदे-कानून बिलकुल अलग हैं, वह भले ही आँखों से न दिखायी देते हों, पर वह सब सत्य हैं इसमें भी कोई सन्देह नहीं! बड़े लोगों को मैं जिस दृष्टि से देखता था, उस घटना के बाद वह पूरी तरह बदल गयी।

याद है, उस दिन अदालत में अपार भीड़ थी। नजरें उठाकर देखने में भी मुझे शर्म आ रही थी। मुलजिम के कटघरे में खड़ा थर-थर काँप रहा था मैं।

उनके वकील ने पूछा था, तुम घनश्याम बाबू के मकान में न घुसकर बगल के मकान में क्या जान-बूझकर घुसे थे?

काँपते हुए मैंने कहा था, मुझे पता होता तो उस मकान में नहीं घुसता।

–तुमने सरयूप्रसाद से कभी रुपये उधार लिये थे?

मैंने कहा था, मैंने तो सरयूप्रसाद का नाम भी कभी नहीं सुना–उसे देखना या रुपये उधार लेना तो दूर की बात है।

–कितने रुपये महीना मिलते हैं तुम्हें यह घनश्याम बाबू की गद्दी पर?

–सात रुपये।

–सात रुपये में तुम्हारा पूरा कैसे पड़ता है? जरूर उधार लेना पड़ता होगा?

–भैया भी नौकरी करते हैं, दोनों मिलकर गुजर-बसर कर लेते हैं।

–कभी बड़ा आदमी बनने का जी नहीं चाहा तुम्हारा? बड़े आदमियों की तरह गाड़ी में बैठने की इच्छा नहीं हुई तुम्हारी?

–हुई है, पर भगवान् के भरोसे जिन्दा हूँ, वह देंगे तो बड़ा आदमी बन जाऊँगा।

–साहस होता तो बन सकते थे?

अब इस प्रश्न का क्या जवाब देता भला! साहस होता तो सभी-कुछ कर सकता था। साहस होता तो सात रुपये महीने की नौकरी क्यों करता!

और सोच रहे होंगे कि बीच में कोर्ट का मामला कहाँ से आ गया–और मैं मुलजिम क्यों बना?

भैया ने भी यही सोचा था। और सिर्फ भैया ने ही नहीं, वरन् सारे परिचित व सगे-सम्बन्धियों ने भी यही बात सोची थी। जीवन भर नौकरी करता रहूँ और शान्त शिष्ट व्यक्ति की तरह महीने के अन्त में वेतन लाकर घर पर दे दूँ यही जीवन का आदर्श है। ऐसे आदमी का ही सब सम्मान करते हैं, प्रशंसा करते हैं! ऐसे आदमी को ही लोग जमाई बनाना चाहते हैं। पर खून का मुलजिम?

वकील ने आगे पूछा था, सरयूप्रसाद का पीछा तुमने कहाँ से किया था?

–मैने उसका पीछा नहीं किया था।

–तो फिर इतने मकानों के होते हुए, घनश्याम बाबू का मकान बगल में होते हुए, उसके पीछे-पीछे जयन्तिया के मकान में क्यों घुसे थे?

मैंने कहा था, मैं उसके पीछे-पीछे नहीं गया था।

तो फिर बाहर का आँगन पार करके अन्तःपुर में कैसे पहुँच गये थे?

–गलती से।

–अच्छा मान लिया कि गलती से पहुँच गये थे, परन्तु यह कैसे पता चला कि घर के सब लोग दावत खाने गये थे?

–पहले नहीं पता था। दो जनों की बातों से पता चला था।

–तो तुमने शायद तय कर लिया कि सरयूप्रसाद से बदला लेने का सुनहरा मौका था?

–आप क्या कह रहे हैं, मेरी समझ में कुछ भी नहीं आ रहा।

–मैं समझा देता हूँ। तुम्हारा वास्तविक उद्देश्य था, सरयूप्रसाद से बदला लेना, इसीलिए सन्देह से बचने के लिए तुम घनश्याम बाबू की गद्दी के खाते लेकर उस मकान में गये थे–क्यों ठीक है न?

मैंने कहा–मुझे पण्डित जी ने घनश्याम बाबू के घर जाने को कहा था, इसलिए गया था–और कोई उद्देश्य नहीं था मेरा।

–लेकिन तुम्हें यह कैसे पता चला था कि तुम्हारा महाजन सरयूप्रसाद भी उसी समय उस मकान में आयेगा?

–सरयूप्रसाद मेरा महाजन नहीं था।

इससे ज्यादा कानूनी तर्क–वितर्क सुनाकर मैं आपको और परेशान नहीं करूँगा। यह तो बाद की घटना है। परन्तु जीवन में भले ही कोई घटना बाद को घटित हो, उसका बीज तो पहले ही बोया जाता है। मुझसे मेरे भाग्यविधाता कब क्या खेल खेलेंगे, उसका नक्शा तो उन्होंने पहले ही तैयार कर लिया था और यह बात पहले कोई कैसे जान सकता था। इसीलिए मनुष्य अचानक किसी विपत्ति के आ पड़ने पर हक्का–बक्का रह जाता है, विचलित हो जाता है। लेकिन उस दिन यह भी कहाँ पता था कि वह रात आगे जाकर एक दिन फलीभूत होगी; उस विपत्ति से भी एक दिन छुटकारा मिल जायेगा। उस दिन तो यही लगा था कि अब जीवन भर मुक्ति नहीं होगी!

चलिये, बाद की बात बाद को ही कहूँगा। अभी तो उसी रात की बात बताऊँ।

फिर उसी कमरे में आकर खड़ा हो गया। सोचा, जिनकी आवाजें सुनायी दे रही हैं, उनमें से किसी–न–किसी की नजर तो पड़ेगी मुझ पर–उसी से पूछ लूँगा।

खड़े होते ही अचानक एक दबी कराह सुनायी दी और फिर धीरे–धीरे रुक गयी। ऐसा लगा जैसे सारा मकान अचानक मूर्च्छित हो गया हो। उस मन्द प्रकाशित कमरे में उसी तरह काफी देर खड़ा रहा मैं, सिर घूमने लगा, क्या हुआ भीतर। अब तक तो झगड़ा चल रहा था–इस तरह अचानक रुक कैसे गया!

अचानक कमरे के अन्दर का एक दरवाजा धड़ाम से खुला और अन्दर से एक लड़की निकली।

मैं मुँह बाये आश्चर्यचकित देखता रह गया। लड़की की भयभीत आँखें मुझे देखकर एकदम से चमक उठीं।

–कौन?

मुझे ऐसा लगा, जैसे लड़की की आँखों में मोटा-मोटा सुरमा लगा था या किसी ने कालिख पोत दी थी। गोरा-चिट्टा रंग था। असल में उस रंग की व्याख्या करना मुश्किल है–पके आम का जो एक रंग होता है, जो न पीला होता है न लाल और न सफेद। तीनों को मिलाकर जो रंग बनता है–ठीक वैसा ही था। जितनी तरह के जेवर पहने थी वह, उन सबके तो मैं नाम भी नहीं जानता। अंग-अंग सोने से मढ़ा हुआ था। गरीब होते हुए भी दूर से बहुत-सी बड़े घर की औरतों को देखा था, परन्तु उससे पहले वैसा रंग और उतने गहने कभी नहीं देखे थे। ऐसा लग रहा था जैसे इतनी देर से झगड़ने के कारण वह बहुत क्लान्त हो गयी थी और मुझे वहाँ देखकर चौंक गयी थी। सोचा, उसका चौंकना तो स्वाभाविक ही है। एकदम शयनकक्ष के पास एक अनजान-अपरिचित आदमी को देखकर तो हर औरत चौंक जाती है। इसमें उसका क्या दोष है, वरन् दोषी तो मैं हूँ–मैं ही तो बिना कहे वहाँ चला आया था।

–कौन? कौन है? कौन हैं आप?

कुछ देर के लिए तो जैसे मेरी जुबान पर ताला पड़ गया, आवाज ही नहीं निकली। मेरे मन में आया कि अगर कोई आदमी उस वक्त आ जाये और मुझे उस अवस्था में देख ले तो क्या होगा। क्या कैफियत दूँगा उसे? इतनी देर से जिस पुरुष की आवाज सुन रहा था, वही अगर बाहर आकर दरबान को बुला ले तो। मैं गद्दी के काम से घनश्याम बाबू के पास आया था, यह बात कौन मानेगा। सोचेगा, जरूर मेरा कोई और इरादा था। नहीं तो इतनी अन्दर क्यों आता। पूजाघर में इतने लोगों के रहते किसी से पूछा क्यों नहीं। वह लोग या तो मुझे गर्दनिया देकर निकाल देंगे या पुलिस के हवाले कर देंगे। अब तो बस घनश्याम बाबू ही मुझे बचा सकते हैं। लेकिन अगर उन्होंने भी मेरी बात पर विश्वास नहीं किया तो?

लड़की मुझे एकटक घूर रही थी।

बहुत मुश्किल से कहा, मैं घनश्याम बाबू से मिलने आया हूँ।

–कौन घनश्याम बाबू?

चक्कर में पड़ गया मैं, और भी भयभीत हो गया। घनश्याम बाबू का तो नाम ही यथेष्ट था। वह शायद उन्हीं की लड़की थी। पर तब भी नहीं पहचान पा रही थी।

बोला, दर्माहाट में जिन घनश्याम बाबू की गद्दी है–

अचानक लड़की ने स्वयं को सँभाल लिया जैसे। क्षण भर में ही उसके चेहरे के भाव बदल गये। ऐसा लगा जैसे चेहरा और लाल हो गया–शायद अब पहचान गयी थी, समझ गयी थी कि मैं बिलकुल अनाहूत नहीं था। मुझसे डरकर भाग जाने की जरूरत नहीं थी, विश्वास किया जा सकता था मुझ पर।

मैंने फिर कहा, घनश्याम बाबू के पास ही आया हूँ--इन खातों पर दस्तखत कराने।

वह बोली, ओ...बैठिये आप।

बैठने की हालत नहीं थी मेरी उस समय। इतना साहस नहीं रह गया था, पाँव दर्द से टीस रहे थे। बैठने से चैन नहीं मिलता, पर बैठा नहीं।

बोला, घनश्याम बाबू का कमरा दिखा दीजिये।

लड़की हँस पड़ी। बड़ा अच्छा लगा उसका हँसना।

बोला, हँस क्यों रही हैं आप।

सच तो यह है कि उसके मुँह पर हँसी देखकर जरा आश्वस्त हो गया था मैं। वैसे स्वागत की आशा नहीं थी मुझे। इतने बड़े आदमी की लड़की मुझसे हँसकर बात करेगी, यह तो सोचा भी नहीं जा सकता था।

फिर सफाई देते हुए कहा, बाहर लोगों से पूछने पर उन्होंने अन्दर जाने को कहा था।

उसने पूछा, कितनी देर हो गयी आपको आये?

–बहुत देर।

–बहुत देर?

बोला, हाँ बहुत देर हो गयी। घर में शायद कोई नहीं था उस समय, इसलिए दिखायी नहीं दिया कोई। जीना चढ़कर इधर-उधर घूमते-घूमते इस कमरे में बत्ती जलती दिखायी दी तो अन्दर चला आया था।

जाने क्या सोचा उसने? बोली, कितनी देर हुई होगी आये--आधा घण्टा?

मैंने कहा, हाँ होगा–हो सकता है उससे ज्यादा हो।

–हम लोग कमरे में बातें कर रहे थे, वह सुनी थीं आपने?

–हाँ सुनी थी।

यह सुनते ही लड़की का मुँह पीला पड़ गया। चौंक उठी हो जैसे मेरी बात सुनकर, डर गयी हो।

फिर पूछा, क्या सुना था आपने?

मैंने कहा, यह तो नहीं मालूम--आप लोग बातें कर रहे थे और मैं सोच रहा था कि आप लोगों में से कोई दिखायी दे जाये तो अच्छा हो।

–आप चुप खड़े रहे? बुलाया क्यों नहीं?

–डर लग रहा था।

–हम लोगों की बातें सुनकर डर लग रहा था?

–नहीं।

–तो फिर।

–सोच रहा था, बाहरी आदमी होकर एकदम अन्दर आ गया था।

–किसने आने दिया आपको अन्दर?

–कोई भी सामने तो नहीं था–एक दो जने मिले थे, उनसे पूछा था, उन्होंने अन्दर जाने को कहा।

–बाहर का जीना नहीं मिला था?

–अँधेरे में बाहर अन्दर का अन्दाजा नहीं लगा पाया।

–इसीलिए सीधे अन्दर चले आये?

–मुझे पता नहीं था, माफ कर दीजिये।

–क्या पता नहीं था? कहाँ रहते हैं आप? कहाँ नौकरी करते हैं? यहाँ क्या करने आये हैं?

एक साथ इतने प्रश्न सुनकर और डर गया मैं। अगर इसने चिल्लाकर दरबान को बुला लिया और थाने भेज दिया तो क्या होगा। घरवाले रातभर परेशान होंगे। फिर कचहरी–मुकदमा कौन करेगा। रुपया कहाँ से आयेगा। बदनामी होगी सो अलग। किसी को मुँह दिखाने लायक नहीं रहूँगा। हम–जैसे गरीबों की सम्पदा एक आत्मसम्मान ही तो होता है, वह भी चला जायेगा। फिर तो बस गले में फाँसी लगाने के अलावा कोई चारा नहीं रहेगा।

लड़की ने धमकाने के स्वर में पूछा–फिर बताइये, कहाँ रहते हैं आप? कहाँ नौकरी करते हैं।

कहा, घनश्याम बाबू की गद्दी पर।

वह बोली, घनश्याम बाबू की गद्दी पर काम करते हैं तो यहाँ क्यों आये? किस इरादे से आये?

एकदम सकपका गया मैं। बोला, यह घनश्याम बाबू का घर नहीं है।

मैं सचमुच विभ्रम में पड़ गया था। सोचने लगा था। तो फिर कहाँ आ गया मैं? पण्डित जी ने तो यही पता बताया था। अन्दर आने से पहले नम्बर तो देखा था, वही था। हाँ, अँधेरे में ठीक से दिखायी नहीं दिया था, पर तब भी लगा तो यही था। कॉटन स्ट्रीट पर पहुँचते ही नम्बर देखता आया था। लाल रंग का मकान, पचहत्तर बटे दो नम्बर। चार मंजिला, सामने छज्जे पर सफेद और हरे रंग की रेलिंग। गलती की तो कोई गुंजाइश थी नहीं।

भय से जड़ हो गया मैं। ऐसे लगने लगा, जैसे अभी चक्कर खाकर गिर जाऊँगा।

फिर पूछा, घनश्याम बाबू का मकान नहीं है यह?

वह बोली, नहीं।

तो इसका मतलब है मैंने गलती की। पर कौन मेरा विश्वास करेगा। सब यही कहेंगे कि जान–बूझकर मैं इस मकान में घुसा था।

साहस जुटाकर बोला, तो फिर उनका मकान कहाँ है?

–मुझे नहीं मालूम।

यह सुनते ही सिर पर पाँव रखकर भाग जाने को जी चाहा, लेकिन भागने का रास्ता भी तो नहीं था।

उसने पूछा, आपका नाम क्या है।

नाम बताया।

–कब आये आप?

–बहुत देर हो गयी। बहुत देर से आप लोगों की बातें मैं सुन रहा था।

–क्या-क्या सुना?

–सारी बातें तो समझ में नहीं आयी। आप दोनों बातें कर रहे थे, एक-दूसरे को डाँट रहे थे।

–यह डाँट-फटकार क्यों हो रही थी, कुछ समझ में आया?

–मैं कैसे समझता। मैं तो आप लोगों को जानता नहीं। जानता होता तो समझता भी।

–दूसरे के घर में घुसकर दूसरों की बातें सुनने में शर्म नहीं आती आपको?

–मैं तो अनजाने में चला आया था। मुझे तो कुछ भी नहीं मालूम था।

–पर आपने आवाज क्यों नहीं दी?

–आप लोगों को जानता नहीं था, इसलिए समझ नहीं पा रहा था कि किसको आवाज दूँ।

–दरबान को क्यों नहीं बुलाया? वह तो नीचे ही था।

–बुलाने को सोचा तो था–पर–

–पर क्या?

रास्ता भूल गया था। नीचे जाने का रास्ता नहीं मिल रहा था, बहुत घूमा इधर-उधर, फिर हारकर इसी कमरे में आ गया।

–फिर से इसी कमरे में घुसने में आपको डर नहीं लगा?

–लेकिन आप ही बताइये, मेरे पास और उपाय भी क्या था? एक इसी कमरे में बत्ती जल रही थी, लोगों की बातचीत सुनायी दे रही थी।

–हम लोगों की कितनी बातचीत सुनी आपने?

–जितनी कानों में पहुँचती रही सुनता रहा। मेरे मन में तो बस एक ही बात चक्कर काट रही थी कि अगर किसी से सामना हो जाता तो अच्छा होता। मैं तो बस उसी के लिए छटपटा रहा था बस।

–इस पर भी आपने किसी को भी आवाज क्यों नहीं दी?

मैंने कहा न कि हिम्मत नहीं पड़ी। और फिर बुलाता भी किसको, किसी को भी तो नहीं पहचानता था।

–और अगर मैं कहूँ कि आप जान-बूझकर इस कमरे में घुसे थे!

निरीह स्वर में मैंने कहा, जान-बूझकर घुसने का साहस कहाँ से लाता मैं। मैं ठहरा एक गरीब सात रुपये महीने का नौकर, जो हर वक्त मालिक का मुँह ही ताकता रहता है।

कहते-कहते शायद मेरी आँखों में आँसू आ गये थे। लड़की तेज-तर्रार थी, कुछ भी कर सकती थी। हाथ जोड़कर बोला, अब दया करके मुझे जाने दीजिये।

लड़की की आँखें जल उठीं एकदम।

बोली, नहीं।

और भयभीत हो गया मैं।

उसने पूछा, कहाँ रहते हैं?

–भवानीपुर में चाउलपटि में–बहुत दूर है यहाँ से। पैदल जाना पड़ेगा।

–क्यों, पैदल क्यों जाना पड़ेगा?

–ट्राम में जाने में बहुत पैसे लगते हैं।

–व्यंग्य भरे स्वर में बोली वह, पैसे नहीं हैं पर हिम्मत तो बहुत है!

फिर विद्रूप से उसका चेहरा विकृत हो गया। डाँटते हुए कहने लगी, इतने बड़े मकान में जहाँ पचासों आदमी भरे पड़े हैं, तुम बिना किसी से पूछे-ताछे घुस आये? बेअदब, बदतमीज, बेवकूफ कहीं के!

उसकी भर्त्सना सिर नत किये सुनता रहा। क्या प्रतिवाद करता। उत्तर था ही क्या देने को! मेरे तो सिर पर जूते भी पड़ते तो कहने को कुछ नहीं था। सिर झुकाये खड़ा रहा बस।

वह कहती रही, शर्म नहीं आती किसी के यहाँ दनदनाते हुए सीधे अन्दर तक चले आते। शर्म नहीं आती औरतों के हिस्से में घुसकर छुपकर उनकी बातें सुनते।

मैं फिर हाथ जोड़कर गिड़गिड़ाया, दया कीजिये मुझ पर, जाने दीजिये मुझे। मैंने तो बताया कि अनजाने में चला आया।

वह बोली, नहीं, कभी नहीं जाने दूँगी।

मैंने पुनः छोड़ देने की विनती की पर उसने एक नहीं सुनी तो मैंने भी जरा हिम्मत की और कहा, क्यों बुरा-भला कह रही हैं, बुला लीजिये किसको बुलाना है। मैं भी सब-कुछ खोलकर बता दूँगा।

बड़ी मारात्मक अवस्था हो गयी थी मेरी।

फिर बोला, कोई अन्याय नहीं किया मैंने। क्या करियेगा आप!

वह गुर्रायी–अच्छा चोरी और सीना जोरी। अभी दिखाती हूँ, क्या करूँगी।

मैंने कहा, मुझे आज हर हालत में घनश्याम बाबू से मिलना है।

उसने कहा, यह घनश्याम बाबू का घर नहीं है।

तो फिर मैं वहीं चला जाऊँगा, जाने दीजिये।

वह झट से मेरे सामने आकर दोनों हाथों से रास्ता रोककर बोली, देखती हूँ, कैसे जाते हो तुम–

मैंने फिर विनती की–मैंने क्या बिगाड़ा है आपका, जो आप ऐसे कर रही हैं? न मैंने कुछ कहा और ना ही कोई अपराध किया। अब मैं आपकी कोई बात नहीं सुनना चाहता, छोड़ दीजिये मुझे। अब कुछ नहीं कहना–सुनना मुझे।

मैंने इतना कहा था कि उसके सिर पर न जाने क्या भूत सवार हुआ कि तड़ाक से एक चाँटा जड़ दिया मेरे गाल पर। सिर भन्ना गया मेरा।

लड़की का मुँह गुस्से से लाल हो गया, आँखों से आग बरसने लगी। बोली, मेरे मुँह पर जुबान लड़ा रहे हो, बैठो वहाँ चुपचाप।

पास पड़ी कुर्सी पर बैठ गया मैं। आँखों से आँसुओं की धारा बहने लगी। क्या करूँ? किसे बुलाऊँ? कुछ समझ में नहीं आ रहा था।

बैठते ही कसकर एक और चाँटा उसने दूसरे गाल पर मारा।

दूसरा चाँटा पड़ते ही मैं लुढ़कने को हुआ कि उसने पकड़कर झकझोर दिया। एक तरह से अच्छा ही हुआ, अगर गिर जाता तो चश्मा गिरकर चूर-चूर हो जाता और एक और नयी मुसीबत खड़ी हो जाती।

बोली, ठीक से बैठो।

कुछ कहना चाहा पर मुँह ही नहीं खुला। दोनों गाल चस-चस कर रहे थे। चेतना जैसे लुप्त होती जा रही थी। सिर घूम रहा था।

सोचने लगा, अब शायद वह किसी को बुलाकर मुझे पुलिस को पकड़वा देगी। घनश्याम बाबू से मिलना नहीं हो सकेगा। इतनी देर हो जाने पर भी खाते न मिलने के कारण उन्होंने अवश्य गद्दी पर फोन किया होगा और कुछ खबर न मिलने के कारण सब पर गुस्सा हो रहे होंगे!

उधर घर पर भी सब फिक्र कर रहे होंगे। भैया देर होते देख गली के मोड़ तक चक्कर लगा आये होंगे और सड़क पर दूर तक कहीं मेरा नाम निशान न देखकर, लौटकर पत्नी से पुछवाया होगा कि आज मैं देर से आने को कहकर गया था क्या?

पत्नी ने कोई उत्तर न देकर सिर हिला दिया होगा बस। बड़ी अल्पभाषी है वह। कोई उसके मन की बात नहीं जान पायेगा। और उस बेचारी को क्या पता कि मैं यहाँ किस मुसीबत में पड़ा हुआ हूँ। मुझे भी कहाँ पता था कि मुझे छुट्टी मिलने पर यहाँ आना पड़ेगा जो उससे कुछ कहकर आता।

लड़की ने पूछा, कौन-कौन है तुम्हारे घर पर?

कहा, सभी हैं।

–पत्नी है?

–है।

–बच्चे?

–अभी नहीं हुए।

–पिता?

–नहीं। लेकिन विवाह योग्य दो बहनें हैं, भैया हैं, भाभी हैं–उन लोगों को बड़ी चिन्ता हो रही होगी। अब तो छोड़ दीजिये! दया कीजिये!

अबकी बार मैं सीधे उसकी ओर देखकर बातें कर रहा था। अच्छी तरह देखा–कीमती साड़ी पहने थी, गहने उस मन्द प्रकाश में भी झलमल कर रहे थे। पीठ पर लम्बी चोटी लटक रही थी। मुँह गुस्से से लाल हो गया था।

अचानक बाहर किसी के कदमों की आहट सुनायी दी।

लड़की एकदम से चौंकी। पल भर में उसके चेहरे का रंग बदल गया। झट से लपककर उसने दरवाजा बन्द कर दिया और बिना आवाज किये चिटकिनी बन्द कर दी। फिर वहीं खड़े होकर दरवाजे से कान लगाकर सुनने लगी। काफी देर उसी तरह खड़ी रही।

उसके बाद पता नहीं कौन दरवाजे को खोलने के लिए धक्का मारने लगा। फिर कुण्डी बजाने लगा।

कौन बुला रहा है बाहर? यह कहने को जैसे मैंने मुँह खोला, उसने झट से मुँह पर हाथ रख दिया और इशारे से बोली, चुप।

अब और चक्कर में पड़ गया मैं। शुरू से ही सब–कुछ रहस्यमय लग रहा था मुझे। कौन है यह लड़की! नाम तो अन्दर होनेवाली बातों से जान गया था–जयन्तिया था। लेकिन इस घर की थी कौन? इतनी देर से सरयूप्रसाद से लड़ क्यों रही थी! और लड़ते–लड़ते अचानक वह लड़ाई बन्द क्यों हो गयी थी? सरयूप्रसाद कौन था? अब कहाँ चला गया था वह? कमरे में अकेला चुप क्यों बैठा था? बाहर क्यों नहीं आ रहा था? हम लोगों की बातें सुन रहा था क्या वह? दिमाग भन्नाने लगा।

बाहर कोई अनवरत कुण्डी खटखटाये जा रहा था।

वह मेरा मुँह जोर से दबाये हुए थी, ताकि मैं बोल न सकूँ। बहुत निकट आ गयी थी वह। उसने शायद इत्र लगा रखा था, नशा–सा छाने लगा था मुझ पर। तबीयत हो रही थी कि उसी तरह वह मेरा मुँह दबाये रहे। एक भिन्न अनुभूति हो रही थी मुझे। मेरा सारा डर काफूर हो गया था। मुसीबत में घिरने की बात भूल गया था, घनश्याम बाबू के पास खाते पहुँचाने की बात भी दिमाग से निकल गयी थी, घरवालों का ख्याल भी नहीं रहा था, बस तन्द्राच्छन्न हो गया था। उसके हाथ में शायद रक्त–सा लाल आलता लगा हुआ था, जिसका रंग मेरे मुँह, गले व हाथ पर लग गया था। मैंने एक हाथ से उसका हाथ हटाना चाहा पर उसने अपनी पकड़ और मजबूत कर ली। इतनी ताकत थी उसमें कि मेरा दम घुटने लगा।

कुछ देर बाद कुण्डी खटखटाने की आवाज बन्द हो गयी। खटखटानेवाला शायद चला गया था।

उसके बाद भी कई मिनट तक जयन्तिया उसी प्रकार मेरा मुँह दबाये खड़ी रही, फिर अपना हाथ हटा लिया उसने।

लेकिन ओंठों पर उँगली रखकर चुप रहने का इशारा किया।

मुझे भी कुछ कहने का साहस नहीं हुआ।

दरवाजे के पास जाकर उसने फिर से कान लगा दिये। लेकिन कोई आवाज सुनायी न देने पर मेरे कान के पास मुँह लाकर फुसफुसायी, चुप बैठे रहो यहीं, मैं अभी आती हूँ।

कहकर फिर से दरवाजे पर कान लगाकर आहट ली और फिर बिना आवाज किये दरवाजा खोलकर बाहर निकल गयी।

जाते समय मेरी ओर घूमकर कह गयी, दरवाजा बन्द कर लो।

मेरी भी क्या बुद्धि भ्रष्ट हुई कि दरवाजा बंद करके चिटकिनी लगा दी और वापस आकर कुर्सी पर बैठ गया।

बहुत देर अपने में खोया बैठा रहा। क्या करूँ तय नहीं कर पा रहा था। जयन्तिया के लौटने तक तो बैठना ही था। परन्तु फिर ऐसा लगने लगा कि वह आने में बहुत देर लगा रही थी। रात बीती जा रही थी।

जरा देर बाद बेचैनी होने लगी। उठकर खड़ा हो गया। शशोपंज में पड़ गया कि दरवाजा खोलूँ या नहीं।

अन्दरवाला दरवाजा अभी भी बन्द था। एकदम से सरयूप्रसाद का ख्याल आ गया। क्या कर रहा था वह? चुप क्यों बैठा है, बोल क्यों नहीं रहा?

इतने में बाहर से किसी ने कुण्डी खटखटायी।

जान में जान आयी मेरी कि चलो जयन्तिया आ गयी!

पर दरवाजा खोलते ही भौंचक्का रह गया। जयन्तिया नहीं, कोई और था। लम्बा-चौड़ा आदमी।

मुझे देखकर वह भी जैसे आश्चर्य में पड़ गया।

उसने पूछा, कौन हैं आप?

मैंने कहा, मैं घनश्याम बाबू की गद्दी का आदमी हूँ।

–घनश्याम बाबू? वह तो बगल के मकान में रहते हैं, इसमें नहीं।

–वहीं जाना है, इस मकान में गलती से घुस आया। पहले कभी नहीं आया, नया आदमी हूँ।

आदमी ने आपादमस्तक मेरा निरीक्षण करके बोला, इस कमरे में कौन लाया आपको?

–मैं खुद ही आया हूँ। बाहर सदर ड्योढ़ी में जिससे भी पूछा, उसी ने अन्दर जाने को कहा।

फिर उसी तरह के प्रश्न और उसी तरह के उत्तर। जयन्तिया को उन सब प्रश्नों के उत्तर देकर भी उसे सन्तुष्ट नहीं कर पाया था और ऐसा लगा कि यह आदमी भी पूरा विश्वास नहीं कर पा रहा था।

मैंने फिर सफाई दी, लाल रंग का मकान देखकर इसी को घनश्याम बाबू का मकान समझ लिया था मैंने और अन्दर चला आया था।

हिन्दुस्तानी आदमी था, दरबान था शायद। पहले आ गया होता तो बहुत-सी समस्याओं का समाधान हो गया होता। परन्तु जब उस दिन के ग्रह ही खराब थे तो क्या करता मैं।

दरबान बोला, इस मकान में कोई नहीं है, सब शादी में गये हैं।

मैंने पूछा, कोई नहीं है?

–नहीं बाबू जी।

हतचकित हो गया मैं, फिर इतनी देर से किससे बात कर रहा था। कौन है वह जयन्तिया, जिसने मेरा मुँह दबा रखा था। कमरे में अभी तो उसके लगाये इत्र की खुशबू थी। अभी भी उसका चेहरा मन में अंकित था! और वह आदमी! सरयूप्रसाद! अपने कानों से उसकी आवाज सुनी थी! दोनों झगड़ रहे थे! तो क्या सब स्वप्न था।

मैंने पूछा, और तुम्हारी दीदीमणि?

उसने पलटकर पूछा, कौन-सी दीदीमणि?

–जयन्तिया नाम की कोई नहीं है घर में?

–नहीं कोई नहीं है, सब गये हैं बाबू जी।

मैंने कहा, पर वह तो मुझे यहाँ बैठे रहने को कह गयी थी अभी जरा देर पहले।

इसका कोई जवाब न देकर वह आदमी बोला, आप इस कमरे में क्यों आये?

–रास्ता भूलकर भटक गया था। एक इसी कमरे में बत्ती जलती दिखायी दे रही थी, इसलिए इसमें चला आया था।

पर चिटकिनी बन्द करके क्यों बैठे थे?

मैंने कहा, तुम्हारी दीदीमणि चिटकिनी लगाकर बैठने को कह गयी थीं।

मुस्कुरा दिया दरबान।

बोला, गलत है बाबू जी! बिलकुल गलत! घर में तो कोई नहीं है। दीदी लोग भी शादी में गयी हैं। मैं अकेला चौकीदारी कर रहा हूँ।

मैंने कहा, तो फिर इतनी देर से कहाँ थे? मैंने तो अन्दर आते समय सबसे पूछा था कि घनश्याम बाबू कहा हैं, तो सबने अन्दर आने को कहा।

दरबान ने कहा, बिलकुल गलत बात है बाबू जी, घनश्याम बाबू का यह मकान ही नहीं है।

मैंने पूछा–पचहत्तर बटा दो नम्बर, लाल रंग का मकान।

दरबान ने कहा, आपने गलती की है बाबू जी, दोनों ही मकान लाल रंग के हैं।

बड़ी ही आश्चर्यजनक भूल थी! ऐसी भूल भी हो जाती है आदमी से! इसी भूल की वजह से तो दुर्भोग भोगने पड़े। लेकिन मन में एक विक्षोभ रह गया। भले ही

गरीब था, परन्तु थोड़े समय के लिए ही सही एक सुन्दरी का स्पर्श तो मिला था। इस बात ने मेरे मन को बहुत देर तक आच्छन्न रखा था। मैं तब भी जैसे अपने विश्वास के साथ उसके बदन से आती इत्र की गन्ध को प्राण भरकर वक्ष में भर रहा था। वह आने को कह गयी थी, दरवाजा बंद करके अन्दर बैठे रहने को कह गयी थी। क्यों नहीं बैठा रहा? क्यों दरवाजा खोल दिया! ऐसी भूल तो बार-बार करना अच्छा लगता है। जी चाह रहा था कि कल फिर ऐसी ही भूल करके यहाँ चला आऊँ।

जीवन भर केवल अभावों से युद्ध करता आया था। नजर उठाकर आकाश की ओर देखने का भी समय नहीं मिला कभी। लगता था ऐसा करना समय नष्ट करना होगा, आकाश हम लोगों का काम्य नहीं है, विलास हमारे लिये नहीं है। हमारे लिये तो केवल जीविका की प्रताड़ना है, केवल जीवन संग्राम है। बड़े लोगों के गाड़ी मकान दूर से देखकर एक दीर्घश्वास तो अवश्य छोड़ा था, परन्तु उसकी आकांक्षा को प्राणपण मन से हटाने का प्रयत्न करता रहा था।

परन्तु उस दिन लगा था कि मेरा भी जीवन जैसे सार्थक हो गया था। भले ही कुछ क्षणों के लिए थी पर स्वर्ग की अनुभूति तो हुई थी। अन्तर कुछ पल के लिए सब-कुछ भूलकर किसी की घनिष्ठता में तो खोया। और क्या चाहा था मैंने!

तब भी शरीर में रोमांच की सिहरन दौड़ रही थी।

फिर से आँखें बन्द करके सारी घटना प्रारम्भ से याद करने को जी चाहने लगा।

कुछ पल बाद बोला, यह देखो दरबान जी, घनश्याम बाबू को यह खाते देने आया था। मैं उन्हीं की गद्दी पर काम करता हूँ न।

वह शायद समझ गया था, बोला, ठीक है बाबू जी।

तब मैंने कहा, अच्छा, अब तुम मुझे रास्ता दिखा दो। मुझे बाहर कर दो।

यह सुनकर दरबान चल दिया और मैं भी उसके पीछे हो लिया। चलते हुए चारों ओर नजरें दौड़ायी तो पाया कि सारा मकान सुनसान था। कहीं-कहीं बत्ती टिमटिमा रही थी। तब तक कोई नहीं लौटा था मैं इधर-उधर देखने लगा-शायद कहीं जयन्तिया दिखायी दे जाये, शायद कहीं खड़ी मुझे देख रही हो। ऐसा लग रहा था कि अभी पीछे से आवाज देगी और कहेगी कि जब मैंने बैठे रहने को कहा था तो चले क्यों आये? इन्तजार क्यों नहीं किया?

कल्पनाओं में खोया हुआ था कि फाटक आ गया और दरबान ने मुझे बाहर कर दिया। सड़क पर खड़े होकर आँखें उठायी तो देखा वास्तव में दोनों मकान बिलकुल एक-जैसे थे।

चारों ओर देखा तो पाया रास्ता जन विरल हो गया था। शायद काफी रात हो गयी थी। दो-चार साँड़ फुटपाथ पर निश्चिन्त बैठे जुगाली कर रहे थे।

घनश्याम बाबू के फाटक पर गया तो पूरा मकान अन्धकार में डूबा था। कहीं बत्ती जलती दिखायी नहीं दी। शायद सो गये थे सब लोग।

डर लगने लगा। घनश्याम बाबू की फटकार सुननी पड़ेगी। पण्डित जी भी बहुत डाँटेंगे। कहेंगे, तुम्हारे भले के लिए भेजा था तुम्हें। सोचा था कि निगाहों में आ जाओगे तो वेतन बढ़ जायेगा।

मेरे यह कहने पर कि घर पहचानने में देर हो गयी तो कहेंगे नहीं बंगाली बाबू तुमसे नहीं होगा, अब चतुरानन जी जायेंगे।

इस बात का क्या जवाब दूँगा यह तय कर लिया मैंने। सोचा, हाथ जोड़कर कहूँगा–इस बार माफ कर दीजिये पण्डित जी! अबकी बार ठीक पहुँच जाऊँगा। कल रात हो जाने के कारण गलती हो गयी थी।

यही सब सोचता घर लौटा। भैया तब तक बिना खाये बैठे थे। मुझे देखकर जान में जान आयी उनकी।

बोले, इतनी देर हो गयी तुम्हें आने में? मुझे तो फिक्र हो रही थी थोड़ी देर और नहीं आते तो थाने में रिपोर्ट लिखाने जाता।

मैंने कहा, गद्दी के काम से घनश्याम बाबू के घर जाना पड़ा इसलिए देर हो गयी।

भैया ने पूछा, क्यों? उनके घर क्यों जाना पड़ा?

–वह बीमार हैं, गद्दी पर नहीं आ पाये थे।

इतना कहकर अपने कमरे में कपड़े बदलने चला गया मैं।

पत्नी भी खिड़की में खड़ी इन्तजार कर रही थी। मुझे देखकर आँखें छलछला आयीं उसकी।

बोली, बड़ी फिकर हो रही थी, इतनी देर में आता है कोई?

मैंने कहा, जान-बूझकर देर थोड़े ही की है। गद्दी का काम पड़ गया तो क्या करता?

कहकर नल पर जाने लगा तो वह बोली, ये तुम्हारे मुँह और गले पर किस चीज के दाग हैं? खून कहाँ से आया?

–कहाँ? यह कहकर लालटेन की रोशनी में आईना देखा और बोला, वह कुछ नहीं है, कहकर नल पर चला गया।

जयन्तिया ने मेरे मुँह पर हाथ रखा था, शायद उसी के आलते का रंग लग गया था।

साबुन से घिसकर रंग साफ किया और कपड़े पहनकर भैया के साथ खाने बैठ गया।

दूसरे दिन सुबह यथारीति छाता लेकर घर से निकलने लगा तो पत्नी ने पूछा, तुम्हें आज भी देर होगी क्या?

–अभी से कैसे बताऊँ? पर शायद आज देर नहीं होगी।

बाहर भैया मिले।

उन्होंने भी वही प्रश्न किया, तुम्हें आज भी देर होगी क्या तिनकड़ि?

मैंने कहा, आज शायद न हो, आज पण्डित जी लगता है चतुरानन को भेजेंगे।

फिर वही बड़ा बाजार की तरफ चल दिया। हर ओर भीड़-ही-भीड़। अपने में खोया छतरी लगाये सड़क के एक किनारे चल रहा था। पहले दिन का सम्मोहन अभी भी दूर नहीं हुआ था। फिर गलती से घनश्याम बाबू के मकान के बहाने उसी मकान में घुस जाऊँ तो! फिर से उसी लड़की से सामना हो, फिर रातवाली घटना की पुनरावृत्ति हो तो!

गद्दी पर पहुँचते ही सब-के-सब साथ झपटे जैसे।

पण्डित जी बोले, कल घनश्याम बाबू के घर नहीं गये बंगाली बाबू।

चतुरानन जी तिरस्कृत मुस्कान ओंठों पर लाकर बोले, बंगाली बाबू रास्ते में सो गये थे। खाकर नींद आ गयी थी।

तिलक चाँद बोले, बंगाली खाली भात खाते हैं न, इसलिए नींद ज्यादा आती है।

पण्डित जी ने पूछा, क्या हो गया था बंगाली बाबू? गये क्यों नहीं?

मैंने कहा, घर नहीं पहचान पाये पण्डित जी, गड़बड़ हो गयी।

जरा आश्चर्य से उन्होंने कहा-क्यों? गड़बड़ क्यों हो गयी?

मैंने कहा, पचहत्तर बटा दो अँधेरे में मिला ही नहीं, सब मकान एक-से लाल रंग के हैं।

अवज्ञा भरे स्वर में उन्होंने कहा, बड़े ताज्जुब की बात है, छोटा-सा काम नहीं हुआ तुमसे। सुबह-सुबह फोन आया था बाबू जी का बहुत गुस्सा हो रहे थे।

मैंने कहा, आज ठीक पहुँच जाऊँगा पण्डित जी।

वह बोले, नहीं, आज तुम नहीं चतुरानन जी जायेंगे।

मैंने अनुनय भरे स्वर में कहा, कुसूर माफ कर दीजिये पण्डित जी। आज जरूर पहुँच जाऊँगा, और किसी को मत भेजिये।

चेहरा गम्भीर हो गया उनका। बोले, काम ठीक न होने पर बाबू जी मुझ पर नाराज होते हैं। कल इतना जरूरी काम था, तुमने किया नहीं, गद्दी का काम ऐसे थोड़े ही चलेगा।

मैं कुछ न कहकर काम में लग गया। मेरी वजह से शायद काफी नुकसान हो गया था। दोपहर को बारह बजे चायवाला आया। सब चाय पीने लगे। मैं चाय पीता नहीं था, इसलिए सिर झुकाये चुपचाप काम करता रहा। पण्डित जी के मुझे भेजने को मना कर देने के कारण मन हताश हो गया था। अगर एक बार जाने का मौका मिलता तो कम-से-कम यह जानने का प्रयत्न करता कि मेरा मुँह किसने दबाया था! किससे बातें की थीं मैंने। हालाँकि जानने का कोई उपाय नहीं था, पर घर के सामने जाकर देखता तो। और अगर सुयोग मिल जाता तो अन्दर घुस जाता।

पण्डित जी शायद काफी देर से मेरे हाव-भाव लक्ष्य कर रहे थे।

बोले, बंगाली बाबू!

मुँह उठाया मैंने।

–आज पहुँच जाओगे सही जगह पर? आज तो गलती नहीं करोगे?

खुशी से उछल पड़ा मैं।

बोला, नहीं, आज कोई गलती नहीं होगी पण्डित जी। आप देख लीजियेगा आज पहुँच जाऊँगा।

–तो फिर तैयार हो जाओ। पाँच बजते ही सीधे कॉटन स्ट्रीट चले जाना।

बदन में एक अद्भुत आनन्दमयी सिहरन दौड़ गयी यह सुनते ही। इस बार नहीं डरूँगा। सीधे-सीधे पूछूँगा–कल जिस आदमी के साथ बात कर रही थी, कौन है वह? किसके साथ झगड़ा कर रही थी? सरयूप्रसाद कौन है? क्यों आता है वह यहाँ? क्यों रुपये देकर बार-बार उनकी सहायता करती हो? तुम्हारा क्या स्वार्थ है? क्या सम्बन्ध है तुम्हारा उससे? अगर वह नहीं आना चाहता तो क्यों बुलवाती हो उसे?

सारी दोपहर एक बेचैनी में कटी। दिखाने को तो सिर झुकाये लिखता रहा, परन्तु मन बड़ा अन्यमनस्क रहा।

चतुरानन जी ने पूछा, क्या सोच रहे हो बंगाली बाबू?

पल भर में सँभाल लिया अपने को मैंने।

उसके बाद जल्दी काम खत्म करने के लिए दुगने मनोयोग से काम करने लगा, ताकि पाँच बजे से पहले-पहले काम खत्म हो जाये।

परन्तु अचानक एक अभावनीय घटना घटित हो गयी।

कुछ पुलिस के सिपाही और एक दरोगा दुकान में घुसे और घनश्याम बाबू के न होने के कारण सीधे पण्डित जी के सामने जाकर खड़े हो गये।

उपस्थित सभी लोग आश्चर्य में पड़ गये।

पण्डित जी के सामने खड़े होकर दरोगा ने पूछा, घनश्याम बाबू कहाँ हैं?

पण्डित जी ने कहा, वह बीमार हैं, इसलिए कल से गद्दी पर नहीं आये। मैं यहाँ का हेड मुन्शी हूँ, बताइये क्या बात है!

दरोगा जी ने सीधे पूछा, तिनकड़िभंज किसका नाम है?

मेरी ओर हाथ का इशारा करके कहा, यह रहे–

आसमान से गिरा मैं!

पण्डित जी की ओर देखकर दरोगा ने कहा, मैं उन्हें गिरफ्तार करता हूँ।

और यह कहकर मेरी ओर बढ़े सब लोग।

हम सबको जैसे साँप सूँघ गया था। मेरे सिर पर तो जैसे गाज गिर गयी थी, धरती में धँसता जा रहा था, आँखों के आगे अँधेरा छा गया था, पास में कुछ था भी नहीं, जिसका सहारा ले लेता।

बस कानों में इतना गया कि पण्डित जी ने 'क्यों' कहा।

दरोगा ने कहा, कल पचहत्तर बटा तीन कॉटन स्ट्रीट के मकान में एक खून हो गया।

इसके बाद तिनकड़िभंज जरा रुककर बोले, आपको देर हो जायेगी बहुत कविराज जी।

पिता जी बोले, नहीं-नहीं, आप कहिये-फिर? आपने क्या जेल में सजा काटी?

उन्होंने कहा, बताता हूँ सब! आप जब मिल ही गये हैं, तो सब सुनाऊँगा? मैं क्या ऐसे ही कह रहा था कि सुना है आपने चौधरी साहब को ठीक कर दिया, पर ठीक करनेवाले मालिक आप हैं क्या? सोचकर बताइये। मैं भी तो यहाँ एक दिन डाक्टरी करने के इरादे से ही आया था। पर डाक्टरी का एक शब्द भी तो नहीं जानता था, मात्र होमियोपैथिक की एक किताब पर भरोसा था।

अच्छा शुरू से ही सुनाता हूँ।

देवघर उन दिनों बहुत सस्ता था। जेल से जिस दिन छूटा, किसी को मुँह दिखाने के काबिल नहीं रहा था मैं।

पिता जी ने पूछा था, आपको कितने साल की जेल हुई थी?

—खून के अपराध में यूँ तो फाँसी ही होनी थी अर्थात् तीन सौ दो धारा के अनुसार ही मेरा मुकदमा होता। मुझ पर इल्जाम था कि मैंने सरयूप्रसाद का खून किया था, उससे रुपया उधार लिया था। जाने कौन था सरयूप्रसाद, आँखों से देखा तक नहीं था उसे मैंने! और कब व कितना रुपया उससे उधार लिया था, यह भी नहीं जानता था, परन्तु गवाहों ने प्रमाणित कर दिया था कि मैं गरीब आदमी था, सात रुपये महीने की नौकरी करता था, गृहस्थी नहीं चलती थी, इसीलिए सरयूप्रसाद से रुपये उधार लेता रहता था। बढ़ते-बढ़ते जब वह बहुत बड़ी राशि हो गयी तो और कोई चारा न देखकर मैंने उसका खून कर दिया। सरयूप्रसाद अपने रिश्तेदार बाँकेबिहारी के यहाँ अक्सर जाता रहता था, उस दिन उसके पीछे-पीछे जाकर मैंने उसे मार डाला।

वकील ने मुझसे पूछा था, सरयूप्रसाद का खून करने के लिए क्या तुम काफी समय से उसका पीछा कर रहे थे?

मैंने कहा था, मैंने तो सरयूप्रसाद को कभी देखा भी नहीं।

वकील बोला, देखा नहीं, पर सही आदमी का खून करने में तुमसे कोई भूल नहीं हुई! सरयूप्रसाद बाँकेबिहारी के यहाँ जाता था, यह तुम्हें कैसे पता चला? तुम कई दिनों से उसका पीछा कर रहे थे?

अच्छा यह बताओ कि तुम्हें यह कैसे पता चला कि उस दिन बाँकेबिहारी के घर के सब लोग विवाह में जानेवाले थे?

गवाही के समय मैं आश्चर्यचकित रह गया जब सबने कहा कि उस दिन नौकर दरबान के अलावा घर में और कोई नहीं था।

मेरे वकील ने कहा, पर जयन्तिया नाम की एक लड़की उस दिन घर में थी।

साक्षियों ने कहा, नहीं वह भी सबके साथ गयी थी।

अन्त में जयन्तिया भी गवाही देने आयी थी। मैंने नजर उठाकर देखा। मुँह पर बड़ा-सा घूँघट डालकर उस दिन की उस लड़की ने कहा उस दिन वह घर पर नहीं थी। मुझे उसने कभी नहीं देखा था, पहचानने की बात ही नहीं थी। सब लोगों के साथ जब वह बहुत रात को घर आई थी तो देखा सरयूप्रसाद का किसी ने खून कर दिया था।

घूँघट के अन्दर से मैंने उसका चेहरा देखने की बहुत कोशिश की, पर देख नहीं पाया। लेकिन स्वर वही था।

मेरे वकील ने पूछा, आपने सरयूप्रसाद को उस दिन आने के लिए चिट्ठी लिखी थी?

उसने कहा, नहीं!

–आपने सरयूप्रसाद को कारबार के लिए रुपये देकर मदद की थी?

–नहीं।

–सरयूप्रसाद से आप बहुत नाराज थीं, क्यों?

उसने कहा, मैं क्यों गुस्सा होती? उसने तो कोई अपराध नहीं किया था?

वकील ने कहा, उसके एक रखैल रख लेने के लिए आपने उसे बहुत फटकारा था ना?

–नहीं तो।

आपके कई बार सावधान करने पर भी वह उसके पास जाता था। आपके पास आना उसने प्रायः बन्द कर दिया था, यह सच है?

–नहीं।

अन्त में जिस दिन घर में कोई नहीं था, आपने उसे बुलाकर बदला लेने का संकल्प किया था?

–नहीं? यह बिलकुल गलत है।

जितने दिन मुकदमा चला, कोर्ट में अपार भीड़ होती रही थी। भैया ने मकान बेचकर वकील के लिए रुपये जुटाये थे। उनकी ओर देखा नहीं जाता था, दिन-पर-दिन सूखते जा रहे थे। मेरी जमानत नहीं हुई। हवालात में आकाश-पाताल की सोच-सोचकर पागल-सा हो गया था मैं। सोचता था जो होना है जल्दी हो जाये।

अन्त में फैसला सुनाया गया।

घर की क्या हालत हुई, यह देखने का अवसर मुझे नहीं मिला। भैया कोर्ट में ही बेहोश होकर गिर पड़े थे। मुझे सिपाही पकड़कर ले गये और वैन में चढ़ा दिया। अच्छा ही हुआ। फाँसी से बच जाने के लिए भगवान् को धन्यवाद दिया। तीन सौ दो के बदले तीन सौ तीन लगायी गयी थी। जीवन का एक नया अध्याय शुरू हुआ।

जेल में बिताये दीर्घकाल का इतिहास नहीं सुनाऊँगा आपको। उसमें कोई नूतनता नहीं थी। एकरस कष्टमय जीवन था वह। कैसे दिन होता और बीत जाता, यह बताने की जरूरत नहीं है। परन्तु जिस दिन जेल से छूटकर घर गया तो देखा भैया के अलावा सभी जीवित थे। भैया ने मकान बेचा नहीं था, गिरवी रख दिया था। वह छुड़ा लिया गया था। मरने से पहले भैया एक बहन का विवाह कर गये थे, वही बहनोई सबकी देखभाल कर रहा था।

एक-दो दिन बाद ही पता चल गया कि मेरे आविर्भाव ने घरवालों को बेचैन कर दिया था। मुझे वह लोग अपना नहीं पा रहे थे।

एक तो नौकरी नहीं थी और उस पर खून का अपराधी था। पूरे मनुष्य समाज से वितृष्णा हो गयी थी मुझे। किसी से न तो मिलता और न बात करता। मैं जैसे अपांक्तेय हो गया था।

और अधिक सहन नहीं कर सका मैं वह व्यवहार।

पत्नी के पास पचीस रुपये थे और हाथों में दो सोने की चूड़ियाँ थीं। उन्हीं का सहारा लेकर एक दिन यहाँ चला आया। सोचा, चाहे कितनी भी मुसीबत उठानी पड़े पर अब यहाँ नहीं रहूँगा। वैद्यनाथ के चरणों में दोनों उपासे रह लेंगे पर उस यन्त्रणा से तो मुक्ति मिल जायेगी। अपने-पराये सब एक से हो गये हैं। यहाँ रहा तो ज्यादा दिन जीवित नहीं रहूँगा।

चूड़ियाँ बेचकर अस्सी रुपये मिले और पचीस रुपये पत्नी के मिलाकर एक सौ पाँच रुपये गाँठ में बाँधकर पत्नी के साथ घर से निकल पड़ा। आते समय होमियोपैथी की दुकान से बँगला की एक किताब और दवाइयों का बक्सा खरीद लिया।

पत्नी से पूछा था, परदेस में कष्ट तो नहीं होगा तुम्हें?

वह सदा से ही कम बोलनेवाली थी। कितनी भी तकलीफ हो मुँह पर शिकन नहीं आते देखा। सिर हिलाकर बोली, नहीं।

ट्रेन में बैठ गया। मन में विचारों का ताँता लग गया। बहते-बहते कहाँ पहुँचूँगा कौन जाने। जिसने अकारण जेल भिजवाया था, उसी ने बाबा वैद्यनाथ के चरणों में ठेल दिया। मैं क्या कर सकता था! अभियोग करने को था ही क्या। चाउलपटि के भंजवंश का अन्तिम वंशधर मैं कलकत्ते के मुहल्ले के लोगों की आँखों के सामने से हट गया। स्टेशन तक बिदा करने को कोई नहीं आया। यात्रा सफल होने की किसी ने शुभेच्छा प्रकट नहीं की। हमारे चले जाने से जैसे सबने चैन की साँस ली। वहाँ से

हटकर मैंने उन्हें कलंक से यथासाध्य मुक्ति दे दी थी जैसे। तब तक एक बहन का विवाह बाकी था–उसके रास्ते का रोड़ा कैसे बनता मैं भला? भले ही किसी की सहायता न कर सकूँ, लेकिन किसी के रास्ते में बाधक नहीं बनूँगा मैं।

सोचते-सोचते आँसू बहने लगे। जानता था कि उन आँसुओं से किसी के मन को दुःख नहीं होगा पर रोता रहा। देश छोड़ने का उतना दुःख नहीं था मुझे, जितना इस बात का कि मेरा कोई नहीं रहा।

पत्नी की ओर देखा तो चकित रह गया। उसकी आँखें बिलकुल सूखी थीं।

पूछा, कलकत्ता छोड़ने का दुःख नहीं है तुम्हें?

सिर हिलाकर जताया उसने–नहीं।

यहाँ आकर बाजार के पास एक कमरा किराये पर लिया। घर क्या–बस सिर छुपाने की जगह थी। फिर सड़क के किनारे यहीं दुकान ली। इस समय जहाँ आप बैठे हैं, वहीं वह दुकान थी–दो रुपये महीने किराया था। यही मेरा दवाखाना था।

जेब में कुल इकतीस रुपये रह गये थे। बाकी सब किराये व सामान खरीदने में खर्च हो गये थे। उन्हीं इकतीस रुपयों के भरोसे एक शुभ दिन देखकर डाक्टरी शुरू कर दी मैंने।

डाक्टरी का काला अक्षर भैंस बराबर था मेरे लिये। किसको अनाटामी कहते हैं और किसको फिजिओलाजी, मेटिरिया मेडिका क्या था–कुछ भी तो नहीं जानता था। सुबह आकर यहाँ बैठ जाता और मन लगाकर किताब पढ़ता रहता। जी ऊबता तो सड़क की तरफ देखता रहता।

बाहर 'द ग्रेट होमियो हॉल' का बोर्ड लगा दिया था। तीर्थयात्री उसकी तरफ देखते और हँसकर मजाक उड़ाते।

लोग हँसते हुए निकल जाते। रोगी की आशा में मैं सुबह से सन्ध्या तक बैठा रहता और शाम को उस टूटे-फूटे कमरे के छोटे-से अलकतरा पुते दरवाजे पर ताला लगाकर चला जाता। फिर पत्नी के साथ मन्दिर जाता और बाबा वैद्यनाथ के चरणों में थोड़ी देर बैठता।

मन-ही-मन बाबा से कहता, तुम्हारे चरणों में आश्रय लिया है ठाकुर, हम लोगों को देखना-सँभालना।

और मेरे दवाखाने के सामने? वहाँ ठीक सामने एक मकान था। वह देखिये। वह मकान तब भी था। सुनता, पंचकोट या कहीं के राजा का मकान है। लाल ईंटों का सुन्दर मकान। उस समय मकान नया था। साल में एक बार पूजा के समय राजा साहब आते। उन दिनों सदर दरवाजे पर बन्दूकधारी दरबान पहरा देता और कुछ दिनों के लिए एक तरफ से दूसरी तरफ तक के सारे खिड़की दरवाजे बन्द रहते। बीच-बीच में एक बड़ी-सी मोटर आकर दरवाजे पर रुकती और सामने पर्दा लगा दिया जाता। कौन उतरता-चढ़ता, कुछ पता नहीं चलता। पर तब भी आश्चर्यचकित दृष्टि से उधर देखता रहता।

उन दिनों वही दिन भर का मनोरंजन था।

देवघर पहुँचने के कुछ दिन बाद मेरे बड़े लड़के का जन्म हुआ, अब खर्च और बढ़ गया। गाँठ की पूँजी के इकतीस रुपये कम होते जा रहे थे।

मन्दिर जाकर रोज भगवान् से प्रार्थना करता।

लेकिन पत्थर के ठाकुर से तो हमारा काम चलता नहीं। हमारा ठाकुर तो रोगी था–उस रोगी की कृपा-दृष्टि पड़े बिना तो गुजारा था नहीं। ऐसी बात नहीं थी कि रोगी आते ही नहीं थे। भूले-भटके आ ही जाते थे, और मैं दवा भी देता था। पर जो एक बार आता, वह लौटकर दुबारा नहीं आता।

दूसरे साल एक और लड़का आ गया घर में तो और भी चिन्ता सताने लगी।

मन्दिर गया और बाबा के चरणों में सिर पटका, कहा बाबा अपने चरणों में बुलाकर यही गति करनी थी मेरी! कृपा करो ठाकुर।

उस बार पूजा की छुट्टियों में सामने के मकान में फिर चहल-पहल शुरू हो गयी। रंग-रोगन हुआ। दरवाजे पर बन्दूक लिये दरबान खड़ा हो गया। सामने के सारे खिड़की-दरवाजे बन्द हो गये। और फिर एक दिन मोटर आ पहुँची। मोटर से दरवाजे तक पर्दे लगाये गये। मैं समझ गया कि राजा सपरिवार आ गये थे।

पर उससे मुझे क्या फर्क पड़ता था। मैं तो पैदा ही दुःख भोगने के लिए हुआ था।

उस दिन पत्नी से पूछा, तुम्हारे पास कुछ रुपये हैं?

वह बोली, तीन रुपये हैं।

रात को नींद नहीं आयी। इस तरह कितने दिन चलेगा। तख्त पर दोनों लड़के सोये हुए थे, उनकी ओर देखा–पूरा खाना न मिलने की वजह से सूखे सरापे थे। पत्नी की ओर तो देखा ही नहीं जाता था। लेटे-लेटे फिर से भगवान् को पुकारने लगा।

शायद झपकी लग गयी थी।

अचानक बाहर किसी की आवाज सुनायी दी।

–डाक्टर साहब! डाक्टर साहब!

चौंककर उठ बैठा।

इस तरह रात को तो कभी कोई रोगी बुलाने आया नहीं मुझे। कहीं गलतफहमी तो नहीं हुई। स्वप्न तो नहीं देखा?

–डाक्टर साब! डाक्टर साब!

एकदम खड़ा हो गया। पत्नी ने भी सुनी थी आवाज, उसने उठकर लालटेन जला दी। मेरे कपड़े फटे थे। जल्दी से बदलकर दरवाजा खोलकर बाहर आया और बोला–कौन?

कई आदमी थे बाहर। एक आदमी पेट्रोमैक्स लिये हुए था, जिससे पूरी बस्ती में जैसे दिन का उजाला छा गया था।

एक आदमी ने सामने आकर हिन्दी में पूछा, आप ही डाक्टर साहब हैं?

कहा, हाँ!

वह बोला, स्टेशन रोड पर 'द ग्रेट होमियो हॉल' आपका ही दवाखाना है?

–हाँ!

–आपको मेरे साथ चलना पड़ेगा जरा, एक लड़का बीमार है, छटपटा रहा है। अभी देखना है।

क्या कहूँ, कुछ समझ में ही नहीं आ रहा था। मेरी जैसे बोलती बन्द हो गयी थी, विश्वास नहीं हो रहा था कि इतने दिन बाद क्या भगवान् को सचमुच मुझ पर दया आ गयी थी।

मुझे चुप देखकर वह आदमी बोला, विजिट के आप जितने रुपये माँगेंगे, मिलेंगे। उसकी चिन्ता मत करिये आप–गाड़ी लाया हूँ आपको ले जाने के लिए।

तब भी विश्वास नहीं हो रहा था जैसे। मेरे लिये गाड़ी! क्या जानता हूँ मैं डाक्टरी का! क्या बीमारी है! क्या दवा दूँगा। डर लगने लगा।

वह बोला, पाँच सौ रुपये माँगेंगे तो भी दिये जायेंगे, बस आप तुरन्त चलिये।

पूछा, इस वक्त बजा क्या है?

हाथ की घड़ी देखकर वह बोला, दो।

मैंने कहा, ठीक है, कपड़े पहन लूँ?

वह वहीं खड़ा रहा। मेरे यहाँ बैठने का कोई कमरा तो था नहीं। एक कमरा ही सब–कुछ था।

अन्दर जाते ही सहमी हुई नजरों से पत्नी ने मेरी ओर देखा।

मैंने पूछा, एक जोड़ी साफ कपड़े हैं?

उसने कपड़े निकाल दिये। स्टेथेस्कोप ले लिया, हालाँकि उसका प्रयोग नहीं जानता था। परन्तु यह जानता था कि विजिट के लिए जाते समय लेना पड़ता है।

चलते हुए देखा पत्नी ने गलवस्त्र होकर दीवाल पर टँगी बाबा वैद्यनाथ की तस्वीर को प्रणाम किया। मैंने भी हाथ जोड़ दिये। हालाँकि मुझे अभी भी विश्वास नहीं हो रहा था। पाँच सौ रुपये–इन तीन शब्दों ने मन में उथल–पुथल मचा दी थी।

पत्नी से कहा, तुम दरवाजा बन्द करके सो जाओ और बाहर निकल आया।

अन्दर गली में घर होने के कारण बड़ी सड़क तक पैदल आना पड़ा। चलते–चलते वह व्यक्ति बोला, बड़ी मुश्किल से आपका ठिकाना मिला डाक्टर साहब।

सड़क पर खड़ी गाड़ी देखकर ठिठक–सा गया। गाड़ी पहचानी–सी लगी। जैसे कई बार देखी हो।

हम लोगों के बैठते ही गाड़ी चल दी। जरा देर बाद जब वह मेरे ही दवाखाने के सामने आकर रुकी तो आश्चर्य में पड़ गया–महाराज के दरवाजे पर।

गाड़ी के रुकते ही दरबान ने फाटक खोल दिया और गाड़ी अन्दर जाकर खड़ी हो गयी।

पहले वह व्यक्ति उतरा और बोला, आइये डाक्टर साहब।

उतर गया मैं। डर से हृदय काँपने लगा। अन्त में इस घर से बुलावा आया। सुना था पंचकोट के राजा हैं या शायद महाराज हैं। कितने दिनों तक चुपचाप बैठे-बैठे इस मकान का ऐश्वर्य व वैभव देखा है। आज यहीं से बुलावा आया!

पेट्रोमैक्स की रोशनी में उस व्यक्ति के पीछे-पीछे सीढ़ियाँ चढ़ने लगा मैं। अब तक बाहर से ही मकान देखा था। उस दिन अन्दर से देखने का भी सुयोग मिल गया। मेरे अनुमान से कहीं अधिक बड़ा था मकान। उतनी रात को भी सब लोग जाग रहे थे। अनगिनत नौकर-चाकर थे सब संत्रस्त दिखायी दे रहे थे। महाराज का लड़का बीमार था, इसलिए किसी को भी विश्राम का अवकाश नहीं था।

जीने के बाद एक बहुत बड़ा हॉल था, जिसमें मुझे बैठाकर वह आदमी अन्दर चला गया। मैंने चारों ओर दृष्टि घुमायी, हॉल के चारों तरफ छोटे-छोटे कमरे थे। एक कमरे का दरवाजा खुला हुआ था, वह शायद आफिस था, अन्दर टेबिल पर बहुत-से बही-खाते व कागज-पत्र रखे थे। कई कुर्सियाँ भी थीं।

कई मिनट बाद वही व्यक्ति आकर बोला, चलिये डाक्टर साब।

अन्त:पुर में कहीं कोई आवाज नहीं थी। कई कमरे व दालान पार करने के बाद एक कमरे के सामने एक आदमी को उदास मुँह खड़े देखा। अच्छा लम्बा-चौड़ा शरीर था, सफेद चिट्टा रंग। सर के सामने के बाल झड़कर गंज उभर आया था। मेरी ओर उत्सुक दृष्टि से देख रहे थे।

मेरे साथवाला बोला, डाक्टर साहब आ गये महाराज जी।

मैं समझ गया कि वही महाराज थे और मुझे लानेवाला मुन्शी।

महाराज बोले, आइये।

कहकर मुझे कमरे में ले गये। एक पलँग पर सात-आठ साल का एक लड़का पड़ा यन्त्रणा से छटपटा रहा था। तकिया छिटककर दूर जा पड़ा था। आँखें बन्द थीं और बदन अस्थिर।

मैंने पूछा, क्या हुआ इसे?

महाराज बोले, आज शाम के बाद से तबीयत खराब है, कुछ भी नहीं खाया-पिया, बस रो रहा था। जैसे-जैसे रात बढ़ रही है, तकलीफ भी बढ़ती जा रही है।

माथे पर हाथ रखा मैंने, तप रहा था।

पूछा, बुखार देखा, कितना है?

महाराज ने कहा, नहीं।

बड़ी मुश्किल से छाती पर स्टेथेस्कोप लगाया। ऐसा लगा जैसे सर्दी-खाँसी बहुत थी।

बड़ी कठिनाई से उसका हाथ पकड़कर बगल में थर्मामीटर लगाया, एक सौ तीन बुखार था।

क्या करूँ, कुछ भी समझ में नहीं आ रहा था। राजा के लड़के का इलाज था। साधारण आदमी होता तो कोई बात नहीं थी। यह कैसी परीक्षा में डाल दिया ठाकुर! पहले ही तुम बहुत परीक्षाएँ ले चुके हो। अब यह अकारण किस पाप का प्रायश्चित्त करना पड़ रहा है आज! अभी तक क्या परीक्षा शेष नहीं हुई। इतने दिन रोगी की आशा में सड़क पर आँखें गड़ाये बैठा रहा, पर व्यर्थ। आज तुम्हारी करुणा उभरी भी तो ऐसे!

महाराज और मुझे लेकर आनेवाला वह आदमी, दोनों उद्ग्रीव होकर मेरी ओर देख रहे थे।

रोगी के शरीर से हाथ उठाते ही उन्होंने पूछा, क्या देखा?

मैंने कहा, कोई खास बात नहीं है, एक खुर क दवा देता हूँ।

महाराज बोले, कलकत्ते के सारे डाक्टरों को टेलीग्राम दे दिया है, परन्तु वह लोग कल सुबह से पहले तो आ नहीं सकते। तब तक आप ही देखिये।

सच कह रहा हूँ कविराज जी, ऐसा लगा जैसे सिर पर आसमान टूट पड़ा हो। कलकत्ते के बड़े-बड़े डाक्टरों का मुकाबला करना पड़ेगा, यह सोचकर जान सूखने लगी।

रोगी को देखकर वापस हॉल में आ गया मैं। मेरी दवा का बक्सा और किताब वहीं थी। किताब खोलने का प्रयत्न किया। समझ में नहीं आया कौन-सा पन्ना खोलूँ! कौन-से लक्षण मिलाऊँ! कुछ भी तो नहीं जानता था मैं। मोटी किताब के पन्नों में खो गया जैसे मैं, अक्षर दिखायी ही नहीं दिये।

फिर दवा का बक्सा खोला।

मुझे लानेवाला आदमी पास खड़ा सब देख रहा था। उसके सामने अपने को बड़ा हीन अनुभव करने लगा। अगर मेरी अज्ञता पकड़ ली तो! कौन-सी दवा निकालूँ, तय नहीं कर पाया। साधारण रोगी नहीं, राजा का लड़का था। अगले दिन कलकत्ता के बड़े-बड़े डाक्टरों का सामना करना पड़ेगा। यों ही ऐसी-वैसी दवा नहीं दी जा सकती। यद्यपि दवा की शीशियों पर नाम लिखे थे, पर ऐसा लगा जैसे वहाँ स्याही पुती थी। इतने दिन जो सीखा पढ़ा था, वह भी जैसे भूल गया था।

अन्त में एक शीशी निकालकर चार पुड़िया बनायी और पास खड़े व्यक्ति को देकर बोला, एक पुड़िया अभी खिला दीजिये और बाकी तीन आधा-आधा घण्टे बाद।

आज भी याद है कि मन-ही-मन उस अदृश्य शक्ति से बार-बार प्रार्थना की थी कि राजा का लड़का ठीक हो जाये, मेरी इज्जत रह जाये। राजा के लड़के की अपेक्षा अपने सम्मान का ही अधिक ख्याल था मुझे। कलकत्ते में मेरा सम्मान धूलिसात् हो गया था। परन्तु वह तो जीवन के प्रथम चरण की बात थी। उस जीवन को तो मैं कब का पीछे छोड़ आया था। अब मेरे जीवन का दूसरा परिच्छेद था, फिर

से जीवन शुरू किया था मैंने! यहाँ तो सम्मान हानि न हो। मेरा सिर ऊँचा रहे। बस भगवान् से यही मनाता रहा था मैं।

महाराज बोले, आपके सोने की व्यवस्था बगल के कमरे में कर दी है। आज रात आप यहीं रहिये। आपके घर खबर भिजवा रहा हूँ।

मैंने कहा, आधे-आधे घण्टे बाद दवा अवश्य दे दी जाये और उसकी हालत की मुझे खबर देते रहें।

जाकर बिस्तर पर बैठ गया। बत्ती जल रही थी, वह भी बुझा दी। रोगी की कराहट तब भी सुनायी दे रही थी। बैठा-बैठा सोच रहा था, क्या मालूम कि ठीक दवा दी है या गलत! क्या दवा दी है, यह तो मैं खुद भी नहीं जानता! उस समय जो हाथ में आयी वही दे दी थी।

फिर कब लेटा और कब सो गया, पता ही नहीं चला।

अचानक किसी ने पुकारा तो नींद टूटी। देखा सुबह हो गयी थी। उठकर बैठ गया। वहीं मुन्शी सामने खड़ा था।

पूछा, मरीज कैसा है?

उसने कहा, सो गया है।

–महाराज कहाँ हैं?

–वह भी थोड़ी देर पहले सोने गये हैं।

मैंने पूछा दवा की तीनों खुराक खिला दी थीं?

–हाँ।

मैं बोला, अब अगर मरीज सो रहा है तो और दवा की जरूरत नहीं है।

जरा देर बाद ही हाथ-मुँह धोने का पानी व साबुन-तौलिया आ गया और फिर चाय-नाश्ता। सारा घर मुखर हो उठा।

दिन चढ़े महाराज आये और बोले, इसी गाड़ी से कलकत्ते के डाक्टर आ रहे हैं, मेरी इच्छा है कि आप भी रहिये। आपके घर कल रात ही ख़बर भेज दी थी।

कुछ देर उपरान्त गाड़ी स्टेशन डाक्टरों को लाने चली गयी। मेरे दिल की धड़कन फिर से तेज हो गयी।

जब गाड़ी वापस आयी तो देखा कविराज, एलोपैथ व होमियोपैथ, जिनके मैंने नाम भर सुने थे, आये थे। हर एक को हजार रुपये फीस पर बुलाया गया था।

सबने रोगी की परीक्षा की–वह तब भी सो रहा था। फिर पिछले दिन और रात का पूरा विवरण लिया–क्या हुआ था, क्या-क्या लक्षण थे, कैसे तकलीफ बढ़ी थी आदि।

साहब डाक्टर ने पूछा, किसने देखा था?

मुन्शी ने मेरी ओर इशारा करके कहा, यही यहाँ के डाक्टर साहब हैं।

विख्यात होमियोपैथ यूनान साहब भी आये थे, साथ में असिस्टेण्ट भी था।

मुझे बुलाकर सब पूछा उन्होंने। बुखार कितना था, पसीना आ रहा था कि नहीं आदि।

मुझे याद है कि डाक्टरों के आने से पहले बक्सा खोलकर मैंने देखा था कि मैंने कौन-सी दवा दी थी, लेकिन होश ही गायब थे उस समय तो।

खैर, यूनान साहब ने बस इतना कहा, मार्वलस सेलेक्शन!

तदुपरान्त सभी डाक्टरों ने एकमत होकर कहा था कि जब मरीज ठीक हो गया है तो कोई और दवा देने का कोई मतलब नहीं है। जो इलाज चल रहा है, वही चले।

शाम तक मरीज की हालत और सुधर गयी। हजार-हजार रुपये लेकर सब डाक्टर शाम की गाड़ी से वापस लौट गये। फिर मुझे भी गाड़ी घर छोड़ आयी।

चलते समय महाराज ने कहा था, आप कुछ दिन रोज एक बार आकर देख जाइयेगा।

दो-चार दिन बाद ही मरीज बिलकुल ठीक हो गया।

फिर जब महाराज के वापस लौट जाने का समय आ गया तो पुनः बुलावा आया।

हॉल के बगलवाले आफिस में पहुँचा तो वही मुन्शी खड़े दिखायी दिये। महाराज भी शायद मेरा इन्तजार कर रहे थे।

मुन्शी जी बोले, डाक्टर साहब, आपने महाराज के लड़के का इलाज किया, बहुत कष्ट उठाया, महाराज बहुत खुश हैं आपसे।

महाराज ने मेरे हाल-चाल व कितने दिनों की प्रेक्टिस है आदि प्रश्न पूछकर खजांची से कहा, डाक्टर साहब को हजार रुपये दे दो मुन्शी जी।

खजांची ने खाते में खर्च लिखा और बगल में रखे लोहे के संदूक से रुपये निकालने लगा।

मुझे तब भी विश्वास नहीं हो रहा था। इतने रुपये एक साथ मिलना तो दूर कभी आँख से देखे भी नहीं थे मैंने।

मुन्शी ने गिनकर रुपये मेरी ओर बढ़ाकर कहा, लीजिये डाक्टर साहब।

अचानक कमरे के पीछे चूड़ियों की आवाज सुनायी दी। वह आवाज सुनकर महाराज उठते हुए बोले, जरा ठहरिये।

यह कहकर अन्दर चले गये वह। मुन्शी ने भी हाथ रोक लिया अपना।

मैं चुप बैठा रहा। अब यह कौन-सी बाधा आ खड़ी हुई?

अन्दर किसी की आवाज सुनायी दी।

मुन्शी जी ने जीभ काटकर धीरे से कहा, रानी साहबा हैं।

बातचीत हिन्दी में हो रही थी। बाहर भी सुनायी दे रही थी थोड़ी-थोड़ी। कुछ-कुछ समझ में भी आ रही थी।

रानी साहबा कह रही थीं, क्यों? एक हजार क्यों? कलकत्ते के डाक्टर बिना कुछ किये हजार-हजार ले गये, और इस डाक्टर को जिसने इतने दिन इलाज किया, उसको भी बस हजार रुपये?

महाराज बोले, अच्छा, ठीक है, दो हजार देने को कह देता हूँ।

क्यों? दो हजार क्यों? मेरे लड़के के जीवन से रुपया बड़ा है क्या? लड़के को तो इन्हीं डाक्टर साहब ने बचाया है।

महाराज ने कहा, तो बताओ कितना दूँ?

रानी साहब ने कहा, पचास हजार तो दो।

फिर और भी कुछ बातें हुईं। पचास हजार के नाम से ही सिर घूम गया, कोई बात सुनायी नहीं दी।

महाराज ने बाहर आकर कहा, मुन्शी जी, डाक्टर साहब को पचास हजार रुपये दे दो।

और केवल पचास हजार रुपये नहीं, तय हुआ कि जब तक जीवित रहूँगा स्टेट से सीधा आया करेगा।

उसके अगले दिन ही महाराज वापस चले गये।

मैंने पचीस हजार रुपये में उसी जमीन पर यह मकान बनाया और पचीस हजार बैंक में रखे। उसके बाद हर साल महाराज आते रहे और अनेकों भेंट देते। मेरे कपड़े, पत्नी के जेवर-कपड़े, बच्चों के लिए तरह-तरह की चीजें।

फिर बड़े लड़के को नौकरी दी--सात सौ रुपये मिलते हैं उसे। छोटे लड़के के मैट्रिक पास कर लेने पर उसे भी नौकरी दे दी तीन सौ की। अब आप ही बताइये कि मुझे किस बात की चिन्ता है।

पिता जी ने पूछा, और प्रेक्टिस?

प्रेक्टिस नहीं जम पायी। बाद को मरीज आने भी लगे थे, पर किसी को ठीक कर ही नहीं पाया।

कहानी के बाद हम उठ रहे थे, काफी रात हो गयी थी।

तिनकड़ि बाबू भी बिदा करने को उठे।

चलते-चलते बोले, एक घटना नहीं बतायी आप लोगों को। कोई दस साल पहले एक दिन सूदयों में अचानक पण्डित जी से मुलाकात हो गयी। मेरा मकान देखकर चकित रह गये, खुश भी हुए बहुत।

मैंने पूछा, कहाँ ठहरे हैं पण्डित जी?

सामने पंचकोट का महल दिखाकर उन्होंने कहा, उस मकान में दो कमरे खोल दिये हैं।

पूछा, उनके साथ आपकी जान-पहचान कैसे हुई।

वह बोले, कॉटन स्ट्रीट के बाँकेबिहारी बाबू की तो याद होगी ही? इतना सब हुआ था! झूठ-मूठ आप पर खून की इल्जाम थोप दिया था! उन्हीं की बड़ी लड़की जयन्तिया की शादी पंचकोट के महाराज कुमार के साथ हुई थी। आप उस समय जेल में थे।

उसी सूत्र से चिट्ठी लाकर पण्डित जी राजमहल में ठहरे थे। उनकी बात सुनकर पहली बार समझ में आया था कि मेरा यह मकान, यह ऐश्वर्य, लड़कों की नौकरी-इन सबके मूल में कौन था! लेकिन तब तक बहुत देर हो गयी थी-कोई उपाय नहीं था। जयन्तिया की उम्र भी काफी हो गयी थी और मैं भी बूढ़ा हो गया था।

●

एक और तरह

कुछ वर्ष सरकारी नौकरी की थी मैंने। नौकरी की सुविधाएँ और मुसीबतें दोनों ही देखी–समझी थीं। जाना था कि नौकरी में और तो सब–कुछ बचाया जा सकता है, लेकिन इन्सानियत को नहीं–वह भी सरकारी नौकरी में। वेतन नियमपूर्वक पहली तारीख को मिल जाता है। जब तब छुट्टी भी मारी जा सकती है और उसका वेतन भी नहीं कटता, परन्तु समय का अपव्यय बहुत होता है। ऐसा प्रतीत होता है कि कुछ रुपयों के लिए अपने यौवन व जीवन को जलांजलि देनी पड़ रही है। इसलिए जितने साल नौकरी की न तो मानसिक शान्ति मिली और न स्वाधीनता। एक वाक्य में कहा जाये तो यूँ समझिये कि उन कुछ सालों में मैं, मैं नहीं रह गया था।

परन्तु क्या सचमुच कोई लाभ नहीं हुआ था।

आज इतनी दूर रहकर, इतने दिन बाद सोचता हूँ कि अतीत के उन वर्षों का लेखा–जोखा करके देखा जाये तो कैसा हो! विशेषतः नौकरी के अन्तिम तीन वर्ष। जीवनपर्यन्त जितनी अभिज्ञताओं का संचय किया है, उससे कई गुना अधिक अभिज्ञताएँ उन तीन सालों में हुई थीं मुझे! कितनी विचित्र थीं वह अभिज्ञताएँ और कितनी विचित्र वह नौकरी थी! इसी कलकत्ता शहर में जन्मा था मैं, यहीं पला और यहीं पढ़ा–लिखा। बीच–बीच में कार्यवश या छुट्टी मनाने बाहर गया अवश्य हूँ–पर कहीं भी मन को शान्ति नहीं मिली। जानता हूँ कि यहाँ की आबहवा खराब है, चीजों के दाम आसमान पर हैं, यहाँ एक की उन्नति दूसरे की आँख की किरकिरी बन जाती है। सब जानता हूँ। यहाँ एक–दूसरे को अपदस्थ व विपदग्रस्त करने की चिन्ता में ही घुलता रहता है। यहाँ–कलकत्ते में स्नेह, प्रेम, ममता पण्य हैं। जानता हूँ कि कीमत चुकाये बिना यहाँ सम्मान नहीं मिलता, तदबीर लड़ाये बिना ख्याति के दर्शन यहाँ दुर्लभ हैं, यहाँ आने पाई से मर्यादा का फैसला होता है। यहाँ केवल महत् होने से काम नहीं चलता, प्रचार के माध्यम से उस महत्त्व को जनता में फैलाना पड़ता है। संवादपत्र के मालिकों के हाथों स्वयं को बेचना पड़ता है–अर्थदानव के हाथों आत्मा का सौदा करना पड़ता है, तभी तुम महत् हो, गुणी हो, लेखक हो और कवि हो।

यह सारी बातें मेरी अपनी नहीं हैं। यह सब तो समर मुझसे कहा करता था।

परन्तु मैं प्रतिवाद करता था हमेशा। कहता था, यह तुम्हारा अन्याय है समर, इस प्रकार सबको एक डंण्डे से हाँकना तुम्हारे लिए उचित नहीं है।

मैं तो बस यह भलीभाँति जानता था कि उस अस्वस्थ वातावरण में रहते हुए भी मन को जैसे शान्ति मिलती थी। बहुत-कुछ नेतिवाचक शान्ति। उस अस्वस्थ आबहवा से भाग जाने पर भी हाँफ उठता था! दार्जलिंग, पुरी तथा शिमला की स्वस्थता में भी जैसे कलकत्ते के लिए मन कसकता था। कलकत्ता की उस अस्वस्थ हवा में ही अन्त में तृप्ति मिलती थी।

मुझे याद है, पहली बार जिस दिन नये डिपार्टमेंट के आफिस में गया था, एक अनजाना डर-सा लग रहा था। बार-बार यही सोच रहा था, कर भी पाऊँगा!

यह भी कैसा काम था! चोर पकड़ना था, घूसखोर पकड़ना था! सरकारी नौकरी के सारे आफिसों में दुर्नीतिग्रस्त लोगों पर गोपनीय नजर रखनी थी! यद्यपि कितनी ही बार इसकी अभिज्ञता हो चुकी थी। कितनी बार हावड़ा स्टेशन पर एक सामान्य कार्यवश जाने पर घूसखोर से एकदम सामना हुआ था। शहर में सर्वत्र दुर्नीति का जाल बिछा हुआ था। पैसे की बदौलत अन्याय को भी न्याय पाने जाते देखा था मैंने।

आफिस के सुपरिण्टेण्डेण्ट ने आपादमस्तक मुझ पर नजर डालकर कहा था, आप कर पायेंगे यह काम?

मुँह से तो 'कर पाऊँगा' ही कहा था, परन्तु अन्दर-ही-अन्दर सचमुच डर रहा था। आज अवश्य मन में कोई खेद नहीं है। मैंने अपना कर्त्तव्य पूरा किया या नहीं, इसका साक्ष्य आज भी उस आफिस की फाइलों में संलग्न है। वह सब बातें नहीं बताऊँगा यहाँ। मेरी ही तत्परता के कारण कितने लोग अभी भी जेल में सजा भुगत रहे हैं, इसका हिसाब आफिस की उन फाइलों में ही रहे। आज तो मैं एक दूसरी ही कहानी सुनाने बैठा हूँ।

सुपरिण्टेण्डेण्ट ने कहा था, बड़ा कठिन काम है-यह पता है आपको!

मैंने कहा था, हाँ, पता है।

इस पर उन्होंने कहा था, जिनको पाँच हजार रुपये महीना मिलता है, वह भी रिश्वत लेते हैं और जिन्हें सवा रुपया रोज मिलता है वह भी। परन्तु मैं बड़े-बड़े रिश्वतखोरों को पकड़ना चाहता हूँ। इसके बाद जरा रुककर कहा था, वैसे इस काम में मजा बहुत आयेगा आपको।

अवाक् उनके मुँह की ओर देखता रहा था मैं।

उन्होंने शायद आश्वस्त करने के लिए कहा था, हाँ, सचमुच मजा आयेगा, तरह-तरह के लोगों से परिचय होगा। देखियेगा दुनिया में कितने लोग अपनी नाक काटकर दूसरे का सगुन बिगाड़ना चाहते हैं।

वास्तव में इस तरह के लोग भी हैं इसका परिचय मुझे पूरे तीन सालों तक मिलता रहा था। देखा था, श्याम बाजार से एक आदमी किसी दूसरे को मिट्टी में मिलाने की इच्छा से किराये की गाड़ी लेकर आया होता। बहुत-से निरपराध लोगों

के विरुद्ध अभियोगों की लम्बी सूची आती थी और अभियोग लगानेवाले अच्छे बड़े असामी होते थे। अपनी बुद्धि का प्रयोग करके किसी की विपत्ति से रक्षा करता तो किसी को जेल भिजवाता। दुर्दान्त श्रेणी के लोग पकड़े जाने पर मेरे पैर पकड़कर क्षमा माँगते। कहते, आप भी बंगाली हैं और मैं भी–बंगाली होकर आपने बंगाली का ऐसा सर्वनाश किया।

परन्तु वह सारे प्रसंग यहाँ अवान्तर हैं।

समर की बात बताऊँगा मैं यहाँ। समरचन्द्र विश्वास–एक सरकारी दफ्तर में कैशियर था। माधव सिकदार लेन के किसी मेस में रहता था वह उन दिनों।

उसने कहा था, बरानगर में किसी से भी पूछ लीजियेगा सर। वहाँ के सब लोग जानते हैं हमें।

मैंने पता लगाया था, वास्तव में उसका बचपन बरानगर में ही बीता था। मल्लिक लेन में तीन पीढ़ियों की विशाल हवेली थी। और केवल घर नहीं गाड़ी भी थी।

लोग कहते थे–विश्वास घराने का लड़का।

विश्वास घराने का लड़का कह देने के बाद और कुछ कहने की जरूरत नहीं थी। कोई भी नया आदमी बरानगर आता तो रिश्तेदार पूछते, कहाँ मकान मिला।

तो वह जवाब देता, विश्वासघर के पास।

विश्वासघर कहाँ है?

चकित हो जाता वह। विश्वासघर नहीं जानते? कलकत्ते में रहते हो और बरानगर के विश्वास घराने का नाम नहीं सुना? चैत की संक्रान्ति का विश्वास घराने का स्वाँग तो विख्यात था। किसी समय वहाँ चिड़ियाखाना था। कलकत्ते में जब भी नया लाट आता, विश्वासों के यहाँ जरूर निमन्त्रित होता। दुर्गा–पूजा पर उनकी हवेली की सजावट देखने लायक होती थी। छह घोड़ों की गाड़ी पर दुर्गा–प्रतिमा को विसृजत करने ले जाया जाता था। पुश्तैनी परिवार था। बड़े आदमी थे, इसका प्रमाण आज भी मिलता है। घर के सामने एक बहुत बड़ा गेट था। अब पहले–जैसा तो नहीं रहा वह, पर दो टूटे सिंह अभी भी हैं। दोनों के पेट का जगह–जगह से प्लास्टर झड़ गया है, एक आँख टूट जाने से चूना–सुर्खी झड़ गया है, ईंट दिखायी देने लगी है। ड्योढ़ी के आँगन में एक बहुत बड़ा इमली का पेड़ है, जिसकी डालों पर दिन के समय अनगिनत कबूतर गुटरू गूँ–गुटरू गूँ करते हैं और रात को हवेली के छज्जे के नीचे आलों में आश्रय लेते हैं। एक जमाने में रोज एक मन धान डाला जाता था उनके लिए। बन्दूक की आवाज होते ही सारे कबूतर चौंककर आसमान में उड़ जाते थे! बरानगर के बड़े–बूढ़ों ने वे दिन देखे थे। भैरव मल्लिक लेन नाम तो बाद को पड़ा है। पहले तो हवेली के सामने केवल तालाब था। उसी तालाब के दोनों ओर से रास्ता था। रात को हवेली के कमरों का प्रकाश तालाब के पानी पर झिलमिल करता था। हवेली

के चारों ओर ईंट के खम्भों के साथ रेलिंग लगी थी। अन्दर बगीचा था। बाद को न वह रेलिंग रही थी और न बगीचा। खम्भों की ईंटें तालाब में गिरने लगी थीं। शुरू-शुरू में तो हटा दी जाती थीं, पर बाद को किसी ने ख्याल नहीं किया। एक बार घराने के एक हिस्सेदार का छोटा लड़का विलायत से इंजीनियरी पास करके आया और ऊँचे वेतन की नौकरी मिल गयी उसे। उसके बाद उन हिस्सेदारों ने बालीगंज में नया मकान बना लिया और वहाँ चले गये। फिर धीरे-धीरे एक-एक करके अधिकतर हिस्सेदार जैसे-जैसे मौका मिला चले गये।

उस समय अधर विश्वास बूढ़े हो गये थे। परन्तु तब भी शाम होते ही तालाब के धुँधले घाट के पास जाकर बैठ जाते। शायद गँदले पानी में अपनी परछाँई देखते बैठे-बैठे। दूसरी तरफ पूरब, उत्तर, दक्षिण में बड़े-बड़े मकान बन गये थे। पहले खुला मैदान था हर तरफ। जवानी में अधर विश्वास वहीं बैठते थे, बरानगर के दो-चार गण्यमान्य व्यक्ति भी आकर शामिल हो जाते थे।

अधर विश्वास कहते, कैसी सर्दी पड़ी इस बार चाटुज्जे?

एक कहता, फूलगोभी के समोसे खाने का मन कर रहा है विश्वास महाशय।

–फूलगोभी के समोसे?

बस और अधिक नहीं कहना पड़ता। तभी हुकुम भेज देते अन्दर अधर विश्वास और आधे घण्टे में ही एक काँसे के थाल में करीब सौ समोसे हाजिर हो जाते। कौन कितने खा सकता है, खाओ। और केवल समोसे नहीं, चाय भी आती, फिर कुल्ला करने के लिए पानी आता और सबसे अन्त में गुड़ के सन्देश आते। सात-साढ़े सात तक उसी ठन्ड में अड्डा जमा रहता था। अब कोई नहीं आता था। सिवार भरे तालाब के गँदले पानी में रह-रहकर बुदबुदे उठते थे और फुस से फूट जाते थे। एकटक देखते रहते अधर विश्वास और जब सर्दी बढ़ जाती तो कनटोप पहन लेते। बरानगर में सर्दी ज्यादा पड़ने लगी थी।

अब बगीचे के गुलाबों की देखभाल नहीं होती थी। उस तरफ मोटर रखने के लिए टीन की छत की गराज बन गयी थी। गाड़ी खरीदने का शौक नहीं था अधर विश्वास को। वह सब नये-नये पैसे वालों की चीजें थीं–उनके प्रति अधर विश्वास को कभी भी दुर्बलता नहीं थीं।

अचानक बगल से मोटर के गुजरते ही अधर विश्वास चौंक पड़े।

–कौन?

असल में गाड़ी का शौक दूसरे कारण से हुआ था। विलायत से लड़के के इंजीनियर बनकर आने के बाद छोटे भाई ने मोटर खरीदी थी। नयी गाड़ी। दूसरे भाइयों की आँखों में चुभी थी वह गाड़ी।

अधर विश्वास ने मुन्शी से पूछा, कितने की है वह गाड़ी।

मुन्शी ने कहा, सुना था सात हजार में आती है।

अधर विश्वास ने कहा, अब मेरी तो उम्र हो गयी है–रहने दो।

पत्नी का भी बुढ़ापा आ गया था और फिर गठिया की बीमारी। जीना भी चढ़-उतर नहीं पाती थीं उस समय। उन्होंने भी एकदक 'ना' तो नहीं की थी। पर एक घर में रहते थे। मँझले, छोटे छाती फुलाकर जाते थे। गाड़ी की आवाज जैसे हृदय पर हथौड़े चलाती थी।

झमझम बारिश पड़ रही थी। सारे बरानगर की सड़कें पानी में डूब गयी थीं। अधर विश्वास घर से निकल नहीं पाते पर छोटा उस बारिश में भी दनदनाता हुआ निकला और गाड़ी लेकर चला गया। गाड़ी होती तो ऐसा नहीं होता, वह भी घर में बन्द नहीं रहते, जहाँ चाहते चले जाते। मन होता तो मित्रों को लेकर कलकत्ता की ओर घूमने निकल जाते। कितनी नयी-नयी जगह हैं उस तरफ। बालीगंज में लेक है। नाम सुने हैं बस, जाना नहीं हुआ कभी।

फिर बोले, कौन?

तेजी से गाड़ी निकल गयी। पीछे से बस लड़के का सिर दिखायी दिया। शायद वही गाड़ी लेकर निकला था।

घर आकर पूछा, खोका गाड़ी लेकर गया है?

निस्तारिणी ने कहा, हाँ।

अधर विश्वास ने फिर प्रश्न किया, कहाँ गया है?

–यह तो बताकर नहीं गया।

कुछ क्षण चुप रहकर अधर विश्वास ने फिर पूछा, कहकर क्यों नहीं गया? कहकर तो जाना चाहिए, कहाँ जा रहा है। कहीं नौकरी-वौकरी ढूँढ़ रहा है कि नहीं?

इसका कोई जवाब नहीं दिया निस्तारिणी ने।

अधर विश्वास ने कहा, तुम जरा कहो न उससे। कोई नौकरी तो करनी पड़ेगी। मेरी हालत अब पहले जैसी नहीं रही। जानती तो हो कि मल्लिकों का बहुत सूद जमा हो गया है।

इन सब बातों पर निस्तारिणी कभी भी मुँह नहीं खोलतीं। आय व्यय की ओर उन्होंने जीवन में कभी दृष्टिपात ही नहीं किया। और अब तो जब से गठिया हुई थी और भी चुप हो गयी थीं। दोपहर को जब सारी हवेली कबूतरों की गुटरूँ गूँ-गुटरूँ गूँ की आवाज से गूँजती, तो जैसे वातावरण मुखर हो उठता। उन्हें लगता जैसे छत उनके सिर पर गिर जायेगी। बगल के कमरे में अधर विश्वास सोते रहते।

उनके पलँग के पास जाकर कहतीं, सुनते हो!

अधर विश्वास खर्राटे ले रहे होते।

वह फिर कहतीं, मैंने कहा, सुनते हो–

नींद में ही वह कहते, हूँ–

–मकान गिर तो नहीं जायेगा?

लेकिन दूसरी तरफ से कोई जवाब नहीं आता। अधर विश्वास के खर्राटे तब तक और तेज हो गये होते।

परन्तु उस दिन तालाब के किनारे से सुर्खी बिछे रास्ते पर एक और मोटर आते देखकर बरानगर के निवासी आश्चर्य में पड़ गये थे। सबसे पहले पनवाड़ी की दुकान पर खड़े निताई हालदार की नजर पड़ी थी उस पर।

आश्चर्य से कहा था, अरे, यह गाड़ी किसकी है रे भूषण?

भूषण पनवाड़ी ने कहा था, आपको नहीं मालूम, अधर विश्वास की गाड़ी है!

अधर विश्वास की! तो आदमी के पास पैसा है! दस-बारह हजार से कम की तो गाड़ी आती नहीं! अभी बुड्ढे ने पैसा दबा रखा है। सब सोच रहे थे कि विश्वास वंश की हालत खराब हो गयी है।

भूषण बोला, मरा हाथी भी लाख का होता है, समझे निताई बाबू, अभी विश्वासों के लिए दो-चार गाड़ी खरीदना मामूली बात है।

–कैसे?

भूषण ने कहा, अभी भी उस घर में दो रुपये के पान के बीड़े बेचता हूँ रोज, पता है!

–दो रुपये के पान?

–हाँ, दो रुपये के पान, चार पैसे का एक बीड़ा। रोज दोपहर को दरबान आकर ले जाता है।

बात गाड़ी खरीदने से शुरू हुई थी। उसी से सबका माथा ठनका था–नहीं, जो सोच रहे थे, वह सच नहीं था। सचमुच मरा हाथी लाख रुपये का होता है। छोटे बाबू लड़के की कमाई से और मँझले बाबू ससुर की दौलत से बड़े आदमी बन गये थे, पर बड़े बाबू? अधर विश्वास? उनका भी अभी मूल्य है, यह बात तो किसी के दिमाग में आयी ही नहीं।

नौकर मछली खरीदने बाजार गया तो निताई हालदार ने पास जाकर दोस्ती करते हुए पूछा, कौन-सी मछली खरीदी रे भूतो!

थैला खोलकर दिखायी भूतो ने–डेढ़ सेर वजन की रोहू मछली खरीदी थी उसने।

–कितने पैसे लिये?

–साढ़े चार रुपये।

भौंचक रह गया निताई हालदार। साढ़े चार रुपये की मछली। फिर आलू, बैंगन, परवल, साग भाजी अलग। खानेवाले तो तीन ही हैं–अधर विश्वास, उनकी पत्नी और लड़का! काम-धाम करता नहीं लड़का। इतनी खरीदारी होती कहाँ से है?

जरूर बुड्ढे ने पैसा दाब रखा है। फटा अलवान ओढ़े रहता है तो क्या हुआ! लड़का तो कोट पैण्ट पहनकर गाड़ी लेकर सैर-सपाटे को निकल जाता है और रात गये आता है। सुरकी पर पहियों की और गराज के टीन के फाटक खुलने की आवाज से लोगों को उसके लौटने की खबर मिल जाती थी।

निताई हालदार कहता, तुम लोग जैसा सोचते हो, वैसा नहीं है जी, बूढ़े के पास पैसा है।

केशव बाँड़ुज्जे कहता, रुपया नहीं होता तो गाड़ी कहाँ से आती?

भूषण कहता, जी हाँ, अभी भी नकद दो रुपये के पान जाते हैं अन्दर–महीने में साठ रुपये के पान!

उन्हीं दिनों एक घटना हुई।

रविवार का दिन था और सुबह का वक्त। मुहल्ले में घरों के बाहर चबूतरों पर अड्डेबाजी हो रही थी। खाने की किसी को जल्दी नहीं थी।

अखबार की खबरों को लेकर आपस में बहस हो रही थी। तभी एक सज्जन एक चबूतरे के सामने आकर खड़े हो गये। चुस्त-दुरुस्त पोशाक, बालों में टेढ़ी माँग और धोती का कोंछा मुट्ठी में। पान खा रहे थे।

नमस्कार करके आगे बढ़कर बोले, आप लोगों से एक बात पूछ सकता हूँ?

सामने से अखबार हटाकर निताई हालदार बोला, पूछिये।

उस सज्जन के आ जाने से सब लोग चुप हो गये थे। अब सीधे होकर बैठ गये।

उन्होंने कहा, मेरा नाम मधुसूदन सेन है, हम लोग दक्षिणराढ़ी कायस्थ हैं। अपनी बहन के रिश्ते के मामले में आया हूँ। आप लोग अगर सहायता करें तो बड़ा उपकार मानूँगा।

जल्दी से एक ओर खिसककर बगल में जगह बनाते हुए निताई हालदार बोला, बैठिये सर, यहाँ बैठिये, बैठकर बातें करिये।

बैठ गये मधुसूदन बाबू। बोले, मैं यहाँ के भैरव मल्लिक लेनवाले विश्वास घराने के बारे में जाँच-पड़ताल करने आया हूँ, आप लोग पड़ोसी हैं, आशा है सब-कुछ जानते होंगे। बहन के रिश्ते की बात है--समझ सकते हैं। मेरी बहन है इसलिए नहीं कह रहा महाशय, पर ऐसी लड़की हजारों में नहीं मिल सकती, मेरी माँ अभी जीवित हैं। मरने के पहले पिता जी बहन के विवाह के लिए रुपया भी छोड़ गये हैं।

निताई हालदार बोला, विश्वास घराने के किस लड़के से सम्बन्ध कर रहे हैं?

केशव बाँड़ुज्जे बोला, छोटे बाबू के बारे में पूछ रहे हैं, पर वह लोग तो अब यहाँ नहीं रहते। लड़का बहुत अच्छा है, ऊँची नौकरी है, विलायत से इंजीनियर बनकर आया है। हम तो यही कह सकते हैं, लड़का ज्वेल है, ज्वेल-माने हीरे का टुकड़ा।

मधुसूदन बाबू बोले, उस लड़के की बात नहीं कर रहा, मैं बड़े बाबू अधर विश्वास के लड़के के बारे में पूछ रहा हूँ। उसका नाम...

निताई हालदार ने एकदम से कहा, समझ गया, समर विश्वास की बात कर रहे हैं न?

मधुसूदन बाबू बोले, यहाँ भी हम पैसा लगायेंगे। मैं तो बस यह जानने आया था कि इनकी हालत कैसी है, और कुछ नहीं। आप लोग समझ ही सकते हैं–इतना रुपया लगाकर बहन की शादी कर रहा हूँ, अन्त में कहीं–

हो–हो करके हँस उठा निताई हालदार।

मधुसूदन बाबू बोले, हँस क्यों रहे हैं?

निताई हालदार ने कहा, आप बात ही ऐसी कर रहे हैं महाशय। अभी चार दिन पहले ही तो बारह हजार की गाड़ी खरीदी है। आज भी विश्वासगिन्नी के लिए भूषण की दुकान से प्रतिदिन दो रुपये के बीड़े जाते हैं, पता है? रोज दो रुपये के पान, कोई ऐसी–वैसी बात नहीं है। विश्वास न हो तो वो सामनेवाली पान की दुकान के मालिक से पूछ लीजिये।

इस पर कुछ नहीं कहा मधुसूदन बाबू ने।

जरा रुककर बोले, घटक तो यही कह रहा था, पर उसकी सारी बातों का विश्वास तो नहीं किया जा सकता।

निताई हालदार बोला, रोज सुबह दस रुपये की साग–भाजी, मछली आती है रसोई में और यह मैंने अपनी आँखों से देखा हूँ, कानों सुनी नहीं कह रहा। अब बताइये कि इन बातों के अलावा क्या जानना चाहते हैं?

उस दिन और ज्यादा बात नहीं हुई। यह सब सुनकर मधुसूदन बाबू चले गये थे। लड़का कैसा था, यह नहीं जानना चाहा था उन्होंने–उसके बारे में क्या पूछना भला! करैत साँप का बच्चा था–साँपों में साँप। नहीं–नहीं करते भी एक घण्टे के नोटिस में लोहे का सन्दूक खोलकर लाख रुपया निकाल सकता था! विश्वास घराना–कहावत बन गया था! वहाँ आने पर जिस घर में लाट साहब खाना खाने आते थे, वह घराना था!

एक दिन धूम–धाम शुरू हो गयी। सारे घर की पुताई शुरू हुई, तालाब की सेवार निकाली गयी। मोटर बार–बार जाती–आती। मुन्शी जी कान में कलम लगाये भाग–दौड़ करने लगे।

अधर विश्वास अपनी दिनचर्या के अनुसार शाम को तालाब पर आकर बैठते और चार–पाँच आदमी हाथ बाँधे उनके चारों ओर खड़े रहते। सड़क से ही सब दिखायी देता। घाट पर बड़े–बड़े टोकरों में पराँत–पतीले माँजने–धोने को आते। बड़े–बड़े हण्डों में दही, मिठाई, मछली आती।

गाड़ी अधर विश्वास के स्वयं के आने–जाने के लिए खरीदी गयी थी। लेकिन डाक्टर ने मना कर दिया था।

कहा था, गाड़ी के जर्क आपसे बर्दाश्त नहीं होंगे।

–तो फिर? गाड़ी यूँ ही बेकार खरीदी।

डाक्टर ने कहा था, गाड़ी जान से ज्यादा है क्या? ठीक हो जाइये, तब गाड़ी में घूमियेगा।

और वास्तव में बेचारे अधर विश्वास गाड़ी में एक बार भी नहीं बैठ पाये। खरीदने का शौक ही पूरा हुआ बस। अलवान ओढ़कर तालाब के किनारे जाकर बैठते और हवा खाते। निस्तारिणी भी कभी नहीं बैठीं।

समर कहता, माँ, कहीं घूमने चलोगी?

वह कहतीं, मैं कहाँ जाऊँगी बेटा। मेरी तो यह गठिया की बीमारी ही पीछा नहीं छोड़ती।

वह कहता–घूमतीं तो गठिया ठीक हो जाती तुम्हारी।

इस पर वह कहतीं, वो ठीक हो जायें, तब जाऊँगी किसी दिन।

–तो फिर मैं ही जाऊँ? समर पूछता।

–जाओ।

बस इतना। वह कहाँ जा रहा था, क्यों जा रहा था, यह कभी नहीं पूछा किसी ने समर से। बचपन में वह मामा के घर रहकर पढ़ा था–फिर जरा बड़ा होने पर बरानगर आया था। मुहल्ले के लड़कों के साथ कभी उसे मिलने–जुलने नहीं दिया गया। बचपन में एक नौकर था उसके लिए–विधुवदन नाम था।

नौकरानी कपड़े–लत्ते पहनाकर तैयार कर देती। उसी पर उसकी सारी देखभाल की जिम्मेदारी थी। सुबह से रात तक उसके साथ परछाईं की तरह लगी रहती वह। घर ही उसकी दुनिया थी बस–इस कमरे से उस कमरे में और बाहरी ड्योढ़ी से अन्दर की ड्योढ़ी। विधु को साथ लिये बिना कहीं बाहर निकलना मना था। पर बाहर जाने की उसे जरूरत भी नहीं पड़ी कभी। इतना बड़ा मकान था–वही एक दुनिया थी–बहुत बच्चे थे घर में।

बसन्त छोटे बालों का था।

वह कहता, ए...लुकाछिपी खेलेगा?

समर कहता खेलूँगा।

बसन्त कहता, मैं छुपूँगा और तू मुझे ढूँढ़ना।

फिर बसन्त जाकर छुप जाता और समर उसे ढूँढ़ता। इस तरफ, उस तरफ, जीने में, छत पर, दालानों के कोनों में रखी बड़ी–बड़ी आलमारियों और सन्दूकों के आस–पास। पूरब की ओर बरामदे के पास पानी के बड़े–बड़े कलसे रखने के लिए मिट्टी की पलहण्डियाँ बनी हुई थीं। रात को टिमटिमाती रोशनी में उनको देखकर बड़ा डर लगता था। लगता जैसे हौवा ताक लगाये छुपा बैठा था।

बसन्त कहता, ए...समर, बाग में चलेगा?

–बाग में? वह पूछता।

बचपन में उसे बगीचे में भी जाना मना था। रात को इमली में घने पेड़ की डालियों को देखकर थुरथुरी छूटती थी। दिन में भी डर लगता था। माली काम करते होते। बगीचे की उत्तर की तरफ एक विलायती आमड़े का पेड़ था, उसकी डाल पर बुलबुल का घोंसला था। विधु के साथ घूमने जाता था तो कितनी बार चकित दृष्टि से उस ओर देखा था उसने। पूँछ के नीचे का हिस्सा कैसा लाल सुर्ख था। आदमी के पैरों की आवाज सुनते ही पंछी फुर्र से उड़ जाता था। आमड़े के पेड़ के पास ही एक सहजन का पेड़ था। कभी तो सारे पत्ते झाड़कर पेड़ बिलकुल नंगे हो जाते और कभी कोमल पत्तों से भर उठते।

बीच–बीच में सावधान करता विधु, उधर मत जाना खोका बाबू, साँप है उधर पानी पर तैरनेवाला साँप।

तालाब में थे पानी के साँप, जो पानी पर फन उठाकर तैरते रहते थे। रात को सोते–सोते भी सपने में उन्हें उेखकर चीख उठता समर–साँप–साँप–साँप!

बिन्दु नौकरानी पास ही सोती थी। झट से उठकर पीठ सहलाते हुए पूछती, क्या हुआ खोका बाबू, क्या हुआ?

फिर से थपककर सुला देती वह उसे। गहरी नींद सो जाता वह–सुबह सोकर उठने पर रात के सपने की याद भी नहीं रहती। उसके सोकर उठने तक सारा घर मुखर हो उठा होता। नीचे सरकार महाशय के कमरे में लोग इकट्ठे होने लगते। पीछे के हिस्सों में कहारिन महरी बर्तनों का ढेर माँजना, पानी भरना शुरू कर चुकी होतीं। घर में झाड़–पोंछ शोर–जोर से चल रही होती। रसोई में दरवाजे पर साग–भाजी–मछली के थैले पड़े होते, चूल्हों पर बड़े–बड़े ताँबे के हंडे चढ़े होते, पद्मबुआ सिल पत्थर लेकर मसाला पीस रही होतीं।

वह कहती, यह लो खोका बाबू–मसाला लेना हो तो लो।

जब आस–पास कोई नहीं होता तो वह मसाला देती थी उसे–पिसी हल्दी का मसाला। फिर बिन्दु से तालाब के किनारे से गीली मिट्टी मँगाकर गुड़िया बनती और हल्दी से रँगी जाती। उसके बाद उसकी पूजा होती। पूजा में नैवेद्य, प्रसाद सब होता, रसोई से मूली, केला लाकर काटकर राजाते।

खोका बाबू पूछते, प्रसाद नहीं खायेगी?

बिन्दु खाती, विधुवदन खाता। और वास्तव में खाते थे या फेंक देते थे कौन जाने!

समर पूछता, मीठा लगा?

बिन्दु कहती, हाँ।

यही सवाल विधुवदन से दोहराता वह तो विधु भी सिर हिला देता।

इसे नयी बहू की ही तकदीर कहनी चाहिए और क्या! नयी बहू। मोटर में बैठते समय ठीक से, कुछ देख ही नहीं पायी। देखने का मौका ही नहीं मिला, घूँघट पड़ा हुआ था। गाड़ी के फाटक पर आकर रुकते ही नौबत बज उठी, शंख बजा, उलू ध्वनि हुई। फिर कुछ पता ही नहीं लगा। लोगों की भीड़ में रीति-रिवाजों के आडम्बर में कुछ सोचने का समय ही नहीं मिला। भारी साड़ी, गहने और घूँघट के बोझ से चेतनाहीन हो गयी थी जैसे। एक-एक जना आता-जाता और वह पैर छूती जाती। सभी ने चौमुख प्रशंसा की थी बहू की-

किसी ने कहा था, चाँद-सी बहू आयी है खोका की।

तो दूसरा बोला था, बाप नहीं है तो क्या, जी खोलकर दिया है भाई ने भी।

पीछे से सुनायी पड़ा था, फूलशय्या का सामान देखने लायक है मौसी-दो सेट तो सोने के हैं।

किसी का भी मुँह दिखायी नहीं दिया था उसे, बस बातें कानों में पहुँच रही थीं।

किसी को कहते सुना था-ए...समर, तू भागा-भागा कहाँ फिर रहा है, बहू के पास खड़ा हो आकर, जरा दोनों की जोड़ी तो देखें।

फूलशय्या की रात एक-एक करके सब लोग कमरे से चले गये थे।एक टेबिल पर रखा लैम्प टिमटिमा रहा था। पलँग फूलों से ढका था और बहू एक कोने पर सिकुड़ी-सिमटी, सिर झुकाये बैठी थी।

समर पास सरक आया।

बोला, तुम लेट जाओ।

नयी बहू-भारी साड़ी के घूँघट में से मुँह दिखायी नहीं दे रहा था, बस काल और गले के जेवर चमक रहे थे। वैसी ही निस्पन्द बैठी रही वह, मानो समर की बात उसके कानों तक पहुँची ही नहीं।

समर फिर बोला, आज बड़ा परिश्रम पड़ गया तुम पर। नींद आ रही हो तो सो जाओ। बत्ती बुझा देता हूँ मैं।

सोचा था, बत्ती बुझाने की बात पर शायद बहू कुछ बोलेगी, और बोलेगी नहीं तो कम-से-कम हिलेगी-डुलेगी अवश्य। पर कुछ भी नहीं किया कनकलता ने-न बोली और न हिली-डुली।

समर ने पूछा, तुम्हारा नाम कनकलता है?

वह उसी तरह चुप-हाँ-ना कुछ भी नहीं कहा।

समर ने पूछा, तुम्हारा पुकारने का नाम नहीं है?

इस बार कनकलता ने सिर हिला दिया।

समर ने फिर पूछा, तो फिर क्या कहकर बुलाऊँ मैं तुम्हें? इतना बड़ा नाम लेकर तो बुलाया नहीं जायेगा।

कनकलता का सिर हिला जरा-सा। शायद हँसी आ गयी थी उसे।

समर के झट से घूँघट उलटते ही उसने आँखें बन्द कर लीं। समर ने देखा वह हँस नहीं रही थी, वरन् उसकी आँखों से आँसू टपाटप गिर रहे थे।

अपनी धोती के कोने से बहू की आँखें पोंछ दी समर ने और बोला यह क्या, रो क्यों रही हो कनक? आज के दिन क्या कोई रोता है।

आँखें बन्द किये-किये सरककर बैठने का प्रयत्न किया कनक ने।

समर ने दोनों हाथों में कसकर उसका मुँह पकड़ लिया।

बोला, छिः, रोती क्यों हो? अपनी सुहागरात को भी कोई रोता है?

फिर जाने उसके मन में क्या आया कि कनक का मुँह छोड़कर वहाँ से उठ गया और पलँग से हटकर कुर्सी पर बैठ गया। अगर ऐसी बात हो तो! कनक तो पढ़ी-लिखी लड़की है, रोने की उमर तो रही नहीं उसकी। बहनों के विवाह देखे थे उसने, वह लोग तो बहुत छोटी थीं विवाह के समय-इसीलिए रोते-रोते ससुराल गयी थीं।

वहीं बैठे-बैठे फिर पूछा समर ने-सच-सच बताओ, क्यों रो रही हो कनक?

यह सुनकर कनक का रोना और तेज हो गया। साड़ी का पल्ला आँखों पर लगाकर फफक-फफककर रोने लगी वह।

-बोलो न, क्यों रो रही हो?

बहुत खुशामद की थी उस दिन समर ने। वर्षों बाद भी समर को उस रात की एक-एक बात याद थी। जीवन की स्मरणीय रात की स्मृति।

अन्त में समर ने पूछा था, मैं पसन्द नहीं हूँ तुम्हें, क्यों? सच-सच बताओ।

मिसेज दास के साथ जब समर की अच्छी घनिष्ठता हो गयी थी, तब उन्होंने भी पूछा था, तुमने बस उस रात को ही अपनी बहू को देखा था?

-हाँ, समर ने कहा था।

मिसेज दास ने कहा था, क्यों रो रही थी, इसका जवाब मिला था?

समर ने कहा था, सही कारण आज तक नहीं जान पाया मैं।

मिसेज दास ने पूछा था, फिर क्या हुआ?

-फिर मैं कनक के पास जाकर बैठ गया और उसका एक हाथ खींचकर हाथों में ले लिया। कितना नरम हाथ था, आज तक याद है मुझे। बहुत बार रात को अपना बायाँ हाथ दाहिने हाथ से दबाकर देखता हूँ, ऐसा लगता है जैसे कनक का हाथ दबा

रहा हूँ, जैसे उस दिन दबाया था। पर तुरत जैसे कोई ठोस धरती पर पटक देता है। कहाँ है उसका हाथ! कई बार तो सारी-सारी रात नींद नहीं आती, आँखें बन्द किये रोता रहता हूँ।

और यह कहते-कहते वह सचमुच ही बच्चे की तरह रो पड़ा था।

सामने झुककर मिसेज दास ने अपनी क्रेप सिल्क की साड़ी के आँचल से समर की आँखें पोंछते हुए कहा, ना, रोते नहीं, छिः-अच्छा बताओ क्या पियोगे? बड़े वीक हो तुम, बहुत सेण्टीमेण्टल। अब्दुल से एक कप स्ट्रांग चाय लाने को कहूँ?

अब्दुल मिसेज दास का खानसामा था।

समर बोला, नहीं मिसेज दास, मैं यहाँ बैठकर आपको बिना बात परेशान करता हूँ-अब चलूँगा।

एकदम से मिसेज दास बोलीं, नहीं, नहीं, चलोगे क्यों? मैं तो जरा भी परेशान नहीं होती। तुम्हारी बातें तो सुनना बहुत अच्छा लगता है मुझे! तुम्हारा कष्ट वास्तव में मैं फील कर सकती हूँ। अच्छा चाय नहीं काफी लाने को कहती हूँ।

और मधुर स्वर में आवाज लगायी उन्होंने, अब्दुल।

समर ने कहा, आपके पैर पड़ता हूँ मिसेज दास, ये सब बातें मिस्टर दास को मत बताइयेगा।

-क्यों, बताने में क्या हुआ। मैं और मिस्टर दास क्या अलग हैं?

-अलग तो नहीं हैं, लेकिन अपने मन की बात जिस तरह आपके सामने खोलकर कह सकता हूँ, वैसे और किसी से नहीं कह सकता। और आपके अलावा कोई समझ भी नहीं पायेगा-हँसेंगे सब सुनकर। एक थर्ड क्लास मेस में रहता हूँ मैं। वहाँ कोई नहीं जानता कि मैं बरानगर के विश्वास घराने का लड़का हूँ। उन्हें नहीं मालूम कि कभी मैं अपनी खुद की गाड़ी चलाता था। एक जमाना था, जब गवर्नर हमारे घर खाना खाने आता था। आपके अलावा किसी को मैंने यह सब नहीं बताया। कहने से विश्वास भी कौन करेगा।

समर की पीठ सहलाते हुए मिसेज दास ने कहा, सचमुच, तुम्हारे लिए बड़ा अफसोस होता है समर-काफी में चीनी ठीक है?

काफी का घूँट सटककर समर बोला, हाँ, ठीक है।

दो पल उपरान्त सान्त्वना भरे स्वर में मिसेज दास बोलीं, तुम बड़े सेण्टीमेण्टल हो समर। इतना सेण्टीमेण्टल होने से कहीं दुनिया में गुजारा है?

फिर जरा रुककर पूछा, तुम क्या विवाह से पहले किसी के लव में पड़े थे? याने किसी को प्यार किया था तुमने?

मिसेज दास की ओर देखा समर ने।

वह बोलीं, नहीं नहीं, मुझसे शर्म मत करो। मैं तो तुम्हारी वेलविशर हूँ–मैं तो तुम्हारा भला ही चाहती हूँ। तुम्हारे पास क्या नहीं था–घर, गाड़ी, नौकर–चाकर, वक्त सभी कुछ तो था और खूबसूरत भी थे–किसी को प्यार नहीं किया?

समर बोला, मुग्ध तो बहुतों को देखकर हुआ था मैं, पर प्यार से आपका क्या मतलब है, मैं समझा नहीं।

हँसी नहीं मिसेज दास। उसी तरह मधुर स्वर में बोलीं, प्यार नहीं जानते?

समर ने कहा, सच कह रहा हूँ मिसेज दास, आपसे परिचय होने से पहले प्यार किसे कहते हैं, मैं नहीं जानता था।

खिलखिलाकर हँस पड़ीं मिसेज दास।

बोलीं, दुर, पगला कहीं का। मेरा प्यार क्या वह प्यार है? मैं इस प्यार की बात नहीं कर रही।

मिसेज दास की उम्र काफी थी। समर से कम–से–कम सात साल बड़ी थीं। पर पाउडर, लिपस्टिक, रूज से सजी–सँवरी, रेशमी पोशाक पहने हर वक्त टिपटाप रहती थीं।

हल्के स्वर में हँसकर उन्होंने पुनः कहा, मैं इस प्यार की बात नहीं कर रही। कम उम्र के लड़के–लड़कियों के आपसी आकर्षण की बात कर रही हूँ। विवाह से पहले किसी से प्यार नहीं हुआ था? किसी को लेकर सिनेमा नहीं गये–किसी लड़की के साथ?

याद करके समर ने कहा, नहीं।

–किसी का चुम्बन नहीं लिया?

मिसेज दास ने यह हालाँकि सहज स्वर में ही पूछा था, पर समर के कान तक लाल हो गये, रक्त–प्रवाह एकदम से जैसे तेज हो गया। कुछ भी नहीं बोल पाया वह।

मिसेज दास बोलीं, शर्म की क्या बात है? मुझे बताने में कैसी शर्म? मैं तो किसी दूसरी वजह से पूछ रही थी।

सिर झुकाये हुए समर ने कहा, नहीं।

–किसी का भी नहीं?

–इच्छा तो हुई थी, पर...

–कनक का?

कनक का चुम्बन बस सुहागरात को लिया था। इतना कहते–कहते समर जैसे हाँफ उठा।

मिसेज दास ने कहा, बिलकुल ठीक किया था, हसबैण्ड का काम ही किया था। लेकिन उसके बाद उसका रोना थम गया था?

–हाँ, रोना थम गया था।

–थमता कैसे नहीं! अभिज्ञता भरे स्वर में मिसेज दास ने कहा।

समर ने आश्चर्य से पूछा, आपने कैसे जाना?

–मुझे मालूम है। मैं खुद औरत हूँ, यह नहीं जानूँगी! चलो छोड़ो फिर? फिर?

मिसेज दास से परिचय होने के बाद से समर अपनी हर अन्तरंग बात उन्हें बताने लगा था। उससे पहले कभी किसी को नहीं बता पाया था। माधव सिकदार लेन के मेस में आने के बाद वह बिलकुल बदल गया था। पूरा मेस बड़ा ही गन्दा लगता उसे। सारा दिन आफिस के बन्द कमरे में गुजारने के बाद एस्प्लेनेड की खुली हवा में आकर जरा जान में जान आती जैसे। दूसरी ओर कर्जन पार्क, फिर ईडेन गार्डन्स और फिर गंगा। निरुद्देश्य, अपने में खोया घूमता रहता वह। कभी-कभी हार्न बजाकर सावधान करती हुई कोई नयी गाड़ी बगल से सर्र से निकल जाती। चौंककर दो कदम पीछे हट जाता वह और जाती गाड़ी की ओर देखने लगता और सोचता, ड्राइविंग नहीं आती ठीक से, शायद नयी-नयी सीखी है। फिर आगे चल पड़ता, मूँगफली खरीदता और खाते-खाते टहलता रहता। जैसे मेस न लौटना पड़े तो अच्छा हो, वापस लौटने का जी ही नहीं चाहता था।–फिर वही माधव सिकदार लेन। फिर वही लिपटा बिस्तर खोलकर चित होना। छत पर धुएँ के छल्ले, दीवालों पर मकड़ियों के जाले और रसोई से निकलता दमघोंटू धुआँ।

रसोइया पूछता, बाबू, कल खाना नहीं खाया?

वह कहता, भूख नहीं थी, वह खाना भिखारी को दे देना।

रसोइया सब समझता था। कहता, बाबू आप लोगों को यह खाना भला कैसे भायेगा!

समर के हाव-भाव, चाल-चलन, बख्शीश देने से वह समझ गया कि किसी बड़े घर का लड़का था वह, भाग्य के फेर से मेस में रह रहा था।

पूजा के समय दस रुपये का नोट बख्शीश मिलने पर रसोइये ने कहा था अभी तुड़ाकर ले आता हूँ।

समर ने जवाब दिया था, नहीं, तुड़ाकर लाने की जरूरत नहीं है ठाकुर। वह पूरा ही तुम्हारा पूजा का इनाम है।

मेस में रहनेवाले करीब-करीब सभी लोग हर शनिवार को घर चले जाते। रविवार को मेस सुनसान हो जाता।

रसोइया कभी-कभी पूछ लेता, आपका घर कहाँ है बाबू?

–घर?

समर कहता, क्यों, यह क्यों पूछ रहे हो ठाकुर।

–सब घर जाते हैं, छुट्टी बिताकर आते हैं, आप कभी कहीं नहीं जाते।

विषय बदलकर अचानक समर कह उठता, यह क्या ठाकुर, आज चार मछली–बात क्या है?

–खाइये न बाबू, कोई नहीं है, इसलिए आपको दे दी।

समर पूछता, तुम लोगों के लिए तो है न?

और कहाँ बिन्दु खुशामद कर–करके खिलाती थी। विधु ने जाने कितनी बार डर दिखाकर दूध पिलाया था और अब देखने को भी नहीं मिलता था। घर पर गाय बँधी थी–आठ सेर रोज होता था। पिता ही एक सेर रोज पीते थे। उसके अलावा दही, छेना, मिठाइयाँ सब घर में ही बनता था।

माँ कहा करती, ए...खोका, खायेगा नहीं, उठ क्यों गया? मालपुआ खाता जा।

–अब नहीं खाया जायेगा, माँ, पेट भर गया।

–तो शाम को चाय के साथ खा लेना, रखे दे रही हूँ।

और शाम को! शाम आती तब तो! कहाँ बरानगर और कहाँ विद्यासागर कालेज। एक छोर से दूसरा छोर। कैण्टीन, रेस्टोरेण्ट, कामन रूम, जाने कहाँ सारा दिन निकल जाता। फिर शाम आती, 'महत् आश्रम' के गरम–गरम चाप कटलेट खाकर पेट भर जाता, घर की बात याद ही नहीं आती। इसी तरह कैसे दिन, रात, महीने, साल बीत जाते, पता ही नहीं चलता। फिर अचानक एक दिन गाड़ी खरीदी गयी।

अधर विश्वास ने स्वयं पसन्द करके गाड़ी खरीदी थी, पर बैठे एक दिन भी नहीं। हार्ट बहुत कमजोर था–डाक्टर ने गाड़ी में जाने–आने को मना कर दिया था। माँ भी चढ़ने को तैयार नहीं थीं।

बोली थीं, रहने दो, गाड़ी–वाड़ी में नहीं बैठना मुझे, वो ठीक हो जायें पहले।

वही गाड़ी उसके हाथ में आ गयी थी। शुरू–शुरू में एक महीना ड्राइवर था, उसी की बगल में बैठकर स्टीयिरिंग पर खुले मैदान में हाथ साधा था उसने। फिर तो न दिन रहा और न रात। कभी यशोहर रोड पर सीधा नजर की सीध में दौड़ता जाता तो कभी ग्राण्ड ट्रंक रोड पर बेखबर गाड़ी भगाता।

रोज कभी किसी के घर तो कभी किसी के।

बरानगर के लोग मुँह बाये गाड़ी की ओर देखते।

भूषण की दुकान पर पान बीड़ी खरीदने ग्राहक खड़े होते। एक कहता, पहले मुझे दे भूषण। तो दूसरा कहता, पहले मुझे दे, आफिस को देर हो रही है मुझे।

तीसरा कुछ कहता उससे पहले ही अधर विश्वास की गाड़ी जोर से हार्न बजाकर बगल से धूल उड़ाती चली जाती।

निताई हालदार कहता, कौन था रे? किसकी गाड़ी थी?

फिर स्वयं ही समझकर कहता, ओ...विश्वास बाबू का लड़का था। बाबा, हालत खराब होने से भी क्या होगा–मरा हाथी भी लाख का है–मैंने कहा था न केशव तुझसे। तू कह रहा था कि उनका मकान बिकनेवाला है–

केशव बाँडुज्जे कहता, तूने भले न कहा हो, पर मुहल्ले में तो सब यही कहते थे। मैंने तो अभी उस दिन अधर विश्वास के नौकर को दस रुपये की साग-भाजी-मछली खरीदते देखा था, समझे—

भूषण कहता, अरे, मेरे यहाँ से तो अभी भी दो रुपये रोज यानी नकद साठ रुपये महीने के पान जाते हैं—

लेकिन उसी विश्वास घराने की यह नौबत आयेगी, यह कौन जानता था!

शादी तय हुई तो घर तालाब की मरम्मत हुई, सफाई हुई, रंग रोगन हुआ, नाते रिश्तेदार आये, शहर के गण्यमान्य लोग भी निमन्त्रित हुए, बगीचे में नौबतवाले बैठे और फिर गाजे-बाजे के साथ सात बसों में भरकर बरात वृन्दावन लेन गयी। वहाँ भी खूब खातिर हुई।

मुहल्ले के भी सब गये थे—निताई हालदार, केशव बाँडुज्जे कोई भी तो नहीं छूटा था।

तृप्त होकर पान चबाते हुए निताई हालदार ने कहा था, पोना मछली का कलिया बहुत बढ़िया बना था, क्यों?

निताई ने कहा था, और दही? असली मुल्ला के चौक का था।

केशव ने कहा था, पान भी बड़ा मीठा है रे, मीठा पान, जरा भी झलझलाहट नहीं है।

भूषण ने बताया था, बहू भात के दिन के लिए मुझे विश्वास के यहाँ से पाँच हजार बीड़ों का आर्डर मिला है।

इतने में कन्या के भाई उन्हीं मधुसूदन सेन से सामना हो गया था। हाथ जोड़कर उन्होंने खुश होकर पूछा था—

सब ठीक रहा न? अकेली जान, हर तरफ देख नहीं पाया।

निताई हालदार ने कहा था, मैंने तो आपसे तभी कहा था सेन महाशय। मनचीता समधियाना मिलेगा—क्यों, नहीं कहा था?

मधुसूदन बाबू ने जवाब दिया था, हाँ, आपने ठीक कहा था, विश्वास महाशय सज्जन पुरुष हैं, एक पैसा दहेज नहीं लिया। कह दिया, विश्वास वंश में दहेज लेना पाप समझा जाता है। इसलिए पिता जी जितना भी रुपया बहन के विवाह के लिए छोड़ गये थे, सबका जेवर-कपड़ा व सामान बना दिया।

वास्तव में अधर विश्वास ने एक पैसा भी नकद नहीं लिया था। वह क्या लड़का बेच रहे थे, जो दहेज लेंगे। दहेज तो वो लेते हैं जो दो पीढ़ियों के अमीर हैं।

परन्तु विपत्ति आयी सुहागरात के दिन। बहूभात के लिए लोगों का जमघट लगा हुआ था। ड्योढ़ी पर नौबत बज रही थी। एक-एक पंगत बैठती और खाकर उठ रही थी। घर के अन्दर नयी बहू को सजाकर चौकी पर बैठाया हुआ था। बिलकुल लक्ष्मी लग रही थी बहू। अब घर में रौनक हो जायेगी। कुटुम्ब के कुछ लोग अलग

मकान बनाकर रहने चले गये थे और कुछ मर गये थे। एक अधर विश्वास बाकी बचे थे जो तेल खत्म हुए दीये की बत्ती की तरह टिमटिमा रहे थे। लोग सोचते थे, बस गिरनेवाले हैं यह लोग, अब कोई आशा नहीं इनके उठने की। घर भी ढहेगा और बाकी सब भी बिक जायेगा। फिर जैसा ऐसे में होता है, वही होगा।

पर पहला भ्रम तो तब टूटा, जब अधर विश्वास ने गाड़ी खरीदी।

मुन्शी जी ने एक बार पूछा था, इस समय गाड़ी खरीदेंगे मालिक?

अधर विश्वास ने कहा था, हाँ, गाड़ी खरीदे बिना सम्मान नहीं रहेगा।

–जी, पर गाड़ी की कीमत तो देखिये!

लापरवाही से अधर विश्वास ने कहा था, उसकी फिकर तुम्हें नहीं करनी पड़ेगी। मैं अभी जिन्दा हूँ।

समर भी खबर सुनकर स्तम्भित रह गया था। अन्त में जब वास्तव में गाड़ी आकर खड़ी हो गयी थी, तो सच माना था। निस्तारिणी खा-पीकर आराम कर रही थीं। लड़के ने जाकर पूछा, माँ, गाड़ी आ गयी!

निस्तारिणी ने उदासीन होकर कहा था, तो मुझसे क्या पूछ रहा है, जिनकी गाड़ी है उनसे पूछ।

गाड़ी आयी जरूर, लेकिन अधर विश्वास बैठ नहीं पाये। उसी दिन से तबीयत खराब हो गयी थी। धीरे-धीरे शरीर का ह्रास होने लगा था।

समर पूछता तो निस्तारिणी कहतीं, तुझे गाड़ी चलाने का शौक है तो उनसे कह न जाकर।

परन्तु उनके सामने जाकर कहने का साहस कहाँ था।

अन्त में निस्तारिणी ने भी कहा था। कहा था, गाड़ी तो यूँ ही खड़ी रहती है– खोका कह रहा था–

आँखें बन्द किये लेटे थे अधर विश्वास। आँखें खोलकर उनकी ओर देखा पर मुँह से कुछ नहीं कहा था। वह समझ गयी थीं कि नाराज नहीं हुए थे वह। लड़का अगर चलाना चाहता है तो चलाये। वह सब कितने दिन के हैं।

आखिर एक दिन लड़के ने ही गाड़ी निकाली। तेल खरीदने को पैसे निस्तारिणी ने दिये थे।

फिर तो बस निस्तारिणी के पास जाकर मुँह से 'माँ' कहने भर से हो जाता था। वह समझ जाती थीं। कहतीं, क्यों, तेल खत्म हो गया है?

यह कहकर आँचल में बँधी चाबी से सन्दूक खोलकर रुपये निकालकर दे देतीं।

जब वह चलने को होता तो कहतीं, देख खोका, सावधानी से चलाना, धक्का-वक्का मत लगा देना!

समर को जाने की जल्दी होती। झट से कहता, नहीं माँ, मैं तो बहुत सावधानी से चलाता हूँ, ज्यादा दूर जाता ही नहीं मैं।

ज्यादा दूर नहीं जाता कह देने से क्या ज्यादा दूर जाने का लोभ संवरण किया जा सकता था। बरानगर से सीधा श्याम बाजार चला जाता, वहाँ से कालेज स्ट्रीट और फिर भवानीपुर। भवानीपुर से बालीगंज। दलबल के साथ हवा की गति से मोटर भगाता, ट्रेन से होड़ करता। और रात को गैरेज का टीन का दरवाजा इतनी आहिस्ता खोलता कि आवाज न हो, पिता की नींद न टूट जाये।

उसके बाद फिर निस्तारिणी के पास जाना पड़ता। कभी तेल के लिए तो कभी खर्च के लिए। कभी बीस तो कभी पचास। वह सन्दूक खोलतीं और रुपये निकलाकर दे देतीं।

तरह-तरह के परामर्श देते रहते सारे मित्र मिलकर। कोई गाड़ी से काश्मीर जाने की सलाह देता तो कोई कहीं और। कहाँ से रुपया आता था और कहाँ से आयेगा, इन सब बातों की चिन्ता करने की जरूरत ही नहीं थी। हाथ फैलाते ही निस्तारिणी दे देतीं। इकलौता लड़का था-बड़ा आज्ञाकारी।

अलवान ओढ़े अधर विश्वास जब तालाब के घाट पर हवा खाने बैठे होते, तब जरा दुविधा होती। लेकिन दबे पाँव जाकर गाड़ी निकालता और सर्र से बगल से निकल जाता। एक यान्त्रिक आवाज होती और जरा-सा धुआँ उड़ता-बस। एक बार आँखों की ओट हो गये तो कोई फिक्र नहीं।

आवाज सुनते ही अधर विश्वास गर्दन घुमाते।

कौन?

कोई जवाब नहीं देता। कोई नहीं होता आस-पास।

फिर कहते-कौन?

कौन जवाब देता? तब तक तो गाड़ी कहीं-की-कहीं पहुँच गयी होती। बगीचे के बाहर बड़ी सड़क पर तब तक थोड़ी धूल उड़ती दिखायी देती, उस ओर एकदृष्ट निहारते चुप बैठे रहते वह। मन-ही-मन क्या सोचते कोई नहीं जान पाता।

जान पाये समर की सुहागरात को।

बहुत रात हो गयी थी। आमन्त्रित व्यक्ति सब चले गये थे। नौबत बजनी बन्द हो गयी थी। केवल घर के पीछे जूठी पत्तलों के लिए भिखारियों व कुत्तों की छीनाझपटी हो रही थी।

समर बोला, मैं तुम्हें केवल कनक कहकर बुलाया करूँगा, क्यों?

नयी बहू के आँसू तब तक सूखने को आ गये थे। जवाब नहीं दिया उसने।

समर बोला, आज सुहागरात है, आज मुझसे बात करनी चाहिए, यह मालूम है?

सिर उठाया नयी बहू ने।

समर ने कहा–मेरे सारे मित्र बहुत प्रशंसा कर रहे थे तुम्हारी, कह रहे थे बड़ी सुन्दर हो।

फिर से गर्दन झुका ली नयी बहू ने। समर को लगा जैसे उसके ओंठों पर एक क्षीण-सी मुस्कुराहट आ गयी थी।

खुश होकर वह बोला, अब तक यार दोस्तों के साथ घूमता था अब तुम आ गयी हो, तुम्हारे साथ घूमूँगा।

फिर जरा रुककर बोला, चलो, इस बार गूमयों में काशी चलोगी?

नयी बहू ने फिर से मुँह उठाकर देखा था शायद।

समर ने पूछा था, माँ को छोड़कर जाने में दुःख होगा, क्यों?

सिर हिला दिया था उसने।

तो फिर क्या कहना। मैं तो साथ रहूँगा ही, दोनों आराम से जायेंगे। मेरे साथ जाने में डर तो नहीं लगेगा?

इस बार वास्तव में कनक के चेहरे पर मुस्कुराहट स्पष्ट हो गयी थी।

समर ने कहा था, अरे वाह, मुस्कुराती हो तो कितनी सुन्दर लगती हो। फिर से मुस्कुराओ ना एक बार–बस एक बार।

कमरे के खिड़की-दरवाजे सब अच्छी तरह बन्द थे, इसलिए बाहर की आवाज अन्दर आने की बात नहीं थी। पर तब भी समर को अचानक ऐसा लगा था जैसे बाहर कोई गड़बड़ थी। जैसे बहुत-से लोग लकड़ी के जीने से जल्दी-जल्दी चढ़-उतर रहे थे।

और उसके बाद तुरत ही किसी ने दरवाजा थपथपाया था।

–कौन? जरा गुस्से से उसने पूछा था।

गुस्से की बात ही थी। पर तब भी मिजाज ठीक रखकर उसने दुबारा पूछा था, कौन है?

–मैं खोका बाबू, विधु, विधुवदन!

झट से उठकर दरवाजा खोलते ही विधु का रुआँसू चेहरा दिखायी दिया था। समर के सामने खड़ा देखकर भी वह कुछ कह नहीं पा रहा था।

समर ने पूछा था, बोल न, क्या हुआ? मुँह फाड़े क्या देख रहा है खड़ा-खड़ा?

–खोका बाबू, बाबू को जाने क्या हुआ है।

–पिता जी?

समर जैसे आसमान से गिरा। अधर विश्वास ने ठीक वक्त पर ही खाया-पिया था। उनके लिए अलग व्यवस्था की गयी थी। डाक्टरों के मना कर देने के कारण वह

अधिक चले-फिरे भी नहीं थे। आनेवालों में से कुछ लोग स्वयं जाकर उनसे मिल आये थे।

बहुतों ने कहा था, बहुत अच्छी बहू मिली विश्वास महाशय, विश्वास घराने के उपयुक्त है बहू।

उन्होंने कहा था, तुम लोगों ने ठीक से खाया-पिया न?

सबने कहा था, इन सब बातों की आपको चिन्ता करने की जरूरत नहीं है, आयोजन में जरा भी त्रुटि नहीं हुई। बहुत दिन बाद पेट भरकर खाया।समधियाना भी अच्छा मिला आपको।

वह बोले थे, बहू के बाप नहीं हैं ना, जो कुछ भी किया भाई ने किया, मैं तो बस लड़की का रूप देखकर लाया हूँ, न वंश देखा और न माँ-बाप।

उन लोगों ने कहा था, आपकी बहू के रूप की तुलना नहीं की जा सकती विश्वास महाशय, रूप की प्रतिमा है वह।

फिर एक-एक करके सब चले गये थे। सारा घर पुनः निस्तब्ध हो गया था। अधर विश्वास अपने कमरे में जाकर लेट गये थे। तब भी कोई तकलीफ नहीं थी। फिर कब नींद आ गयी थी, पता भी नहीं चला था। निस्तारिणी भी आयी और आकर बगल में निढाल पड़ गयी थीं।

अचानक किसी के गले से निकलती गों-गों की आवाज से नींद टूटी तो हड़बड़ाकर उठ बैठी थीं निस्तारिणी। बगल के बाथरूम में बत्ती जल रही थी। उसी प्रकाश में देखा कि पति का चेहरा जाने कैसा हो गया था।

जल्दी से बिस्तर से उठकर कमरे की बत्ती जलायी। पास जाकर देखा चेहरा नीला पड़ता जा रहा था। यन्त्रणा से मांसपेशियाँ सिकुड़ गयी थीं।

पुकारा, अजी, सुनते हो।

कोई उत्तर नहीं मिला। क्या करें समझ में नहीं आया। बड़ा डर लगने लगा। ऐसा तो कभी नहीं हुआ था। दरवाजे से बाहर जाकर आवाज लगायी, बिन्दु...ओ बिन्दु।

बिन्दु के आते ही बोलीं, जल्दी से विधु को बुलाकर कह डाक्टर बाबू को बुलाकर लायेगा।

जरा देर पहले ही दावत खाने आये थे डाक्टर बाबू, फिर आये। देखा-भाला, परन्तु देखने लायक तब तक कुछ रह ही नहीं गया था। सब शेष हो चुका था।

तब विधु ने जाकर खोका बाबू के दरवाजे का कुण्डा खटकाया था।

और कुछ कहने की आवश्यकता नहीं पड़ी। निस्तारिणी पलँग के पास सिर झुकाये बैठी थीं। विधु-बिन्दु खड़े थे। विवाह के उपलक्ष्य में आये सगे-सम्बन्धी सब चुप खड़े थे।

समर भी आकर पहले तो खड़ा हो गया था और फिर माँ के पास जाकर चीख मारकर रो पड़ा था।

मिसेज दास ने पूछा था, उसके बाद?

उसके बाद की घटना भी विस्तारपूर्वक बतायी थी समर ने। बिना बताये कोई चारा ही नहीं था। इतने साल बाद किसी से मन की सारी बातें कहकर बड़ा हलका अनुभव कर रहा था। जब अकेले सड़कों पर भटकते-भटकते भी शान्ति नहीं मिलती थी मन को; ठीक उस समय मिसेज दास के साथ परिचय होना वरदान-सा लगा था उसे।

याद था, उस रात फिर कनक से साक्षात् नहीं हुआ था। सारा घर शोकाच्छन्न हो गया था। मृत्यु ने एक पल में सारे आनन्द को ग्रस लिया था। सारा उत्सव जैसे किसी ने फूँक मारकर विषाद में परिणत कर दिया था। कहाँ रह गयी नयी बहू और किसकी सुहागरात-फूलों की सेज-सब पर जैसे जादू की छड़ी फेर दी थी किसी ने।

खबर पाकर सुबह ही कनक के भाई आ पहुँचे थे।

सब लोग श्मशान गये हुए थे। वहाँ से लौटने में भी काफी देर हो गयी थी उस दिन। बरानगर के विशिष्ट व्यक्ति थे अधर विश्वास। खबर लगते ही सब फिर आ गये थे। पिछली रात जो बेटे के विवाह की दावत खाकर गये थे, वही सुबह सहानुभूति जताने आये थे। कुछ लोग श्मशान भी गये थे और कुछ बगीचे तक मुँह दिखाकर लौट गये थे। तब तक शामियाना बँधा था। बगीचे के कोने में जूठी पत्तलों पर चील-कौओं का उत्पात चल रहा था।

मधुसूदन सेन ने चुप खड़े रहकर सब देखा-सुना। क्या हुआ था यह पूछा।

दुःख की रात भी बीत जाती है। लेकिन निस्तारिणी ने उस दिन से दाँत से तिनका भी नहीं पकड़ा। हजार मिन्नतें करके भी उन्हें कुछ भी खिलाया-पिलाया न जा सका। बालीगंज से छोटी देवरानी आकर जिठानी के सिरहाने बैठी रही, बहुत सान्त्वना दी, समझाया-बुझाया। पर व्यर्थ।

बहू के भाई ने पास आकर बात उठायी।

बोले, आपसे कहने का साहस तो नहीं हो रहा, घर पर ऐसी घोर विपदा का समय है, पर कहे बिना रहा भी नहीं जा रहा। अगर कनक को दो-चार दिनों के लिए भेजने की अनुमति दे देतीं तो...

निस्तारिणी ने हाँ या ना कुछ भी नहीं कहा मुँह से।

मधुसूदन कहने लगे, मेरी बहन है, इसलिए नहीं कह रहा, पर हम लोग उसे जानते हैं ना, वह मुँह से कभी कुछ नहीं कहेगी-माँ बहुत दुःखी हो रही हैं, उन्होंने कहलाया है कि अगर इस समय आप उसे उनके पास भेज देतीं।

समर का अशौच चल रहा था। सफेद थान के एक वस्त्र में शरीर लपेटकर घूमता, हाथ में आसन होता। अशौच अवस्था में पति-पत्नी का एक कमरे में सोना निषिद्ध था। उतने बड़े मकान में कहाँ बहू रहती और कहाँ वह, पता ही नहीं चलता। और फिर काम भी बहुत था। नाते-रिश्तेदार आते-कोई काम से तो कोई शोक प्रकट करने। अलग-अलग लोगों से अलग-अलग तरह की बातें करनी पड़तीं। श्राद्ध का आयोजन भी उसे ही करना था, और कोई तो था नहीं। चाचा ताऊ भी नहीं थे-कोई पास आकर खड़ा होनेवाला नहीं था। निमन्त्रण से लेकर तर्पण तक सब-कुछ उसी का करणीय था। निस्तारिणी ने तो उसी दिन से जो खाट पकड़ी तो उठी ही नहीं थीं, मुँह में अन्न का दाना भी नहीं डाला था।

बेटा पास जाकर पुकारता, माँ!

वह सिर जरा-सा उठाकर आँखें खोलतीं और फिर बन्द कर लेतीं।

वह फिर बुलाता, माँ!

और निस्तारिणी की आँखों से गंगा-जमुना बह निकलती। लड़के को देखकर अपने को रोक नहीं पातीं वह। कितनी साध थी उन्हें, कितने अरमान थे। लड़के का विवाह किया, सोचा था बहू का मुँह देखकर बाकी जीवन शान्ति से बिता देंगी। पति भी शायद ठीक हो जायेंगे-चल फिर सकेंगे। फिर से घर में रौनक हो जायेगी, नाती-नातिनियों की किलकारियों से घर गूँज उठेगा।

पति कभी कुछ कहते ही नहीं थे, सदा से गम्भीर थे। विश्वास घराने के सभी पुरुष गम्भीर व कम बोलनेवाले थे। ससुर भी ऐसे ही थे। आखिरी दिनों में उनकी जुबान बन्द हो गयी थी, मरते समय कुछ भी नहीं कह पाये थे। फिर तो धीरे-धीरे घर खाली हो गया था, खाने को दौड़ता था, सोकर, बैठकर, लेटकर, कैसे भी समय नहीं बीतता। पति उठकर खड़ाऊँ पहनकर खट-खट करते हुए नीचे उतरते तो फिर नीरवता छा जाती। बस कबूतरों की गुटरूँ गूँ सुनायी देती रहती। और खोका सारे दिन जाने कहाँ रहता। सोचा था बहू आयेगी तो फिर सब जुड़ जायेंगे, सारी क्षतिपूत हो जायेगी।

-माँ, ओ माँ!

उसको उस हाल में देखकर दिल की पीड़ा उभर उठती। आँसू छुपाने को तकिये में मुँह छुपा लेतीं वह।

एक दिन कनक के कमरे में जाने का मौका मिला समर को। नयी बहू थी, शायद ठीक से सबको जान नहीं पायी थी। उसे देखते ही घूँघट निकाल लिया था। मैले कपड़े थे नयी बहू के बदन पर। ससुराल आते ही अशौच का पालन करना पड़ा था। क्या कहे वह सोच ही नहीं पाया। कमरे में घुसते ही उसे देखकर भौंचक रह गया था वह।

जरा देर बाद बोला, भैया आये थे, मिल लीं?

कुछ नहीं बोली कनक।

उत्तर की प्रतीक्षा की समर ने। कनक को इस हालत में देखने की कल्पना नहीं की थी उसने। कमरे की आलमारी के शीशे में उसका स्वयं का चेहरा भी प्रतिबिम्बित हुआ तो विश्वास ही नहीं हुआ कि वह था। कैसा बदसूरत लग रहा था। इतने दिन अपनी ओर देखने का भी मौका नहीं मिला था। और कनक! सुहागरात का वह उतना-सा सान्निध्य। सान्निध्य घनिष्ठ होने को आ ही रहा था। वह गहने, वह साड़ी, वह सुनहरी जरी के गोटे से बँधा जूड़ा-उसी की आशा की थी क्या उसने आज भी। उस दिन तो कनक उस घर में नयी बहू थी और आज जैसे वह पुरानी हो गयी थी। पिछले दो-चार दिनों में ही पुरानी पड़ गयी थी। क्यों हुआ ऐसा? किसकी वजह से हुआ? किसके अपराध से हुआ? समर के अपराध से? पर उसने तो कोई अपराध, कोई अन्याय नहीं किया था।

कुछ देर दोनों आमने-सामने चुप खड़े रहे।

फिर समर बोला, भैया कह रहे थे, यहाँ तुम्हें परेशानी हो रही है?

इसके बाद क्या कहे, समझ ही नहीं पाया वह। सब जैसे गड़बड़ा गया था। पसीना छूट गया था।

फिर कुछ सोचकर पूछा, तुम जाओगी वहाँ? भैया के पास?

अब तक कनक ने एक शब्द मुँह से नहीं निकाला था।

इस बार मुँह उठाकर कहा, हाँ।

समर ने जैसे ठीक नहीं सुना। बोला, तुम सचमुच जाना चाहती हो?

इसके उत्तर में कनक ने कुछ नहीं कहा।

समर बोला, यह भी ठीक है, पिता तो मेरे मरे हैं, उसके लिए तुम क्यों व्यर्थ में कष्ट उठाओगी? पर एक बात पूछूँ तुमसे कनक?

सिर ऊँचा उठाया कनक ने।

समर बोला, माँ की मंजूरी तो लेनी चाहिए। उस दिन से माँ ने कुछ भी नहीं खाया-पिया-मेरी बात तो चलो छोड़ दो-पर...

समर ने सोचा था, इस पर शायद वह कुछ कहेगी, पर कुछ भी नहीं कहा कनक ने।

समर ने फिर कहा, मुझे बड़ा कष्ट होगा, सच कनक। तुम सोच भी नहीं सकती, मुझे कितना कष्ट होगा-हालाँकि तुम्हारे साथ रहा ही कितना।

फिर और निकट खिसक आया था वह और एकदम धीरे से पूछा था, अच्छा सच-सच बताओ, तुम्हें भी कष्ट होगा न, क्यों?

कनक ने फिर से सिर झुका लिया।

समर ने कहा, पता है कनक, मेरी बात का तुम विश्वास तो नहीं करोगी, पर पिछले सात रातों से मैं सोया नहीं, दिन को भी आराम नहीं मिला, श्राद्ध की सूची

बनानी पड़ती है रोज। परन्तु रात को जैसे ही लेटता हूँ, आँखें नींद से बन्द होने लगती हैं कि तुम्हारी सूरत सामने आ जाती है और नींद उड़ जाती है। सारी रात जागकर काट देता हूँ।

बात कहकर जबर्दस्ती हँसने का प्रयत्न किया समर ने।

फिर बोला, और तुम? तुम तो आराम से खर्राटे भरती होंगी, क्यों?

कुछ बोली नहीं कनक, लेकिन समर को लगा जैसे कनक ने सिर हिलाया।

फिर बोला, तुम भी नहीं सोती, क्यों है न कनक? तुम्हें भी नींद नहीं आती ना?

कोई जवाब नहीं दिया कनक ने।

समर ने आगे कहा, जानती हो कनक, शादी से पहले बड़ी फिक्र में पड़ गया था मैं। सोचता था, जाने कैसी लड़की होगी। लेकिन शुभदृष्टि के समय जब पहली बार तुम्हें देखा तो मन खुश हो गया।

फिर कुछ क्षण चुप रहकर बोला, अच्छा, शुभदृष्टि के समय तो तुमने भी मुझे देखा था न? तो मुझे देखकर तुम्हें कैसा लगा था कनक? बताओ ना?

कहते-कहते और पास खिसक आया था समर।

उसके पास आते ही कनक पीछे हट गयी।

समर ने फिर पूछा; बताओ ना, सच, बड़ी इच्छा होती है जानने की-बताओ ना कनक।

इतनी देर बाद कनक की जुबान खुली थी।

बोली, छुओ मत मुझे-जानते नहीं, ऐसे में नहीं छूते।

एकदम से पीछे हट गया समर। सँभाल लिया स्वयं को।

बोला, जानता हूँ कि नहीं छूते, लेकिन जाने कब यह अशौच खत्म होगा और कब तुम्हें छू पाऊँगा।

फिर कुछ पल चुप रहकर बोला, पर तुम क्या सच में जाओगी? सचमुच जाना चाहती हो तुम? शायद यहाँ तुम्हें तकलीफ हो रही है। माँ के पास जाकर थोड़ा आराम मिलेगा। भैया भी यही कह रहे थे-लेकिन पहले एक वादा करो-

सिर उठाकर कनक ने समर की ओर देखा।

वह बोला, वादा करो, रोज एक चिट्ठी लिखोगी मुझे!

फिर दो पल रुककर बोला, तुम्हारी चिट्ठी पाकर हो सकता है रात को नींद आ जाये, नहीं तो किसी भी काम में मेरा मन नहीं लगेगा कनक। भले ही इन दिनों तुमसे मिलना नहीं होता पर यह तो तसल्ली थी कि तुम घर में हो, एक छत के नीचे-पर तब! तब तुम्हारी चिट्ठी भी नहीं मिली तो दम घुटने लगेगा कनक। बहुत दुःख होगा मुझे-बोलो, चिट्ठी डालोगी। बोलो ना?

मुस्कुरा दी कनक।

बोली, डालूँगी।

–डालोगी ना? देखो, अगर तुम्हारी चिट्ठी नहीं मिली तो तुम्हारे घर दौड़ आऊँगा–फिर यह मत कहना कि मुझे सबके सामने शर्मन्दा किया। दोष मत देना मुझे।

उसी दिन मधुसूदन सेन को खबर भिजवा दी गयी। गाड़ी लेकर आ गये वह।

कनक ने सास के कमरे में जाकर पैर छूने के लिए जैसे ही हाथ बढ़ाये, निस्तारिणी ने पाँव खींच लिये।

बोलीं, रहने दो बहू, ऐसे में पैर नहीं छूते।

समर से मिलकर जाना भी जरूरी था। उसके कमरे में पहुँचते ही वह दोनों हाथ बढ़ाकर बाँहों में भरने को जैसे ही आगे बढ़ा कि तिरछी नजर डालकर कनक बोली, छिः!

हड़बड़ा–सा गया समर। कनक के सामने खुद को बड़ा बौना–सा महसूस किया। इतना छोटा था वह! इतना भी संयम नहीं था उसमें! इतना– सा आत्म संवरण नहीं कर सकता वह!

कनक ने कहा, अच्छा चलूँ–?

कनक की मुस्कुराहट देखकर सब–कुछ भूल गया समर। मन का सारा विषाद घुल गया।

बोला, तुमने वादा किया है, याद है ना?

कनक बोली, इस समय ऐसी बातें नहीं करते, जानते नहीं?

–जानता हूँ, लेकिन तुम्हें दूर भेजने में डर लगता है मुझे।

कनक दरवाजे की ओर चली ही थी कि समर ने बुलाया–

–सुनो, एक बार और सुन जाओ कनक।

पास आ गयी कनक। बोली, क्या है?

–तुम मुझे भूल तो नहीं जाओगी।

मुस्कुरा दी कनक। एक अभिनव मुस्कान। जैसे समर को पागल समझ रही हो।

समर ने कहा, मैं सचमुच पागल हो गया हूँ कनक–ऐसा लग रहा है, जैसे तुम मुझसे बहुत दूर चली जा रही हो।

कनक बोली, मैं तो लौट आऊँगी यहीं।

पर समर को जैसे विश्वास नहीं हुआ।

बोला, आ जाओगी ना?

–तुम इतना मत सोचो, मैं दो–चार दिन में ही आ जाऊँगी।

फिर जाते–जाते पीछे घूमकर बोली, प्रणाम नहीं करते ऐसे में इसलिए नहीं किया–बुरा मत मानना।

देखा, समर जहाँ-का-तहाँ अचल खड़ा था। मुँह गम्भीर था। उसकी ओर देखकर मुस्कुराते हुए कहा, अच्छा चलूँ अब?

कहकर पलटी और चली गयी। नीचे भैया गाड़ी लिये खड़े थे। गले तक घूँघट निकालकर जल्दी से गाड़ी में जाकर बैठ गयी। सामान पहले ही विधु ने गाड़ी में रख दिया था। गाड़ी स्टार्ट हुई और सर्र से तालाब के बगल से पीछे धूल का गुब्बार छोड़ती हुई चली गयी।

मिसेज दास ने पूछा, फिर उसके बाद?

मिसेज दास के पास पहुँचकर समर जैसे जी उठा था। ऐसे कौन उसकी व्यथा समझ सकता था, कौन सहानुभूति दिखा सकता था! हालाँकि मिसेज दास से उसका सम्पर्क ही क्या था! कुछ भी तो नहीं। बरानगर के विश्वास घराने का लड़का कहकर सम्मान जतानेवाला कौन रह गया था? और विश्वास घराने का नाम ही कौन जानता था अब! पुराने दो-चार बुड्ढे-टुड्ढे रह गये थे बस उस जमाने के, जिन्हें मालूम था। और पुराने जमाने की बात भी कैसे कह दें। अधर विश्वास जब तक जीवित थे, तब तक उसे मोटर चलाते देखकर लोग मरा हाथी सवा लाख का कहते थे। पर अब सब भूल-भाल गये थे। उसके बाद वह मकान भी नहीं रहा और ना ही कभी वह बरानगर की तरफ गया। सुना था कि मकान के हिस्से हो गये थे, किरायेदारों ने कब्जा कर लिया था। करते रहें, उसकी बला से। खड़ा रहे या टूट-फूटकर धूल में मिल जाये, उसे क्या करना। नीचे गिरते-गिरते जिस दिन माधव सिकदार लेन के मेस में पहुँचा था, तब भी अपना परिचय नहीं दिया था उसने। यह नहीं बताया था कि वह विश्वास घराने के अधर विश्वास का लड़का था। कलकत्ते में रहनेवाले सारे रिश्तेदारों से उसने सम्बन्ध विच्छिन्न कर लिये थे। किसी के सामने जाकर खड़ा नहीं हुआ था वह, किसी के सामने हाथ नहीं फैलाया था उसने।

माँ का एक गहना बचा था, अन्त में उसे भी बेचकर बदन के कपड़ों में निकल आया था वह।

मेस में बनमाली बाबू ने बस इतना पूछा था, आपका नाम क्या है?

उसने कहा था, समरचन्द्र विश्वास।

पिछले पचास सालों से बनमाली बाबू उस मेस में थे। मैनेजरी की नौकरी जीवन भर के लिए पक्की हो गयी थी उनकी।

जैसे स्वयं से कहा था उन्होंने हम लोग जाने-पहचाने लोगों के अलावा किसी को इस मेस में नहीं रखते, जैसा जमाना आया है, उसमें हरेक का विश्वास तो किया नहीं जा सकता। पर आप कह रहे हैं कि आपका कोई ठिकाना नहीं है-तो कुछ दिन रह लीजिये। लेकिन जगह ढूँढ़ लीजियेगा जल्दी। पहले ही कहे दे रहा हूँ।

परन्तु न तो कोई जगह ली गयी और ना ही मेस बदला गया। परिचय बता देने पर सुविधा ही होती उसे। लोगों की सहानुभूति भी शायद मिल जाती। 'बेचारा' शब्द भी नाम के साथ जुड़ जाता।

किन्तु वंश परिचय देने में भी उसे जैसे हीनता का बोध होता था। यद्यपि न जाने कितनी बार बरानगर मकान को देखने के लिए मन छटपटाता था। आखिर तो वहाँ जन्मा था, पला था, बड़ा हुआ था–इतनी उम्र गुजारी थी वहाँ।

तब तक सरकारी नौकरी नहीं मिली थी उसे। तब तक सड़कों पर मारा–मारा फिरता था वह।

भूधर बाबू ने तो उसे पहले बुलाकर पास बैठाया था।

कहा था, बैठो बैठो, तुम्हीं विश्वास घराने के लड़के हो? क्यों, हुआ क्या था?

समर ने कहा था, पिता जी पर कर्ज बहुत था, हमें किसी को पता नहीं था?

–अभी उस दिन तो अधर विश्वास ने लड़के के विवाह में मुहल्ले भर के लोग बुलाये थे–कितने भाई–बहन हो तुम लोग?

–मैं अकेला हूँ।

–ओ...तो तुम्हीं अकेले लड़के हो विश्वास महाशय के। अन्त में तुम्हारी तकदीर में नौकरी करनी लिखी थी?

नाम–धाम सब छुपा जाने की इच्छा थी समर की। लेकिन भूधर बाबू दरख्वास्त देखकर सब जान गये थे। उसका मन वहाँ से भाग जाने को हुआ था, लेकिन कोई उपाय नहीं था।

भूधर बाबू कैशियर थे। तकदीर से उनके रिटायर होने में चार–पाँच महीने बाकी थे।

बोले थे, और थोड़े दिन बाद आते तो मैं मिलता ही नहीं, फिर कौन नौकरी देता–हाँ तो बाल–बच्चों के साथ बड़ी मुसीबत उठानी पड़ रही होगी तुम्हें।

–बाल–बच्चा नहीं हुआ।

–चलो, बहुत बचे, जो बाल–बच्चा नहीं हुआ अब तक–पर तब भी दो आदमियों का खर्च तो है इस जमाने में! खाने–पहनने में क्या कम खर्च होता है? फिर मकान का किराया। मकान ले लिया ना?

–जी नहीं, मेस में हूँ अभी।

–और पत्नी को शायद बाप के यहाँ भेज दिया है? ठीक ही किया, नौकरी मिल जाने पर ही मकान लेना उचित है। हाँ तो विश्वास महाशय क्या कुछ भी नहीं छोड़ गये?

समर ने कहा था, हाँ, हाँ, छोड़ गये थे।

–कितना रुपया छोड़ गये थे? उत्सुकता से भूधर बाबू ने पूछा था।

–तेरह लाख का कर्ज छोड़ गये थे।

चौंक पड़े थे भूधर बाबू। सर्वनाश! वह सारा कर्जा लड़के को चुकाना पड़ा था?

ये सारी बातें किसी बाहर के आदमी को बताने को जी नहीं चाहता समर का। तेरह लाख का देना! फिर अन्त तक क्यों इतने नौकर-चाकर, मुन्शी, गुमाश्ते, इतना खाना-पीना, आडम्बर अनुष्ठान होता था कौन जाने! इतने कर्जे के बाद भी क्यों गाड़ी खरीदी गयी थी! क्यों कभी किसी को नहीं बताया! क्यों नहीं बताया उसे। नहीं तो वह इस तरह रुपया क्यों उड़ाता। भूषण की दूकान से दो रुपये रोज के तो बीड़े आते थे। भूतो थैले भर-भर मछली और साग-सब्जी लाता था, जबकि खानेवाले कितने थे। उसे भी तो दहेज में बहुत सा रुपया मिल सकता था। कितने चक्कर लगाते थे लोग। पर क्यों वह दहेज लेने के विरुद्ध थे, कौन जाने! लड़का नहीं बेचेंगे! कहते थे, विश्वास घराना लड़का बेचने का कारबार नहीं करता-बस लड़की सुन्दरी रूपसी होनी चाहिए-अपूर्व रूपसी! बस यही एकमात्र शर्त थी उनकी।

और कनक उनकी शर्त पर पूरी उतरी थी। मात्र कुछ घण्टों का परिचय था उसके साथ, लेकिन क्या पागलपन था समर का।

जाते समय कनक वापस आने का वादा कर गयी थी। अपनी बात रखी थी उसने। पण्डित ने कहा था, श्राद्ध के अनुष्ठान में बहू को भी आना पड़ेगा। इसलिए श्राद्ध के दिन भैया ही ले आये थे उसे। तब तक पूरा घर पुनः उत्सव मुखर हो उठा। फिर से शामियाना लगा था। फिर से फर्द बनाकर लोगों को निमन्त्रित किया गया था। बालीगंज से चाचा-चाचियाँ-भाई-भतीजे सब आये थे। पूरी मिठाई की सुगन्ध से वातावरण महक रहा था।

पंगत में मधुसूदन सेन के पास ही निताई हालदार बैठे थे। बोले, पहचाना?

-क्यों नहीं पहचानूँगा। देख लीजिये कैसा घर दिलवाया था, धूमधाम देख रहे हैं?

केशव बाँडुज्जे बोले, देख लीजिये कैसे घर आयी है आपकी बहन-कितनी तरह के आइटम बने हैं-मिठाई खाइये-बरानगर की मिठाई खा ली तो जीवन भर भूल नहीं पायेंगे महाशय।

खूब हँसी-मजाक हुआ था। अन्त में जब सब लोग विदा हो गये थे तब भी मधुसूदन सेन बैठे रहे थे।

समर के पास आते ही उन्होंने कहा था, तुम्हें ही ढूँढ़ रहा था समर, एक जरूरी बात करनी थी तुमसे।

-क्या बात है भैया, कहिये।

एक मिनट को तो दुविधा में पड़ गये मधुसूदन बाबू। पर फिर कह ही डाला।

बोले, तुम्हारी माँ कैसी हैं आज?

–बस वैसी ही हैं, अभी भी बिस्तर नहीं छोड़ा उन्होंने।

–मैं भी एक बड़ी मुश्किल में पड़ गया हूँ।

–कैसी मुश्किल? परेशान हो उठा था समर।

मधुसूदन बाबू ने कहा था, माँ की तबीयत भी अच्छी नहीं है। तुम्हारी माँ-जैसी हालत है, कल एकादशी थी, एक बूँद पानी नहीं पिया। उसी हालत में नल पर गयी तो औंधे मुँह गिर पड़ीं।

चौंक उठा समर।

बोला, सर्वनाश, फिर?

–तकदीर में जो लिखा है, उसे कौन मिटा सकता है। बस सुबह ही आफिस की छुट्टी करके डाक्टर लाया, दवा लाया, खिलायी। फिर उन्हें उसी हालत में छोड़कर कनक को ले आया, यहाँ भी तो आना जरूरी था।

–बड़ी तकलीफ उठानी पड़ी आप लोगों को, समर ने सहानुभूति जतायी।

–मुसीबत खत्म कहाँ हुई अभी। माँ तो बिस्तर में ही हैं। पाँव की हड्डी टूट गयी है, खिलाना-पिलाना सब-कुछ बिस्तर में ही करना पड़ेगा, फिर मेरा आफिस-रोज-रोज तो घर नहीं बैठ सकता।

समर ने कहा, हाँ, तब तो सचमुच आपको बड़ी असुविधा हो रही होगी।

–एक बात थी समर–

कहकर गर्दन झुकाकर धीमे स्वर में मधुसूदन बाबू ने आगे पूरा किया, माँ ने तुमसे एक बात कहने को कहा था।

–क्या बात?

–कुछ दिनों के लिए कनक को ले जाता।

फिर से चौंका समर। पर ऊपर से शान्त बना रहा।

मधुसूदन बाबू बोले, तुम्हारे यहाँ भी वही हालत है। मैं जानता हूँ उसे ले जाना उचित नहीं है, पर बुड्ढी औरत हैं, कैसे भी नहीं मानतीं। बोलीं, तू कह आ समर से, समर कोई नासमझ तो नहीं है।

कुछ देर जाने क्या सोचा समर ने। लेकिन तय नहीं कर पाया क्या जवाब दे। विवाह के बाद ठीक से देखा तक नहीं। एक रात भी एक साथ एक कमरे में नहीं गुजारी। पिछले कुछ दिन हजारों कामों के बीच भी कनक को भूल नहीं पाया था वह। श्राद्ध के दिन सुबह से ही किसी भी गाड़ी के दरवाजे पर आकर खड़े होते ही उसके कान खड़े हो जाते। यह शायद चोरबागान से आयी। पर नहीं। लोग आते जा रहे थे और सहानुभूति दिखाते जा रहे थे। लेकिन उसका मन तो कहीं और पड़ा हुआ था। जैसे ही चोरबागान की गाड़ी आयी थी, वह उठ खड़ा हुआ था।

जाने कहाँ से विधु दौड़ा-दौड़ा आया था और बोला था–

दादा बाबू, चोरबागान से बहूजी आ गयीं।

खिड़की से ही देखा था समर ने। गाड़ी आकर पोर्च में खड़ी हो गयी थी। कनक घूँघट निकालकर गाड़ी से उतरी थी। पीछे मधुसूदन बाबू थे।

विधु रास्ता दिखाकर कनक को अन्दर ले गया था।

मधुसूदन बाबू सीधे जहाँ कीर्त्तन हो रहा था, चले गये थे। बोले थे, सब ठीक-ठाक चल रहा है न? बीच में एक बार आने को सोच रहा था, पर हमारे यहाँ भी एक दिन जरा झंझट हो गया था।

इस तरह आवभगत हुई थी। उस समय समर ने यह नहीं सोचा था कि कनक उसी रात चली जायेगी। वह तो यही समझे बैठा था कि रात को कनक से मिलना होगा-बहुत दिन बाद मिलना होगा। मिलने पर किस बात से शुरू करेगा, काम के बीच-बीच दिनभर यही सोचता रहा था। दो-चार बार अन्दर भी गया था। कनक माँ के कमरे में बैठी थी। वहाँ और भी बहुत-सी औरतें थीं, कमरा भरा हुआ था। तब भी कनक को पहचानने में दिक्कत नहीं हुई थी उसे।

निस्तारिणी लेटी हुई थीं। लड़के की ओर देखकर भी नहीं देखा।

समर ने पुकारा, माँ!

निस्तारिणी ने नजरें उठायी।

उसने कहा, चोरबागान के मधुसूदन बाबू कह रहे थे कि आज तुम्हारी बहू को ले जायेंगे, उसकी माँ के पाँव की हड्डी टूट गयी है, नल पर गिर पड़ी थीं।

निस्तारिणी ने नजरें घुमाकर कनक की ओर देखा। उसने गर्दन नीची कर ली।

वह बोलीं, तो मुझसे क्यों पूछ रहा है बेटा?

-अरे वाह, तुमसे नहीं पूछूँगा तो किससे पूछूँगा माँ? तुम्हारे हाँ कहे बिना जा सकती है क्या वह?

तेरी क्या इच्छा है खोका?

-मेरी इच्छा क्या होती माँ, तुम्हारी बहू है, जो तुम कहोगी, वही होगा-तुम्हारे अलावा कौन है मेरा, माँ?

यह सुनते ही निस्तारिणी की आँखों से आँसू गिरने लगे। सचमुच और कौन है उसका? कौन है उसे देखनेवाला? अब तक वह थे तो अच्छा-बुरा सब देखते थे। जो ठीक समझते थे, करते थे। न किसी से सलाह माँगते थे और न किसी की सलाह मानते थे। वह स्वर्ग चले गये, अब वह हैं। खोका ही उनकी एकमात्र सान्त्वना है, एकमात्र भरोसा है। ऐसे बिस्तर से लगकर कैसे काम चलेगा?

बोलीं, नहीं रे खोका, अब उठ जाऊँगी बेटा, ठीक हो जाऊँगी।

समर बोला, माँ, अब तुम जरा जल्दी ठीक हो जाओ-मुझे भरोसा नहीं मिल रहा-मैं अकेला हूँ, कोई नहीं है मेरा, माँ-

लड़के की बात सुनकर निस्तारिणी का दिल बैठने लगता था।

बस कहतीं-खोका-समर पास जाकर कहता, क्या माँ?

वह कहतीं, जब तक वह थे, बेफिकर रही, कुछ नहीं देखा-समझा। अब कहाँ क्या है, यह सब तुझे ही तो देखना पड़ेगा बेटा।

पर समर को ही कहाँ पता था कुछ! कहाँ से रुपया आता था, कैसे खर्च होता था, क्या लेना था, क्या देना था-कुछ भी तो नहीं जानता था। अब अचानक कैसे कर पायेगा? वह तो केवल मोटर लेकर घूमा था और जरूरत पड़ने पर माँ के सामने हाथ फैलाया था। निस्तारिणी भी कभी रुपये देतीं और कभी कोई गहना निकालकर दे देतीं।

जब गहना देतीं तो समर अवाक् रह जाता। माँगे रुपये और दे रही थीं गहना।

कहता, गहने का क्या करूँगा माँ!

वह कहतीं, रुपये अभी हाथ में नहीं हैं, इसे बेच देना, रुपये मिल जायेंगे।

समर तब भी हिचकिचाता।

कहता, पर इसे बेचने की क्या जरूरत है माँ-तुम सन्दूक खोलकर रुपये निकाल दो ना।

निस्तारिणी कहतीं, अभी हैं नहीं मेरे पास, उनसे लेकर रखूँगी, अभी तू इससे काम चला ले।

इस तरह उसने कितने रुपये और कितने गहने माँ से लिये थे, उसका कोई लेखा-जोखा नहीं था। श्याम बाजार के मोड़ पर एक सुनार की दुकान थी, जब तब उसके यहाँ जाकर गहना बेचता और रुपये ले लेता। कितने गहने थे माँ के पास, खत्म ही नहीं होते थे। लेकिन माँ के मरने पर सन्दूक खोला था तो स्तम्भित रह गया था समर। दो-चार कान के बुन्दे और अँगूठियाँ तथा दस-बारह रुपये पड़े थे बस। और कुछ भी नहीं था।

माँ की मृत्यु भी बड़े अस्वाभाविक ढंग से हुई थी।

उस दिन भी लौटने में रात हो गयी थी। ऐसे रात होना अस्वाभाविक भी नहीं था। घर लौटने को जी ही नहीं चाहता था समर का। क्या आकर्षण था घर में। रोज की तरह गाड़ी लेकर निकला था। सिनेमा देखकर निकला तो चोरबागान जाने की इच्छा उभरी मन में, लेकिन दबा लिया इच्छा को। क्यों जाये वह! कनक ने तो आने को लिखा नहीं! एक चिट्ठी तो डाल सकती थी वह!

उस दिन समर ने उससे पूछा था।

मिलना ही कितनी देर के लिए हुआ था।

अपने कमरे में सिकुड़ी-सिमटी खड़ी थी वह। माँ के कमरे से उठकर अपने कमरे में आ गयी थी वह। माँ बेटे में बात हो रही थी और वह भी उसे लेकर। अतः वहाँ रहना उचित न समझकर उठ आयी थी। उसे पता था कि समर उससे मिलने जरूर आयेगा।

समर ने पूछा था, तुम शायद पहले से वापस जाना तय करके आयी थीं?

अचानक यह प्रश्न सुनकर कनक घबड़ा गयी थी।

बोली थी, माँ गिर पड़ी थीं ना, इसलिए।

समर ने कहा था, मुझे भैया से पता चल गया है।

कनक ने सफाई दी थी, माँ की उमर हो गयी है, जरा से में घबरा जाती हैं, यहाँ काम था, इसलिए आना पड़ा।

–तो तुम काम था, इसलिए आयी थी? नहीं तो नहीं आती?

–गुस्सा हो गये?

–गुस्सा नहीं होऊँगा? वादा खिलाफी पर गुस्सा नहीं आयेगा?

–मैंने क्या वादा ख़िलाफी की है?

–वादा नहीं किया था कि रोज एक चिट्ठी डालोगी?

सिर झुका लिया था कनक ने। जरा चुप रहकर बोली थी, मुझे बड़ी शर्म आती थी, सच, कई बार सोचा लिखने को।

–मुझे चिट्ठी लिखने में भी तुम्हें शर्म आती है?

–यह तुम्हारी समझ में नहीं आयेगा।

–और मैं था कि रोज सुबह-शाम डाकिये का रास्ता देखता था–उससे पूछता भी था रोज।

इस पर कनक ने शिकायत की थी, तुम भी तो एक बार आ सकते थे!

समर ने कहा था, मैं क्यों आता, तुम लोगों ने बुलाया था मुझे? और फिर...

तो बिना बुलाये आना नहीं चाहिए था?–कभी तो आदमी की इच्छा देख आने की होती है कि दूसरा कैसा है।

समर ने कहा था, जाने दो। आज जा रही हो तुम, नहीं तो इसका जवाब देता तुम्हें।

उसने पूछा था, भैया नीचे खड़े हैं मैं जाऊँ।

–मुझे मालूम था, तुम चली जाओगी।

कैसे जाना? शरारत से कनक ने पूछा था।

–जब तुम गाड़ी से उतरी थीं तो तुम्हारा सूटकेस वगैरह नहीं उतरा था–तभी समझ गया था कि तुम रहने नहीं आयी थी!

–देखो, फिर गुस्सा कर रहे हो तुम। यहाँ नहीं रहूँगी तो कहाँ जाऊँगी? सारी जिन्दगी यहीं तो रहना है–बाप के घर तो लड़कियाँ बस शुरू-शुरू में जाती हैं।

एकदम से पिघल गया समर। बिलकुल पास जाकर बाँहों में ही भर लेता उसे कि तभी बाहर से विधु ने पुकारा था, दादा बाबू!

–क्या है विधु! तुरत सँभाल लिया था समर ने खुद को।

–क्या कह रहा है।

–बहूजी के भाई जल्दी मचा रहे हैं। यह कह रहे हैं रात हो गयी है।

बस इतना ही! वही अन्तिम बार था। इसके बाद कनक से मिलना नहीं हुआ था और शायद जीवन में कभी होगा भी नहीं। उसके बाद तो दुर्योग घिर आया था। माँ मर गयीं और चारों ओर से एक साथ जैसे सर पर गाज आ पड़ी थी। इतने कर्जे की बात सुनकर चक्कर में पड़ गया था वह। अब तक कुछ मालूम ही नहीं था, कल्पना भी नहीं थी। एक-एक करके चिट्ठी आने लगी थीं उसके नाम। मुकदमे चले। जीना दुश्वार हो गया था।

भुवनेश्वर बाबू पारिवारिक वकील थे, उन्हीं की शरण में जाना पड़ा। पिता के जीवित रहते उन्हें कई बार घर पर आते देखा गया था।

उन्होंने कहा था, करीब सौ मामलों का धक्का है।

कागज-पत्र सारे दिये उन्हें। तीन दिन तीन रात बराबर देखते रहने पर भी कोई रास्ता नहीं ढूँढ़ पाये थे वह। कहा था, आखिरी दिनों में वह मुझे भी कुछ नहीं बताते थे।

समर ने कहा था, मुझसे तो कुछ कहते ही नहीं थे पिता जी, पर माँ को भी कुछ नहीं मालूम।

भुवनेश्वर बाबू ने कहा था, चाय के बगीचे के दो लाख के शेयर खरीदने के लिए मकान गिरवी रखा था, यह मुझे नहीं बताया था–वह सारा रुपया पानी में गया। फिर सूद के पचास हजार–यह सब उतरेगा कैसे?

समर ने कहा था–बस पास में तो माँ के कुछ जेवर और गाड़ी है।

–कितने के जेवर होंगे? कितना तोला सोना होगा? सोने का भाव अच्छा है आजकल।

फिर से कागज-पत्र, दलील दस्तावेज लेकर बैठे। दिन-रात वकील और कचहरी। गाड़ी तभी बेच दी थी समर ने। फिर वही पहले की तरह पैदल चलने लगा था।

निस्तारिणी तब जिन्दा थीं। कहतीं, खोका!

माँ को कुछ भी बताने में कष्ट होता था। क्या फायदा था बताने में? कोई रास्ता तो निकाल नहीं पायेंगी वह। वह ऐसे दिखाता जैसे कुछ भी न हुआ हो, सब पहले की तरह चल रहा हो।

निस्तारिणी अपने कमरे में लेटी रहतीं और जाने कैसी एक बेचैनी का अनुभव करतीं। कहतीं, विधु कहाँ है रे खोका, देश गया है क्या?

विधवा औरत थीं। एक वक्त खाती थीं। वह भी न खाने के बराबर था।

फिर पूछतीं वह, बहू कब आयेगी बेटा?

वह कहता, आयेगी माँ, तुम्हारे बुलाते ही आ जायेगी।

–तेरी सास कैसी है, खबर मिली?

–अभी उनका पाँव ठीक नहीं हुआ माँ।

–एक बार बहू को ले आ बेटा–बहुत दिनों से देखा नहीं उसे, बड़ा सूना-सूना लगता है–विधु, बिन्दु, भूतो सब-के-सब कहाँ चले गये?

सचमुच सारा घर सूना हो गया था। बरानगर के सारे लोगों को पता चल गया था। भूषण की दुकान पर अड्डा जमता।

आफिस जाते हुए निताई हालदार पान खरीदने रुकते। पान मुँह में भरकर, चूने की डब्बी हाथ में लेकर बस में चढ़ते थे।

आते ही कहते, पान दे भूषण।

पान बनाते-बनाते भूषण कहता, सुना निताई बाबू?

–क्या?

–विश्वासो का मकान बिक रहा है। मेरी दुकान से पान जाने बन्द हो गये हैं।

उछल पड़ते निताई हालदार–क्या कह रहा है, इश्! मकान बिक रहा है? तो फिर?

तो फिर क्या था किसी के दिमाग में नहीं आता। सभी सिर खपाते। पुरानी बातें याद आतीं सबको। क्या बोलबाला था विश्वास घराने का। कितना नाम था। अभी जैसे कल की बात हो! बरानगर के पुराने रहनेवाले जानते थे।

उन दिनों यही मकान पूरे मुहल्ले का केन्द्र था। बारहों महीने कोई-न- कोई उत्सव-अनुष्ठान चलता ही रहता था। वह मकान बिकेगा–यह तो सोचा भी नहीं जाता।

लेकिन जो होना था, वही हुआ।

जिस दिन चेन कम्पास लेकर इंजीनियर, काण्ट्रैक्टर, मजदूर आये थे–घर के सामने लोगों की भीड़ लग गयी थी। अब कोई सन्देह नहीं रह गया था। निर्वाक् साक्षी बने लोग खड़े रहे और नाप-जोख होती रही।

भुवनेश्वर बाबू दलील पत्र हाथ में लिये जाने क्या कर रहे थे, समर भी वहीं खड़ा था। खरीदार के आदमी भी थे साथ। सभी के चेहरे गम्भीर थे। नाप-जोख होती रही–मानो कोई भीषण विपर्यय घटनेवाला हो। उस दिन बरानगर के लोगों के मुँह में जैसे अन्न नहीं रुचा। उठते-बैठते खाते-पीते बस वही एक बात। भूषण जो मात्र पनवाड़ी था, वह भी दिनभर खिन्न बना रहा। पुराना ग्राहक आता तो कहता, सुना?

ग्राहक कहता, हाँ सुना–यही तो नियम है, एक उठेगा और एक गिरेगा।

सभी जैसे दार्शनिक हो गये थे, एक अन्यमनस्कता-सी छा गयी थी सबके दिल पर। सब इतने चिन्तित हो उठे थे जैसे उन्हीं की परम क्षति होने जा रही हो।

दोपहर के बारह बजे तक नाप-जोख चली। फिर कब तक खड़ा रहा जा सकता था। लेकिन तब भी जैसे किसी को चैन नहीं था। सभी गौर से देख रहे थे,

खोद-खोदकर एक दूसरे से पूछ रहे थे। घर, बगीचा, तालाब सब नापा गया। फिर कागज-पत्र देखे गये। फिर कोर्ट में रजिस्ट्री होने के बाद हाथ में रुपये आयेंगे तो कर्जा उतारा जायेगा। बाप का तेरह लाख का कर्जा चुका देगा तब समर ऋण मुक्त होगा।

परन्तु उसके बाद?

समर के मन में भी बस यही एक प्रश्न था–उसके बाद?

अर्थात् निस्तारिणी कहाँ जायेंगी? अधर विश्वास की विधवा पत्नी, शय्याशायी थीं वह। उनका क्या होगा! इतना दुःख भी तकदीर में होता है! उन्हें तो सब-कुछ आँखों से देखना पड़ा। सब-कुछ जान गयी थीं वह! उनकी क्या गति होगी? उनको भी तो अन्त में श्वसुर का ठिया छोड़ना पड़ेगा।

भूषण बोला था, उनकी तकदीर में ही इस उमर में दुःख भोगना लिखा था, और क्या! सारा जीवन तो कोई दुःख देखा नहीं।

–लेकिन मकान बिक जाने पर वह लोग रहेंगे कहाँ?

लड़के की तो ससुराल है; पर माँ? वह इस बुढ़ापे में कहाँ जायेंगी? वह तो लड़के की ससुराल में रहने को नहीं जा सकतीं?

वह शायद अन्तिम दिन था, जब मधुसूदन बाबू इस घर में आये थे।

आकर पूछा था, तुम मकान बेच रहे हो समर?

समर जरा अन्यमनस्क-सा था उस समय। कई दिनों से ऐसा ही चल रहा था। पिछले कुछ महीनों में जैसे सब-कुछ उलट-पुलट गया था! पिता मर गये। नया-नया विवाह हुआ पर कनक का ठीक से सान्निध्य भी नहीं पा सका। फिर माँ बीमार पड़ गयीं और फिर अचानक इतने बड़े कर्जे का बोझ कन्धों पर आ पड़ा।

मधुसूदन बाबू को देखकर जरा खिन्न हो गया था समर।

कोई जवाब न पाकर मधुसूदन बाबू ने कहा, तो बात सच है?

समर ने कहा, कौन-सी बात?

–यह मकान बेचने की खबर, तेरह लाख के कर्जे की खबर?

–हाँ सब सच है, सोचा है मकान बेचकर सारा कर्जा चुका दूँगा। भुवनेश्वर बाबू ने भी यही सलाह दी है, हमारे वकील हैं वह।

ठगे-से रह गये मधुसूदन बाबू।

बोले, सुना है गाड़ी भी बेच दी है?

–हाँ, अब इस हालत में गाड़ी रखना उचित नहीं है।

–कितना रुपया मिलेगा मकान बेचकर? मधुसूदन बाबू ने पूछा।

–किसी तरह कर्जा निपट जाये तो सौभाग्य समझूँगा।

–तो फिर आगे के लिए क्या तय किया? कहाँ रहोगे? और तुम्हारी माँ कहाँ रहेंगी?

–वही सोच रहा हूँ अब।

–कुछ निश्चय कर पाये?

–नहीं।

मधुसूदन बाबू ने कुछ नहीं कहा इसके बाद। चले गये। पटसन के आफिस में बड़े बाबू थे। बहुत बड़ा कारबार था–सत्–असत् दोनों तरह का। जीवन में हार जानेवालों से उन्हें कोई हमदर्दी नहीं थी। स्वयं जीत गये थे इसलिए जीवन में पराजित लोगों के प्रति बहुत विराग था। उनके लिए तो मनुष्य वही था जो अपने पुरुषत्व के जोर से आगे बढ़े दस जनों पर हुकूमत करे। नहीं तो जीवित रहना ही अपराध था! परन्तु समर की पराजय को उन्होंने अपनी पराजय समझा। इतनी खोज-खबर लेकर, देख–भालकर बहन की शादी की थी, पर अन्त में ऐसा होगा कौन जानता था? गाड़ी तो नहीं ही रही, पर घर भी नहीं रहेगा। इससे तो किसी पेड़ पत्थर से ब्याह दी होती!

अन्त में वह दिन भी आ पहुँचा था। अवधारित दिन।

उस दिन सुबह तक भी समर कोई जगह तय नहीं कर पाया था। सोचा था, कह–सुनकर और कुछ दिन इसी मकान में रहने की अनुमति माँग लेगा। जितने दिन माँ जीवित हैं।

खरीदनेवाले के पास नया–नया पैसा आया था। मकान खरीदकर फ्लैटों में बदलने का इरादा था उनका।

समर ने कहा, मेरी माँ ज्यादा दिन जीवित नहीं रहेगी, अधिक–से– अधिक एक या दो महीने अगर और रहने दें।

भद्र व्यक्ति में वास्तव में दया–माया थी। कहते ही राजी हो गये।

बोले, मैं तो अभी मकान में हाथ नहीं लगा रहा, पूजा तक रह सकते हैं आप, पर उस समय खाली करना पड़ेगा।

समर ने कहा था, बिलकुल! अगर तब तक माँ जीवित रहीं तो कोई–न–कोई व्यवस्था कर ही लूँगा। फिर पत्नी को भी तो लाना है। मकान तो ढूँढ़ना ही पड़ेगा।

परन्तु अन्तिम बात पूरी नहीं कर पाया समर।

उसी रात निस्तारिणी सिधार गयीं!

कनक के पास खबर भिजवायी थी उसने, परन्तु श्मशान जाने तक वहाँ से कोई खबर नहीं आयी थी।

जब अर्थी तैयार हो गयी थी, सारा सामान आ गया था, बरानगर के दस–बीस लोग भी इकट्ठे हो गये थे, उस समय भी समर ने विधु से पूछा था, क्यों रे, तेरी भाभी आ गयी?

निराश स्वर में विधु ने कहा था, नहीं दादा बाबू।

श्मशान से लौटते-लौटते रात हो गयी थी।

रात को अच्छी तरह सो नहीं सका था। अगले दिन सुबह उठने पर भी समर ने सोचा था कि शायद कनक आ गयी थी। माँ के मरने की खबर पाकर भी नहीं आयी कनक। ऐसा कैसे हुआ? ऐसा कैसे हो सकता है?

मिसेज दास ने पूछा, उसके बाद?

बताते-बताते समर की आँखों से आँसू टपकने लगते और मिसेज दास अपनी सिल्क की साड़ी के पल्ले से उसकी आँखें पोंछ देतीं।

कहतीं, तुम्हारे लिये एक कप काफी और मँगवाऊँ समर?

समर कहता, नहीं।

वह कहती, तो फिर एक कप चाय ले लो?

वह कहता, नहीं मिसेज दास, आप इतने मन से मेरी दुःख की कहानी सुन रही हैं, यही बहुत है मेरे लिये। आपकी तुलना में क्या हूँ मैं? एक नगण्य मनुष्य बस!

वास्तव में मिसेज दास की तुलना में समर क्या था? एक सामान्य नगण्य क्लर्क! भूधर बाबू अधर विश्वास को जानते थे, इसलिए अपने आफिस में नौकरी दे दी थी। सरकारी आफिस था। भूधर बाबू हेड कैशियर थे। उन्होंने ही दया करके मित्र के लड़के को घुसा दिया था। धीरे-धीरे सब भूल जाने की चेष्टा की थी समर ने। पुराने ऐश्वर्यमय दिनों की याद भी मन में रखने की कोशिश नहीं की उसने और याद थी भी नहीं। सुबह नौ बजे खा-पीकर आफिस जाता और शाम को साढ़े चार बजे आफिस से निकलता। तब एकमात्र विलास होता सड़कों पर घूमना। कभी मैदान में, कभी कर्जन पार्क में, कभी आउटरम घाट पर गंगा के किनारे-किनारे।

मिसेज दास ने पूछा, कौन कनक?

समर ने कहा, वह फिर मेरे पास नहीं आयी मिसेज दास। मैं गरीब हूँ। मेरे पास न गाड़ी है न मकान, फिर भला वह क्यों मेरे पास आयेगी? कौन होता हूँ मैं उसका?

समर बार-बार यही सोचता था, कनक उसकी क्या लगती है? कुछ भी तो नहीं।

अन्तिम बार की बात भी याद थी समर को।

एक बार वहाँ गया था वह।

फाटक की कुण्डी खटकाते ही मधुसूदन बाबू निकल आये थे।

पूछा था, कौन?

अँधेरा घिर आया था। सड़क पर भीड़ बढ़ गयी थी। गैस के क्षीण प्रकाश में मधुसूदन बाबू का चेहरा कैसा तो कठोर-सा लगा था समर को। या गलती हुई थी उससे? मधुसूदन बाबू नहीं थे। कहीं कोई मुसीबत तो नहीं आ पड़ी थी उन पर?

–मैं, समर ने कहा था।

–मैं कौन?

यह कहकर सिर झुकाकर अच्छी तरह देखा था उन्होंने।

समर बोला था, मैं समर।

–ओ...अचानक कैसे?

इस घर का जमाई था वह, उसे भी कुछ सोचकर आना पड़ेगा? और कौन-सा उद्देश्य हो सकता था भला उसका वहाँ आने का?

तब भी उसने कहा, बहुत दिन हो गये थे मिले इसलिए...

आगे की बात पूरी मधुसूदन बाबू ने कर दी थी–

–इसलिए मिलने चले आये? आजकल हो कहाँ?

–अभी तो माधव सिकदार लेन के एक मेस में आ गया हूँ।

–अब क्या करने का इरादा है?

मधुसूदन बाबू का स्वर बड़ा तीखा-सा लगा था।

पर बोला था, नौकरी की कोशिश कर रहा हूँ, तब मकान किराये पर ले लूँगा।

–फिर!

–फिर-फिर कनक को हमेशा के लिए तो यहाँ नहीं छोड़ा जा सकता, मकान लेते ही उसे ले जाऊँगा।

यह सुनकर उनका चेहरा और सख्त हो गया था।

गम्भीर स्वर में कहा था, अपनी चिन्ता तुम खुद करो, कनक को अब उसमें मत घसीटो।

उसने एकदम से कहा था, नहीं-नहीं, उसे बिलकुल नहीं घसीटूँगा, पर उसके बारे में भी तो मुझे ही सोचना है, मेरे अलावा और–

–नहीं, तुम्हें नहीं सोचना पड़ेगा अब, उसके बारे में सोचनेवाले लोग हैं।

–मतलब?

अपने-आप समर के मुँह से निकल गया था। उसकी पत्नी थी कनक, उसके अलावा उसकी चिन्ता कौन करेगा! विवाह के बाद पति के अलावा पत्नी की फिक्र और कौन करता है?

मधुसूदन बाबू ने कहा था, मैं अभी-अभी आफिस से आया हूँ, अभी तुमसे बात करने का वक्त नहीं है। फिर किसी दिन आना, मतलब समझा दूँगा।

–पर?

शायद दरवाजा बन्द करने जा रहे थे मधुसूदन बाबू। समर जल्दी से एक सीढ़ी चढ़कर बोला था, पर मैं कनक से एक बार मिलना चाहता हूँ।

–इस वक्त मिलना नहीं हो सकता।

ठिठका रह गया था समर। पूछा था, क्यों?

एकदम से जवाब नहीं दे पाये थे मधुसूदन बाबू। थूक निगलकर बोले थे–

कनक के साथ तुम्हारा विवाह हुआ था, यह भूल जाओ तुम। कनक से भी भूल जाने को कह दिया है मैंने और वह इस विवाह की बात भूल भी गयी है।

–यह कैसे हो सकता है? आप कह क्या रहे हैं?

–मैं ठीक ही कह रहा हूँ, अपनी बहन की मैं दूसरी शादी करूँगा। तुम्हारे जैसे निकम्मे के साथ वह जीवन नहीं बिता पायेगी।

जरा सोचकर समर ने अनुनय भरे स्वर में कहा था, मैं बस एक बार उससे मिलना चाहता हूँ, उसके मुँह से यह बात सुनना चाहता हूँ बस।

और मधुसूदन बाबू ने उसके मुँह पर जोर से दरवाजा बन्द कर दिया था। बस इतना कहा था, तुमसे तो बात करना भी पाप समझती है वह।

उस अँधेरी गली में बन्द दरवाजे के सामने खड़ा समर कुछ देर के लिए जैसे चेतनाहीन हो गया था। फिर सीधा मेस में चला आया था।

उसके बाद कितने ही दिन बेचैनी में काटे थे। कई बार फिर से जाने का मन हुआ था पर मन को भरोसा नहीं हुआ था। फिर वहाँ के पते पर कई चिट्ठियाँ लिखी थीं कनक को।

लिखा था–

कनक,

तुम्हारे यहाँ आया था–अपने दुर्भाग्य के साथ तुम्हें जोड़ने नहीं वरन् तुम्हें पास लाकर अपना दुर्भाग्य भूलने के लिए आया था। परन्तु तुमसे मिलने नहीं दिया गया। निरुपाय हूँ मैं। तुम्हारे बिना कैसे यह जीवन बिताऊँ, यह तुम्हीं बता दो मुझे।

इति।

तुम्हारा ही

समर

इसी तरह कई चिट्ठियाँ लिखी थीं समर ने–एक के बाद एक। दिन-पर-दिन, महीनों उत्तर की अपेक्षा की थी। पर उत्तर नहीं आया। अन्त में एक चिट्ठी मधुसूदन बाबू की आयी थी।

उन्होंने लिखा था–

कनक को बार-बार चिट्ठी लिखकर परेशान मत करो उसे। मैं तुम्हें याद दिलाये देता हूँ कि कनक तुम्हारी कोई नहीं है। कनक ने सोच लिया है कि उसका ब्याह हुआ ही नहीं, वह अपने को कुमारी समझती है। अगर भविष्य में चिट्ठी न लिखो तो उसे खुशी होगी।

इति।

मधुसूदन सेन

इसके बाद चिट्ठी लिखने या मिलने का कोई प्रश्न ही नहीं उठता था। समर वह सब भूल भी गया था। आफिस के काम में खुद को डुबो दिया था उसने, उसे ही अपना अवलम्बन मान लिया था। उसके कन्धों पर सारा बोझा डालकर भूधर बाबू रिटायर हो गये थे। अब वह उस आफिस का कर्त्ता-धर्त्ता बन गया था। दायित्व मिलने से स्वयं को भूलने का मौका भी मिल गया था उसे। काम के माध्यम से उसने अपना अतीत जैसे धो-पोंछकर साफ कर दिया था। कैसे दिन बीत जाता पता ही नहीं चलता। कैसे वर्ष चक्र के आवर्तन में आयु का तिल-तिल क्षय होता जा रहा था, स्वास्थ्य क्षीण होता जा रहा था, इसका हिसाब नहीं रखा था उसने, प्रयोजन ही नहीं समझा था।

इसी तरह दिन बीत रहे थे। और शायद इसी तरह माधव सिकदार लेन में उस मेस से सारा जीवन बीत जाता, वह भूल जाता कि कनक के साथ उसका विवाह हुआ था, बरानगर की भैरव मल्लिक लेन के विश्वास घराने में उसका जन्म हुआ था। इसी तरह सारा अपमान गले के नीचे उतारकर शायद एक और आदमी नीलकण्ठ बन जाता, परन्तु ऐसा हुआ नहीं।

अचानक बड़े अप्रत्याशित ढंग से मिसेज दास से परिचय हो गया था।

मिसेज दास के घर आकर फिर से सब याद आ गया था। फिर से याद आ गया था कि उसे भी जिन्दा रहने का अधिकार था, अगर वह सब न होता तो उसका जीवन भी उनके अनुरूप हो सकता था।

कोई चैरिटी शो था, कहीं, कुछ दुःखी लोगों की सहायता के लिए हो रहा था। जिसके टिकटों की बहुत-सी किताबें जगह-जगह बेचने के लिए दी गयी थीं।

एक दिन आफिस में एक लड़के ने आकर कहा, मुझे मिसेज दास ने आपके पास भेजा है।

–कौन मिसेज दास?

समर आफिस के काम में व्यस्त था। सिर उठाकर लड़के की ओर देखा। चुस्त स्मार्ट लड़का था–अवस्थापन्न व्यक्ति।

वह बोला, मिसेज दास हमारी सेक्रेटरी हैं, उन्होंने ही यह चैरिटी शो आर्गेनाइज किया है।

मिसेज दास? दिमाग पर बहुत जोर डालने पर भी याद नहीं आया कि यह मिसेज दास कौन थीं। मिसेज दास नाम की तो किसी महिला को वह नहीं जानता था। नारी के नाम पर तो बस एकमात्र कनक से ही थोड़ी पहचान हुई थी–वह भी बस कुछ दिनों की थी। फिर तो किसी लड़की की ओर उसने कभी ठीक से देखा भी नहीं था।

लड़का बोला, मिसेज दास ने कहा है कि आपको ये हजार रुपये के टिकट बेचने हैं।

–हजार रुपये के टिकट?

आश्चर्य में पड़ गया था वह। हजार रुपये के टिकट कैसे बेचेगा वह? किसको जानता था वह? कौन सुनेगा उसकी बात?

लड़के ने कहा, मिसेज दास ने बहुत अनुरोध किया है आपसे।

–मुझसे? मुझे कैसे जानती हैं वह?

–वह सबको जानती हैं और उन्हें भी सब जानते हैं। वह अपने लिये कुछ नहीं चाहतीं–यह तो यह सब उन दुखियारों के लिए कर रही हैं, जिन्हें खाने पहनने को नसीब नहीं होता। वह स्वयं दस हजार के टिकट बेच रही हैं, आप लोगों को तो इतने थोड़े से ही दिये हैं। इतना भी सहयोग नहीं देंगे तो कैसे काम चलेगा–

बहुत-सी बातें कह गया लड़का, मिसेज दास के गुणों का धड़ाधड़ बखान कर गया। वह अपने तन, समय और अर्थ से देश के लिए जो कर रही हैं, उससे कितना हो पायेगा। सब मिलकर प्रयत्न करें तभी कुछ हो सकता था। नहीं तो देश के हजारों लाखों बेघर नंगे भूखों को कौन देखेगा? मिसेज दास के अकेले करने से कितना होगा?

टिकट की कापी छोड़कर उस दिन चला गया था वह लड़का।

फिर किस तरह कुल पाँच दिनों में उसने वह हजार रुपये के टिकट बेच डाले थे, वह स्वयं नहीं जानता था। देश की अजीब अवस्था थी उस समय और ऊपर से समर का अनुरोध। वह न तो किसी से बहुत घुलता- मिलता था और न किसी पचड़े में पड़ता था। इसलिए उसे ज्यादा कुछ नहीं कहना पड़ा था लोगों से। टिकट की कापी सामने रखते ही सबने तुरत खरीद लिये थे।

फिर आया वही लड़का।

समर ने टिकट की कापी का आधा हिस्सा और रुपये उसके सामने रखकर कहा, यह लीजिये। मिसेज दास से कहियेगा जितना मुझसे सम्भव हो सका कर दिया।

अगले दिन टेलीफोन आया–वही लड़का बोल रहा था।

बोला, मिसेज दास आपसे बात करेंगी।

रिसीवर कान से लगाये रहा वह।

इधर से नारीकण्ठ सुनायी दिया–तुम्हें बहुत-बहुत धन्यवाद समर।

समर बोला, नहीं, नहीं, धन्यवाद की कोई जरूरत नहीं है, मुझे ज्यादा दिक्कत नहीं हुई।

मिसेज दास जरा रुककर बोलीं, भले ही न हुई हो, पर तब भी तुम्हें धन्यवाद देती हूँ। जिन्होंने टिकट खरीदे हैं, उन्हें तुम मेरी तरफ से धन्यवाद दे देना।

हँस दिया समर। बोला, जरूर दे दूँगा।

उधर से आवाज आयी, शो के दिन तुम आ रहे हो न?

उसने कहा, मेरा तो कैश का काम है, फिर भी कोशिश करूँगा आने की।

–नहीं, कोशिश-वोशिश कुछ नहीं, आना पड़ेगा तुम्हें।

और वाकई में जाना पड़ा था उसे। बहुत बड़ा पण्डाल था–विराट् आयोजन देखकर चकित रह गया था वह। इतने दिनों तक सब चीजों से अपने को विच्छिन्न करके जैसे मैं अपना अस्तित्व ही भूल गया था वह।

नृत्य, गान, मैजिक व अभिनय का मिला-जुला मनोरंजन कार्यक्रम हुआ था। पूरा पण्डाल लोगों से भरा हुआ था। प्रकाश से जगमगाता कलकत्ता शहर का एक अंचल। परन्तु पूरे अनुष्ठान में जैसे मिसेज दास ही शीर्षमणि थी, उन्हीं को केन्द्र बनाकर जैसे सब-कुछ हो रहा था। कितना प्रभावशाली व्यक्तित्व था, कहीं कोई बाहुल्य नहीं था, न आचरण में और न निष्ठा में। हर पल वह लोगों से घिरी रही थीं–पुलिस कमिश्नर, मेयर से लेकर मिनिस्टर, डिप्टी मिनिस्टर, सेक्रेटरी तक सब-के-सब घेरे हुए थे उन्हें। कितनी श्रद्धा, कितना त्याग, कितनी निष्ठा थी। उस त्याग, उस निष्ठा व उस श्रद्धा के निकट आ पाने के कारण समर ने अपने को धन्य माना था।

अचानक वही लड़का जो टिकट बेचने को दे गया था, वहाँ से गुजरा तो उसे देखकर बोला, अरे, आप यहाँ एक कोने में छुपे बैठे हैं। चलिये, अन्दर चलिये।

उसने कहा, नहीं, मैं यहीं ठीक हूँ।

–नहीं-नहीं, मिसेज दास पूछ रही थीं आपके लिए। चलिये।

अन्त में जाना पड़ा।

बड़े-बड़े एवं विख्यात लोगों को एक तरफ करके उसे मिसेज दास के सामने हाजिर किया गया।

उसे देखकर जैसे उल्लसित हो उठीं मिसेज दास।

बोलीं–ओ...तो तुम ही समर हो, कहाँ छुपे बैठे थे, कब से ढूँढ़ रही थी तुम्हें।

फिर बगल में खड़े एक मारवाड़ी को देखकर बोलीं, अरे मिस्टर अगरवाला, यहाँ है आप, कैसा लगा फंक्शन?

विगलित हो उठे मिस्टर अगरवाला।

उसके बाद फिर समर की ओर घूमकर मिसेज दास ने कहा, तो कब आ रहे हो तुम मेरे यहाँ, मिस्टर दास से तो तुम्हारा परिचय हुआ ही नहीं।

–आऊँगा किसी दिन समय निकालकर, समर ने कहा।

–नहीं-नहीं, किसी दिन नहीं, बुधवार को आओ। मैं इन्तजार करूँगी, वहीं खाना खाना उस दिन।

सैकड़ों काम थे मिसेज दास को। दसियों लोग तरह-तरह के अनुरोध लेकर आ रहे थे उनके पास। किसने नहीं खाया, किसको गाड़ी भेजनी थी, किसको घर भिजवाने के लिए गाड़ी का इन्तजाम करना था–सभी कामों के लिए मिसेज दास के परामर्श की जरूरत थी। पर इतने कामों के बीच भी उन्होंने समर को रोके रखा।

बोलीं, तुम्हारे साथ ठीक से बात ही नहीं हुई समर, तो तुम बुधवार को आ रहे हो न? देखो, मैं इन्तजार करूँगी।

समर को जाना ही पड़ा था उनके यहाँ।

स्तम्भित रह गया था वह। इतनी भलीं, इतनी भद्र, इतनी सरल थीं वह! उनकी तुलना में समर क्या था भला? क्या हैसियत थी उसकी? कुल पाँच सौ रुपये मिलते थे–उसी में अपना खर्च, मेस का बिल व पिता का बचा कर्ज-सब-कुछ करना पड़ता था। किसी तरह चल रहा था बस। पर मिसेज दास ने जरा भी ख्याल किये बिना उसे अपना बना लिया जैसे।

जब वह पहुँचा, मिसेज दास बाथरूम में थीं। खानसामा उसे ड्राइंग- रूम में बिठाकर चला गया था। कमरे की साज-सज्जा देखकर चकित रह गया था वह। घर तो ऐसा होना चाहिए। एक कोने में एक छोटी तिपाई पर कैक्टस का मुरादाबादी गमला रखा था। दीवाल पर फ्रेम में मढ़ी एक जापानी पेंण्टिग थी–बाँस का पत्ता झड़ता हुआ दिखाया गया था। सीलिंग की आड़ में नीला प्रकाश था। सफेद पापलीन के कवरवाले तीन काउच थे और फर्श पर वेलवेट जैसा सफेद कार्पेट बिछा हुआ था।

झलमल करतीं आयीं मिसेज दास।

हँसकर बोलीं, तो तुम आ ही गये समर।

खड़े होकर समर ने कहा, आपके काम में शायद खलल डाल दिया मैंने आकर।

–अरे ऐसा क्या काम है मुझे। इसी पर अब तक मिस्टर सोनपार के साथ बात हो रही थी, मिस्टर सोनपार को तो जानते ही होगे तुम?

पहचान नहीं पाया समर। बोला, नहीं तो?

–अरे, ऐल्पियन जूट मिल के जनरल मैनेजर हैं, कल आस्ट्रेलिया जा रहे हैं, जाने से पहले मिलने आये थे। बड़े अच्छे आदमी हैं, लौटने पर तुम्हें उनसे मिलवा दूँगी।

फिर जैसे अचानक कोई बात याद आ गयी हो, ऐसे बोलीं, अरे देखो, मैं तो भूल ही गयी थी, बताओ क्या पियोगे तुम?

–आप परेशान मत होइये, समर ने कहा।

लेकिन मिसेज दास परेशान हुईं। आवाज लगायीं–अब्दुल...।

फिर बोलीं, बताओ क्या लोगे–चाय, काफी या ठण्डा?

विनम्रता से समर ने कहा, मैं कुछ भी नहीं लूँगा मिसेज दास। आप सचमुच परेशान मत होइये।

परन्तु मानी नहीं मिसेज दास। कोल्ड ड्रिंक पीना ही पड़ा था उसे। फिर सामने बैठी बातें करती रही थीं वह। बीच में ही टेलीफोन बज उठा तो उन्होंने कहा–

–एक्सक्यूज मी समर, हैलो, हाँ, मिसेज दास बोल रही हूँ।

समर उनकी बातें सुनता रहा। कितनी तरह के लोगों से परिचय था उनका–छोटे-बड़े, अमीर, बड़े-बड़े पदाधिकारी–जिनकी तस्वीरें अखबारों में छपती थीं। ऐसे लोगों के टेलीफोन आते थे उनके पास। सबसे कितनी घनिष्ठता थी। सब कितनी खातिर करते थे मिसेज दास की। अपने को बड़ा उपकृत समझा था उसने। वह भी जैसे उन लोगों की पंक्ति में आ खड़ा हुआ था, उनमें से एक हो गया था।

मिसेज दास टेलीफोन पर कह रही थीं, नहीं–नहीं, अभी तो नहीं आ पाऊँगी, मेरे यहाँ गेस्ट हैं, बहुत व्यस्त हूँ मिस्टर बनर्जी, कल मिल सकती हूँ, कल शाम को तीन से चार तक फ्री हूँ मैं।

फिर जरा देर बाद रिसीवर रखकर पास आकर बैठ गयी।

बोली, क्या मुसीबत है, दो मिनट शान्ति से बैठकर बात करने का भी उपाय नहीं है।

समर ने कहा, मैंने आकर आपको परेशानी में डाल दिया मिसेज दास।

–परेशानी? परेशानी किस बात की। मेरे लिये तो बल्कि अच्छा ही हुआ, नहीं तो मिस्टर बनर्जी के पल्ले में पड़कर मुसीबत में फँस जाती।

–मिस्टर बनर्जी कौन हैं?

जरा अवहेलना के स्वर में मिसेज दास ने कहा, वह मिस्टर वीरेन बनर्जी हैं, हमारे मेयर।

तभी मिस्टर दास आ पहुँचे।

बोले, खुकू, मिस्टर मेटा आये हैं, रुपये दे दो।

मिसेज दास बोलीं, कितने देने हैं, पूछा?

–हाँ, कह रहे हैं, सात हजार चाहिए।

–तो दे दो, चेक बुक तो तुम्हारे पास ही है। कह दो अभी नहीं मिल सकती मैं, जरा बिजी हूँ। और हाँ, तुमसे मिलवा दूँ, यह समर है, समर विश्वास।

हाथ बढ़ाकर मिस्टर दास ने कहा, बहुत खुशी हुई।

समर भी हाथ बढ़ाकर मुस्कुरा दिया।

मिस्टर दास बोले, फिर किसी दिन बैठकर ठीक से बातें करूँगा आपके साथ। अभी तो जरा जाना है।

कहकर मिस्टर दास चले गये।

बड़े अद्‌भुत लगे मिस्टर दास समर को। प्रथम दिन उस मन्द नीले प्रकाश में मिसेज दास के निकट बैठकर उसे प्रतीत हुआ था कि पृथ्वी पर कहीं किसी कोने में शान्ति नाम की कोई चीज थी तो वह उस गृहस्थी में थी। वहाँ जैसे न तो कोई अभियोग था और न कोई अभाव। बात-बात में वहाँ एक-से-एक बड़े आदमी के टेलीफोन आते थे। जिनका नाम सदा अखबारों की सुर्खियों में रहता था, वे उनके नित्य संगी थे। सारी दुनिया में जब उसके लिए अवहेलना एवं अवज्ञा की भावना थी तो वहाँ उसका सादर आमन्त्रण था। अच्छा लगा था उस दिन समर को। ऐसा लगा था जैसे मात्र हजार रुपये के टिकट बेचने के बदले में उसे राजसुख मिल गया था।

चलते समय मिसेज दास बोलीं, फिर कब आ रहे हो समर?

उसने कहा, फिर आ जाऊँगा ऐसे ही किसी दिन आपको तंग करने।

मिस्टर दास भी आ गये थे। उन्होंने भी जल्दी ही किसी दिन आने का अनुरोध किया था।

लेकिन मिसेज दास ने वादा लिये बिना नहीं छोड़ा था।

बोलीं, बताकर जाओ कब आ रहे हो।

अन्त में वादा करना पड़ा था।

कहा था, शनिवार को आऊँगा।

और अपने वायदे के अनुसार शनिवार को पहुँचा था वह। परन्तु उस दिन एकान्त नहीं था। ड्राइंगरूम में और भी बहुत-से लोग थे। देखने में सभी गण्यमान्य व्यक्ति लग रहे थे। अन्दर जाये कि न जाये, यह सोच ही रहा था कि मिसेज दास की नजर पड़ गयी थी उस पर। एकदम पोर्टिको में आ पहुँची थीं और हाथ पकड़कर अन्दर लिवा ले गयी थीं।

कहा था, बाप रे, कितने शर्मीले लड़के हो तुम, भागे जा रहे थे, क्यों?

झिझकते हुए उसने कहा था, मैं सोच रहा था, आप बहुत व्यस्त हैं शायद...इसलिए...।

–तो व्यस्त होने से चले जाना चाहिए? आओ बैठो, परिचय करा दूँ सबसे।

सबसे मिलवा दिया उन्होंने। पर वह शशोपंज में पड़ा रहा। बड़ा अटपटा-सा लग रहा था उसे। किन्तु मिसेज दास जैसे जादू जानती थीं। ऐसा अन्तरंग व्यवहार करती थीं, जैसे सब उनके अपने हों।

उसके लिए भी चाय आ गयी। सबके सामने ही मिसेज दास उसकी ओर घूमकर बोलीं, इतना शर्माते क्यों हो तुम समर, मेरे घर को अबसे अपना ही घर समझना।

मिस्टर अगरवाला बोले, हम लोग तो सभी आपको अपना समझते हैं मिसेज दास।

मिस्टर मेटा, मिस्टर रतनलाल, मिस्टर बनर्जी सबने उनकी हाँ में हाँ मिलायी।

पान, सिगरेट, काफी, चाय, कोल्ड ड्रिंक जिसको जो चाहिए था आने लगा। हर चीज का इन्तजाम था। अब्दुल आकर बीच-बीच में देख जाता था। समय कैसे पंख लगाकर उड़ गया, पता ही नहीं चला समर को। रात के दस बज गये। रोज तो शाम काटे नहीं कटती थी।

बोला, अब चलूँ मिसेज दास, रात बहुत हो गयी है।

पर उन्होंने उठने नहीं दिया। हाथ पकड़कर बिठा लिया।

बोलीं, जल्दी किस बात की है तुम्हें, देर हो भी गयी तो क्या।

—मैं तो आपकी बात सोचकर कह रहा था।

—हमारे यहाँ का तो रोज का यही हाल है, दो-चार दिन आओगे तो पता चल जायेगा।

फिर एक-एक करके सब चले गये। परन्तु उसने जितनी बार भी उठना चाहा मिसेज दास ने उठने नहीं दिया।

उसके कहने पर कि 'आपको भी तो रात हो रही है मिसेज दास' उन्होंने कहा था, मेरी चिन्ता क्यों कर रहे हो?

—आपके नौकर-चाकरों को भी तो देर हो रही है?

इस पर वह बोली थीं, होने दो, तुम उनकी फिक्र मत करो। पर घर पर तुम्हारा कौन इन्तजार कर रहा है? तुम्हें क्यों इतनी जल्दी है?

—मुझे तो कुछ भी जल्दी नहीं है मिसेज दास, मेरा इन्तजार करनेवाला तो कोई भी नहीं है। लेकिन ज्यादा देर हो गयी तो शायद ट्राम बस भी नहीं मिलेगी।

—तुम कोई सड़क पर तो नहीं बैठे हो। और फिर मेरे पास गाड़ी है, चरणसिंह छोड़ आयेगा तुम्हें—

तदुपरान्त प्राय: रोज समर का मिसेज दास के यहाँ जाना नियम-सा बन गया था और रोज ही रात हो जाने पर उनका ड्राइवर मेस छोड़कर जाता था, शुरू का संकोच खत्म हो गया था, मन की हर बात उनसे कहने लगा था वह, एकदम सहज हो गया था। और इतने बड़े शहर में किसी-न-किसी उपलक्ष्य के बहाने कोई-न-

कोई आयोजन लगा ही रहता था। कभी स्थापना तो कभी बाढ़। कभी सेनेटोरियम तो कभी गरीब छात्र-छात्राओं की शिक्षा। अपना अमूल्य समय नष्ट करके मिसेज दास चैरिटी शो करती रहतीं।

कहतीं, उनके बारे में जरा सोचो समर, जो अपना सब-कुछ खोकर, बिलकुल निराश्रित होकर यहाँ आये हैं।

हजारों रुपये के टिकट बिकते। फिर पण्डाल बनता। कभी-कभी मिनिस्टर मुख्य अतिथि बनकर आते। अखबारों में फोटो के साथ खबर छपती। लोग पढ़ते और मिसेज दास के स्वार्थ त्याग व अथक परिश्रम से अभिभूत हो जाते, शतमुख सराहते।

समर कहता, काश! सब आप जैसे होते मिसेज दास!

वह कहतीं, मैं कितना कर पाती हूँ समर, मेरी कितनी क्षमता है।

समर कहता, जितना आप करती हैं, उतना ही कितने लोग करते हैं?

मिसेज दास कहतीं, मेरे पास वक्त बहुत है न, इसीलिये मुफ्त की बेगार करती रहती हूँ।

वह कहता, सच, इन सब कामों में आपका कितना पैसा खर्च हो जाता है, किसी को अन्दाजा भी नहीं है।

–मैं जानना चाहती भी नहीं समर। यह जताकर गरीब-दुखियों का क्या फायदा होगा, बताओ?

कहकर अपनी सिल्क की साड़ी का पल्ला ठीक करने के बहाने सोफे पर फैला देतीं वह। बहुत कीमती साड़ियाँ पहनती थीं मिसेज दास, परन्तु और कोई व्यसन नहीं था उन्हें, भोग-विलास की ओर जरा भी आकर्षण नहीं था।

कहा करती थीं, ऐश्वर्य का उपभोग करने का ख्याल आते ही देश के लोगों का चेहरा आँखों के सामने आ जाता है समर। जरा सोचो तो हमारे देश के कितने पर्सेण्ट आदमी ऐसे हैं, जो एक जोड़ी कपड़े में पूरा साल निकाल देते हैं, एक वक्त खाकर जीवन काट देते हैं।

मिस्टर दास से समर का मिलना बहुत ही कम होता था। उन्हें काम भी तो कम नहीं थे। घर, गाड़ी, दरबान, बावर्ची, खानसामा, बैरा-इन सबका खर्च कोई कम तो नहीं था। काम-धन्धा तो करना ही था। मिसेज दास की तरह केवल देशसेवा करने से तो काम नहीं चलता! फिर समाज में जैसा स्थान उसी के अनुसार रहन-सहन, उसका तालमेल बैठाने में आदमी को उतना ही सिर खपाना पड़ता है।

बातें करते-करते प्रायः रोज ही रात हो जाती।

मिसेज दास कहतीं, इस तरह कब तक रहोगे तुम?

वह कहता, मेरे जीवन में तो कुछ भी नहीं रहा मिसेज दास, जिसकी पत्नी ही साथ छोड़ जाये, उससे अधिक अभागा और कौन होगा?

–तुम अगर कहो तो मैं एक बार कोशिश करके देखूँ?

–आप करेंगी कोशिश? सचमुच करेंगी?

खुशी से अधीर हो उठता समर।

कहता, मैं बस एक बार कनक से मिलकर दो बात पूछना चाहता हूँ मिसेज दास।

–क्या, पूछोगे?

–पूछूँगा, मैंने स्वयं क्या अपराध किया है।

कहते-कहते उसकी आँखें भर आतीं। मिसेज दास गले में हाथ डालकर दुलार से उसकी आँखें पोंछकर कहतीं–

रोओ मत समर, मैं तुम्हारी मदद करूँगी।

एक दिन बोलीं, कनक का पता मेरी डायरी में लिख दो, देखती हूँ, किसी तरह उसे तुमसे मिलवा सकूँ तो।

इतने दिन बाद जैसे समर को वास्तव में किसी से भरोसा मिला। अगर वह प्रयत्न करें तो कोई रास्ता निकल सकता था। कितने लोगों से मिलना-जुलना है उनका।

उसके बाद कई बार सबके चले जाने पर समर पूछता, कुछ खबर मिली मिसेज दास?

मिसेज दास कहतीं, अभी मिलना तो नहीं हुआ, पर पता लगा लिया है। एक दिन बोलीं, सुना है तुम्हारी कनक बड़ी तकलीफ में है।

–तकलीफ? कैसी तकलीफ?

उद्ग्रीव हो उठा समर।

बोला, कैसी तकलीफ मिसेज दास? बीमार थी क्या?

–हाँ, पर अब ठीक है, बस कमजोरी है थोड़ी।

–और क्या पता चला?

–अब और कुछ नहीं बताऊँगी। थोड़े दिन और धीरज रखो।

इसके बाद वह प्रतिदिन मिसेज दास के घर जाकर बैठा रहने लगा। लोगों के सामने कुछ कह-सुन न पाता, बस प्रतीक्षा करता रहता।

उसे उस तरह असन्तुष्ट चित्त देखकर मिसेज दास कान के पास आकर फुसफुसा जातीं चले मत जाना समर, जरूरी बात करनी है तुमसे।

कई दिन बाद जब उसकी बेचैनी पराकाष्ठा को पहुँचने को थी, सबके चले जाने पर मिसेज दास ने कहा, तुम्हारी कनक को देखा था आज।

–देखा था?

–हाँ, और बहुत-सी बातें भी हुईं। सचमुच गलती तो तुम्हारी ही है। तुमने पत्नी की मर्यादा ही नहीं दी उसे।

समर ने पूछा, कनक ने कही यह बात?

–क्यों नहीं कहेगी? वह कितने कष्ट में है, तुम नहीं समझोगे। तुम पर बहुत नाराज है वह। क्यों, तुम अपनी पत्नी पर जोर नहीं डाल सकते थे? तुम्हारा कोई अधिकार नहीं है?

–मैं भला कैसे जोर डालता? उसके भाई ने मुझे घर में घुसने ही नहीं दिया।

–वह भी तो यही कह रही थी कि मेरे भाई का विश्वास करके मुझे छोड़ दिया। मुझे बुलाकर नहीं पूछ सकता था? मैं कोई नहीं हूँ उसकी?

–उसने कहा यह?

–उसने कुछ गलत तो नहीं कहा समर। मैंने भी बाद को सोचा तो लगा उसकी बात ठीक थी।

कुछ क्षण चुप रहकर समर ने पूछा, आप उससे मिलीं कहाँ? आप क्या चोरबागान गयी थीं?

–नहीं, मैं नहीं गयी थी, उसे ही बुलवाया था। जिस चेयर पर तुम बैठे हो, इसी पर आकर बैठी थी वह भी। बातें करते-करते रोने लगी थी बेचारी।

–रोने लगी थी?

–रोयेगी नहीं? कौन औरत पति से इतने दिन दूर रह सकती है भला?

समर ने कहा, आपने थोड़ी देर और क्यों नहीं रोक लिया उसे? मैं आकर आमने-सामने बात साफ कर लेता।

गम्भीर स्वर में मिसेज दास ने जवाब दिया, यह ठीक नहीं होता समर, औरतों का दिल एक बार टूट जाता है तो आसानी से नहीं जुड़ता।

समर ने कहा, लेकिन आपने तो सब-कुछ बता दिया न उसे?

बुजुर्गों की तरह मिसेज दास ने कहा, जो कहना था कह दिया, क्या कहा यह तुम्हें जानने की जरूरत नहीं।

उत्सुकता से समर ने पूछा, अब क्या होगा मिसेज दास? कनक से साक्षात् नहीं होगा मेरा! अब नहीं आयेगी वह?

मिसेज दास बोलीं, देखो, क्या होता है। अचानक एक मुश्किल आ पड़ी है।

–कैसी मुश्किल?

–असल में वही बताने को तो तुम्हें आज रोका है। कनक के भाई बड़ी भारी मुसीबत में पड़ गये हैं।

–किस मुसीबत में?

–उन पर बहुत कर्ज चढ़ गया है। हालाँकि कर्ज गृहस्थी के कारण हुआ है, पर कनक शादी के बाद भी इतने दिन उनके पास रहने के कारण स्वयं को जिम्मेदार मानती है।

–क्या करना चाहती है वह?

–उसकी बातों से तो ऐसा लगा कि कुछ रुपये मिल जाने पर सारे झंझटों से छुट्टी मिल जायेगी और वह तुम्हारे पास आ जायेगी।

जल्दी से समर ने पूछा, कितने रुपये?

–तुम दे सकोगे?

–कनक के लिए मैं सब–कुछ कर सकता हूँ मिसेज दास। उसने बताया कितने रुपये चाहिए?

–मुझे तो ऐसा लगा जैसे काफी बड़ी रकम है। तुम कहाँ से लाओगे उतना रुपया?

–मैंने कुछ रुपया जोड़ा है। जरूरत पड़ने पर मैं कनक के लिए दसेक हजार तक का जुगाड़ कर सकता हूँ।

–ठीक है, मैं पूछकर बताऊँगी।

–कब मिलेंगी आप उससे?

–ठीक नहीं है।

–कल नहीं मिल सकतीं?

–तुम क्या कल तक रुपये जुटा सकोगे?

–उसकी फिक्र मत करिये आप। वह तो जैसे भी होगा करूँगा ही। करना ही पड़ेगा मुझे कनक के लिए।

–अच्छा देखो, क्या कर सकती हूँ।

रात हो गयी थी। काफी के दौर हो चुके थे। मिसेज दास ने पूछा, अब्दुल से एक और कप काफी लाने को कहूँ?

समर बोला, नहीं, आज रात को नींद नहीं आयेगी मुझे।

–क्यों? ज्यादा काफी पी ली इसलिए?

–नहीं, इसलिए नहीं! आज कनक की याद और अधिक सताने लगी है इसलिए–

वह दिन बड़ी बेचैनी में बीता समर का। आफिस के काम में डूबे रहने पर भी अकेलापन खाता रहा। पाँच बजते ही सीधा मेस चला आया और जल्दी से कपड़े बदलकर मिसेज दास के घर जा पहुँचा।

दरवाजा खोलकर अब्दुल ने कहा, मेम साहब तो नहीं हैं हुजूर।

समर ने कहा, मैं इन्तजार करूँगा।

एक–एक क्षण भारी लगने लगा समर को, समय जैसे बीत ही नहीं रहा था। थोड़ी देर बाद अब्दुल से पूछा, किसी के साथ गयी हैं मेम साहब?

–जी हाँ, एक औरत के साथ में।

और कुछ पूछने में शर्म आयी समर को। कैसी थी देखने में, कितनी उम्र थी, यह सब अब्दुल से तो पूछा नहीं जा सकता था। जाने क्या सोचे।

इतने में पोर्टिको में गाड़ी रुकने की आवाज आयी और मिसेज दास जल्दी-जल्दी कदम बढ़ाती कमरे में पहुँचीं।

समर ने खड़े होकर उत्सुकता से नजरें उठायीं।

मिसेज दास बोलीं, कनक को पहुँचाकर सीधी आ रही हूँ, तुम कब आये?

–कनक आयी थी?

–मैंने बुलवाया था उसे।

समर ने शिकायत की, थोड़ी देर और रोक लेतीं उसे?

पंखे का रेगुलेटर घुमाकर सोफे पर बैठते हुए मिसेज दास बोलीं, मैंने तो बहुत कहा उससे, पर वह मानी ही नहीं। कहने लगी तुम्हें मुँह दिखाने में शर्म आती है।

–क्यों, शर्म की क्या बात है? ऐसा कौन-सा अपराध किया है उसने।

–मैंने भी तो यही पूछा था उससे कि ऐसा कौन-सा अपराध किया है तुमने कि अपने पति को मुँह दिखाने में शर्म आती है तुम्हें? जानते हो, इस पर उसने क्या कहा?

–क्या कहा? पलटकर समर ने पूछा।

हँसकर मिसेज दास ने कहा, उसने कहा कि तुमसे रुपये माँगने के कारण वह अपने को बहुत छोटा समझ रही है।

–क्यों, इसमें छोटा समझने की क्या बात है? आपद-विपद में तो सभी को जरूरत पड़ती है। और मेरे पास तो हैं ही, किसी से माँगकर तो नहीं दे रहा।

–मैंने यही तो समझाया उसे कि समर ने तो रुपये तुम्हारे लिये ही इकट्ठे किये हैं।

समर ने कहा, हाँ, मैंने उसी के लिए रुपये अलग रख छोड़े थे, खर्च नहीं किये। जरूरत पड़ने पर भी खर्च नहीं किये। सोचा था, जब कनक आयेगी उसे दे दूँगा। उसकी जैसी मर्जी हो खर्च करे, चाहे गहने गढ़ाये या कपड़ा बनवाये। विवाह के बाद मैं कुछ भी तो नहीं दे पाया उसे।

मिसेज दास बोलीं, तुम चिन्ता मत करो समर, मैंने समझा दिया उसे। तुम तो देख ही रहे हो कि पिछले कई दिनों से सारा काम-काज भूलकर जी-जान से तुम लोगों के मामले में लगी हुई हूँ। तुम लोगों का मिलन हो जाये तो एक बोझा सिर से उतर जाये। खैर, आज मामला काफी आगे बढ़ गया है।

–कहाँ तक? उत्सुकता दिखायी समर ने।

उस ओर जैसे ध्यान ही नहीं दिया मिसेज दास ने। बोलीं, तुमने चाय तो पी ली ना? अब्दुल ने चाय दी कि नहीं?

समर झट से बोला, चाय की बात छोड़िये, आप कनक की बात बताइये।

मिसेज दास बोलीं, अब उसके बारे में तुम और मत सोचो समर। समझ लो कनक तुम्हारी फिर हो गयी।

हताशा भरे स्वर में समर ने कहा, पर मुझे अभी भी भरोसा नहीं हो रहा मिसेज दास।

विश्वास के साथ मिसेज दास ने कहा, जब तक मैं हूँ तुम्हें फिक्र करने की जरूरत नहीं है समर। मैं विश्वास दिलाती हूँ कनक को तुम्हारे हाथों में सौंपकर ही चैन से बैठूँगी।

–पर कब? अब और देर मुझसे नहीं सही जा रही मिसेज दास। आप नहीं जानतीं कि मेरा एक–एक दिन और एक–एक रात कैसे बीत रही है। न सो पाता हूँ और न कुछ खाया–पिया जाता है।

–बस, दो–चार दिन और सब्र करो।

समर ने पूछा, और वह रुपये की बात? उसके बारे में कुछ नहीं कहा आज उसने?

–कहा था। कह रही थी कि भाई का मकान गिरवी पड़ा है, उसी के लिए रुपया चाहिए।

–कितना चाहिए?

जरा चिन्तित स्वर में मिसेज दास बोलीं, रकम जरा ज्यादा है–बस यही मुश्किल है। पहले तो दस हजार कह रही थी, और अब...

अधीर होकर समर ने पूछा–अब कितना कह रही है?

–इसीलिये तो चिन्ता में पड़ गयी हूँ। इतना रुपया दे पाना शायद तुम्हारे लिये सम्भव नहीं होगा।

फिर से पूछा समर ने, आप बताइये तो, मैं जैसे भी होगा कहीं से भी लाकर दूँगा।

मिसेज दास रकम बताने ही जा रही थीं कि पास की टेबिल पर रखा फोन बज उठा।

समर से 'एक्सक्यूज मी, एक मिनट' कहकर रिसीवर उठाया मिसेज दास ने और बोलीं, हैलो, कौन? मिस्टर मेटा?

फिर जरा रुककर कहने लगीं, मुझे क्यों घसीट रहे हैं इसमें? हम ठहरे गरीब आदमी, इतना रुपया कहाँ से लाऊँगी?

फिर चुप रहकर सुनने लगीं। कुछ क्षण बाद बोलीं, आप क्या कह रहे हैं मिस्टर मेटा, मैं तो हद से हद एक लाख दे सकती हूँ, इससे ज्यादा एक पैसा भी नहीं। सात दिन पहले ही तो पाँच सौ आयरन खरीदी हैं मैंने, हम तो चुपचाप करनेवालों में से हैं, हमारे–

कहते-कहते रुक गयीं फिर। अन्त में बोलीं, अच्छा ठीक है, अब जब आप कह रहे हैं तो मिस्टर दास से पूछूँगी, ठीक है, फिर यही तय रहा, अच्छा, गुड नाइट।

तदुपरान्त रिसीवर रखकर समर के पास आकर बैठ गयी वह और बोलीं, अब नहीं होता समर। जब सामर्थ्य थी, बहुत दिया। तुम तो देख ही रहे हो कैसा जमाना आ गया है। मिस्टर दास खून-पसीना एक करके कमाते हैं। मुझसे कुछ छुपा थोड़े ही है।

इन सब बातों में समर को कोई रुचि नहीं थी। बीच में ही बोला, फिर कनक ने क्या कहा मिसेज दास?

इतनी देर बाद जैसे मिसेज दास को याद आया।

बोलीं, हाँ, मैं कह रही थी कि कनक ने कहा था कि अगर तुम पन्द्रह हजार रुपये का इन्तजाम कर सको तो उसके भाई का कर्ज उतर जायेगा और फिर कनक के विवाह में भी उसके भाई का रुपया खर्च हुआ था।

जरा हिचकिचाया समर। बोला, पन्द्रह हजार?

–हाँ, पन्द्रह हजार। मैंने तो कहा उससे कि रकम बहुत ज्यादा हो गयी है। दस हजार होते तो समर तुरत दे देता! पन्द्रह हजार वह कहाँ से लायेगा। इस पर उसने क्या कहा जानते हो?

–क्या कहा?

–उसने कहा कि बहुत ही मजबूरी न हो तो क्या कोई इस तरह माँगता है और वह भी पति से? सचमुच समर, मुझे लगा कि रुपया नहीं चुकाया गया तो मकान छोड़ना पड़ेगा उन्हें। फिर कहाँ जायेंगे बेचारे।

कुछ देर के लिए जाने किस सोच में पड़ गया समर।

फिर बोला, आप कनक से कह दीजियेगा कि मैं पन्द्रह हजार दूँगा! दस हजार तो मेरे पास हैं, बाकी पाँच उधार ले लूँगा।

–उधार लोगे?

–हाँ, ज्यादा सूद पर ले लूँगा। कनक के लिए मैं सब-कुछ कर सकता हूँ मिसेज दास।

–तो फिर यही कह दूँगी कनक से।

–कब कहेंगी?

–कल ही कह दूँगी, लेकिन तुम रुपये का कब तक इन्तजाम कर लोगे?

–कल ही कर लूँगा।

मिसेज दास ने कहा, पर चेक से काम नहीं बनेगा।

समर बोला, तो कैश दे दूँगा, आपको दे जाऊँगा कल।

–ठीक है, तो यही तय रहा। कल किस वक्त आओगे तुम?

समर ने कहा, जब आप कहें।

मिसेज दास बोलीं, तो फिर एक काम करो, परसों शाम को आओ तुम। कनक से भी उसी समय आने को कह दूँगी। तुम दोनों का मिलन करवा सकी तो समझूँगी कि वाकई जीवन में कुछ किया।

उठकर खड़ा हो गया समर।

मिसेज दास बोलीं, एक कप काफी और पियोगे समर?

समर का मन हलका हो गया था।

फिर से बैठते हुए बोला, दीजिये, आज एक और कप पीने के लिए मना नहीं करूँगा।

मिसेज दास ने चुटकी लेते हुए कहा, लगता है कनक को पाने के बाद तुम मिसेज दास को एकदम भूल जाओगे समर।

समर ने भावावेश में कहा, कभी नहीं भूलूँगा मिसेज दास, आपको हम लोग जीवनपर्यन्त याद रखेंगे, आप देख लीजियेगा।

मिसेज दास ने कहा, मैं भी वचन देती हूँ कि तुम दोनों को मैं जैसे भी होगा मिलाकर ही रहूँगी।

दूसरे दिन समर की सुबह बड़ी बेचैनी में कटी। बाजार खुलते ही अपनी घड़ी, अँगूठी और विवाह की अँगूठी बेच दी उसने। राधाबाजार में एक सुनार की दुकान थी, पुराना जान-पहचानवाला आदमी था।

निधि बाबू ने कहा, यह सब क्यों बेच रहे हो समर? बिना बेचे काम नहीं चलेगा क्या?

समर ने जवाब दिया, बहुत ही खास जरूरत न हो तो विवाह की चीजें कौन बेचता है भला!

–ऐसी कौन-सी मुसीबत आ पड़ी?

–वह आप नहीं समझ पायेंगे।

गिनकर रुपये जेब में रख लिये उसने। फिर उधार की फिराक में बहू बाजार गया। सूद का धन्धा करता था आदमी। बहुत पहले बरानगर उनके घर आया करता था। कई बार उसके पिता से अच्छे सूद पर उधार लेकर बाजार में व्यापारियों को सौ प्रतिशत पर चढ़ा देता था।

समर को देखते ही पहचान गये बेचाराम बाबू।

बोले, आप यहाँ, मामला क्या है?

समर ने कहा, तीन हजार रुपयों की जरूरत थी इसी वक्त। अगर आप दे दें तो जो सूद कहियेगा दे दूँगा।

कारबारी आदमी थे बेचाराम बाबू! बाजार में लोगों से रुपये पर रुपया सूद लेते थे। इसमें दोनों में से किसी को भी नुकसान नहीं था।

बोले, मैंने तो सुना था कि आप अच्छी नौकरी पर हैं।

समर बोला, अच्छी हो या बुरी, नौकरी कर ही रहा हूँ, महीने में पाँच सौ रुपये भी मिल जाते हैं, पर आदमी पर वक्त-बेवक्त मुसीबत तो पड़ ही जाती है, नहीं तो आपके पास क्यों आता?

–हाँ, यह तो है ही, यह तो है ही।

कहकर उन्होंने तीन हजार रुपये निकाल दिये और रसीद चार हजार की ले ली। देनी पड़ी समर को। अब बाकी बचे डेढ़ हजार।

आफिस में उस दिन कैश नहीं आया। पर तब भी जो कभी नहीं किया था समर ने, वही किया। पन्द्रह सौ रुपये निकालकर जेब में रख लिये। रजिस्टर में नहीं लिखे, सोचा धीरे-धीरे पूरे कर देगा। सारी इन्द्रियाँ कनक को देखने के लिए उन्मुख थीं। मिसेज दास ने वायदा तो किया था।

तदनन्तर सारा रुपया पोर्टफोलियो में रखकर शाम को आफिस से निकलने लगा तो असिस्टेण्टतारापद ने पीछे से आवाज दी–

बोला, सर।

घूमकर समर ने पूछा, कुछ कहना है?

–वह पन्द्रह सौ की एण्ट्री करने को मना किया आपने, तो फिर किस एकाउण्ट में पोस्ट करूँ!

समर ने कहा, उसे पोस्ट करने की जरूरत नहीं है। मैं परसों आकर जो करना होगा बता दूँगा।

आफिस से सीधा मिसेज दास के घर पहुँचा वह।

वह तैयार बैठी थीं। बोलीं, तुम्हारा ही इन्तजार कर रही थी समर, सोच रही थी इतनी देर क्यों हो रही है। लाये हो।

हाँफते हुए समर ने कहा, हाँ, लाया हूँ।

रुपये लेकर गिनते हुए मिसेज दास बोलीं, पता है, कनक ने तो मुझे डरा ही दिया था।

–क्यों? समर ने पूछा–

–वह कह रही थी कि तुम रुपये नहीं दोगे।

–उसके मुँह से कैसे निकली यह बात? और आपने भी उसका विश्वास कर लिया, क्यों? जरा आश्चर्य से समर ने पूछा।

जल्दी से सफाई दी मिसेज दास ने, नहीं-नहीं, मैं क्यों विश्वास करती, मैं क्या तुम्हें जानती नहीं?

कुछ देर चुप बैठा रहा समर, फिर पूछा, कनक कब आयी थी?

–आज बहुत जल्दी आ गयी थी, मैं अभी जाकर उसे रुपये दे आती हूँ और कल यहाँ आने को भी कह आऊँगी।

–कल किस वक्त आयेगी वह?

–तुम बताओ, तुम कब आओगे?

समर ने कहा, कल मैं आफिस नहीं जाऊँगा, आप बताइये कब आना ठीक रहेगा।

कुछ सोचकर मिसेज दास ने कहा, तुम कल ठीक तीन बजे आना। कनक से भी उसी समय आने को कहूँगी–फिर तुम दोनों को अपने पार्लर में बिठाकर मैं ड्राइंगरूम में आ जाऊँगी। तुम दोनों एकान्त में आपस में निपट लेना।

समर ने कहा, ठीक है। आप रुपये दे आइये उसे।

मिसेज दास बोलीं, मैं अभी जाकर अपने हाथ से देकर आऊँगी।

समर दरवाजे पर पहुँचा ही था कि मिसेज दास ने पीछे से पुकारा सुनो समर, एक बात कहना भूल गयी।

–कहिये?

–कनक कह रही थी कि बहुत दिन बाद तुमसे मिलना होगा, इसलिए जरा डर लग रहा है उसे। तुम उसे ज्यादा मत डाँटना। बड़ी अच्छी लड़की है, कई दिनों से देख रही हूँ उसे। भाई के डर से तुम्हें चिट्ठी नहीं लिख सकी। अब भाई के दिन अच्छे नहीं रहे इसलिए जरा निकल पा रही है। मुझे वचन दो कि तुम उसे डाँटोगे नहीं?

वह बोला, आप यह क्या कह रही हैं मिसेज दास, मैं कनक को डाँटूंगा? कनक मेरे लिये क्या है, इसकी आप कल्पना भी नहीं कर सकतीं–और ये रुपये किस तरह, कितनी मुश्किल से इकट्ठे किये हैं, किसी दिन बताऊँगा आपको। तब पता लगेगा आपको कि मैंने उसके लिए क्या नहीं किया।

अगले दिन समर की दोपहर जैसे बीत ही नहीं रही थी। उसे लग रहा था कि तीन जैसे बजेंगे ही नहीं, संसार की सारी घड़ियाँ रुक गयी थीं। बार-बार घड़ी देख रहा था।

आफिस की छुट्टी थी फिर भी ऐसा लग रहा था कि काम बहुत था। दाढ़ी घिस-घिसकर बनायी थी, कपड़े बार-बार उलटे-पलटे थे--बहुत दिन बाद कनक से मिलेगा, इस पोशाक में कैसे जायेगा उसके सामने। सोच रहा था, वह भी बदल गयी होगी। चोरबागान में भी बहुत परिवर्तन हो गया होगा। कनक की माँ मर गयी थीं, भाई की उम्र हो गयी थी। कर्ज सिर पर था। एक दिन इसी भाई ने उसके मुँह पर दरवाजा बन्द कर दिया था, उसी भाई का कर्ज चुकाने के लिए उसने अपनी घड़ी, अँगूठी बेच दी थी, सूद पर रुपया लिया था। आदमी में कितना बदलाव आता है।

अहंकार करने लायक कुछ भी तो नहीं है दुनिया में। किस चीज का अहंकार करे आदमी! कुछ भी तो नित्य नहीं है। उसने ही क्या कभी सोचा था कि बरानगर का मकान बेचकर मेस में रहना पड़ेगा, कनक से बिछड़ना पड़ेगा और फिर से मिलन होगा। कहाँ मिसेज दास थीं और कहाँ वह था, मिलने की कोई सम्भावना ही नहीं थी–लेकिन परिचय होने पर एक के बाद एक घटनाएँ चलचित्र की तरह घटती चली गयी। उन्होंने उसकी कहानी सुनी और दया करके फिर से कनक से मिलाने के लिए भाग–दौड़ की। नहीं तो कौन किसी के लिए इतना करता है।

मेस से निकलते समय रसोइये से समर ने कहा, ठाकुर मैं जा रहा हूँ, दरवाजा बन्द कर लो।

रसोइये ने पूछा, आज कितने बजे आयेंगे बाबू?

ठिठककर खड़ा हो गया समर। उसी मेस में आना पड़ेगा उसे फिर से? कनक को यहाँ लेकर आयेगा! इस मेस में रहेगी कनक? यहाँ कैसे रहेगी वह? पर और कहाँ रहेगी वह? पहले से ही कोई मकान किराये पर ले लेना चाहिए था उसे।

फिर एकदम से बोला, आज दो जनों का खाना रखना ठाकुर।

–दो जनों का? आश्चर्य से रसोइये ने पूछा–

–हाँ, मेरे साथ एक जना और होगा खाने पर।

इतना कहकर वह सड़क पर आ गया। हाथ की घड़ी बिक गयी थी समय देखने का उपाय नहीं था। एक दुकान पर खड़े होकर नजर डाली तो देखा डेढ़ बजा था कुल। मिसेज दास के घर पहुँचने में आधा घण्टे से अधिक लगता ज्यादा–से–ज्यादा। फिर भी एक घण्टा बाकी रहता। समस्या हुई वह घण्टा कैसे बिताये। ट्राम से उतरकर पार्क में चला गया। दोपहर में पार्क में भी कोई नहीं होता। एक खाली बेंच पर बैठ गया जाकर।

नौकरी करने के बाद से ऐसी दोपहर नहीं देखी थी उसने। जब बरानगर में अपना मकान था, नौकरी करने की स्वप्न में भी कल्पना नहीं की थी, तब ऐसी खाली–खाली दुपहरी बिताया करता था, लेकिन उन दिनों तो सब–कुछ ही भिन्न था, दुनिया का रूप ही और था।

अपने में लीन आकाश–पाताल सोच रहा था समर कि कहीं पास की किसी घड़ी के ढंग–ढंग दो घण्टे सुनकर उछल पड़ा वह।

बस एक घण्टा और रह गया था।

पार्क से निकलकर पैदल चल दिया वह! दूर ही कितना था। जरा जल्दी–जल्दी चलने पर पन्द्रह मिनट में पहुँचा जा सकता था। धीरे–धीरे टहलते हुए चलने लगा समर। सोचने लगा, तीन से पहले पहुँचना उचित नहीं होगा। मिसेज दास विलायती कायदे–कानून की हिमायती थीं, हर काम घड़ी की सुई से होता था।

पर समय तो जैसे ठहर गया था। कब तक इन्तजार करता वह। समय से पहले ही जा पहुँचा। और दिन दरवाजा बन्द रहता था, घण्टी बजानी पड़ती थी, अब्दुल आकर दरवाजा खोलता था।

लेकिन उस दिन दरवाजा खुला हुआ था।

जाकर ड्राइंगरूम में बैठ गया वह।

जरा देर बाद अब्दुल कमरे में आया तो समर ने पूछा, मेम साहब हैं अब्दुल?

रुआँसू होकर अब्दुल बोला, मेम साहब चली गयी हुजूर।

—कहाँ चली गयीं? कब आयेंगी?

—यह तो नहीं मालूम हुजूर, अब नहीं आयेंगी वह।

—क्यों? नहीं आयेंगी तो जायेंगी कहाँ? मिस्टर दास हैं?

—वह भी चले गये। कोई नहीं है घर में।

—कब गये?

—कल रात को हुजूर। कल रात के गये अब तक नहीं आये।

चौंक उठा समर। कहाँ गये दोनों? कुछ कहकर क्यों नहीं गये? डर सा लगने लगा उसे। अगर कनक नहीं आयी तो? वह भी कहीं गायब हो गयी तो?

समर ने फिर पूछा, गाड़ी लेकर गये हैं?

अब्दुल बोला, हुजूर, गाड़ी तो बिक गयी, चरणसिंह को कल हिसाब करके छुट्टी दे दी थी।

तो फिर? गाड़ी क्यों बेच दी मिसेज दास ने? नयी गाड़ी खरीदेंगी क्या?

समर ने कहा, थोड़ी देर बैठता हूँ अब्दुल, क्या पता आ ही जायें।

—ठीक है बैठिये—अब्दुल ने कहा।

फिर बोला, आज सुबह से बहुत फोन आ रहे हैं हुजूर—सब मेम साहब को पूछ रहे हैं।

उसी समय एक सज्जन आये और पूछने लगे—

—मेम साहब हैं?

अब्दुल ने कहा, नहीं हुजूर न मेम साहब हैं और न साहब।

वह सज्जन बोले, कहाँ चले गये? मेरा छह महीने का किराया बाकी है, आज देने को कहा था।

अब्दुल बोला, हम लोगों को भी दो महीने से तनख्वाह नहीं मिली हूजूर—आज देने को कहा था।

वह बोले, समझ गया। अब बैठकर क्या होगा। चलता हूँ।

अब समर का भी जी धुकपुक करने लगा। पन्द्रह हजार रुपये दे गया था वह। तो क्या कनक को रुपये नहीं पहुँचाये उन्होंने। देखते-देखते और कई लोग आ गये, उधर टेलीफोन भी बार-बार बजने लगा। मिस्टर अगरवाला, मिस्टर मेटा, मिस्टर

सोनपार, मिस्टर बनर्जी–सब आ पहुँचे और खबर सुनकर सिर पकड़कर बैठ गये।

तभी समर को बाहर घूँघट निकाले कोई लड़की आती दिखायी दी।

बाहर जाकर खड़ा हो गया वह।

कनक!

पास आते ही कनक ने भी उसे देख लिया।

समर ने पुकारा, कनक?

मुँह उठाकर कनक ने पूछा, तुम यहाँ?

समर ने पूछा, इसका मतलब है, तुम्हें रुपये मिल गये?

अवाक् रह गयी कनक। बोली, कैसे रुपये?

–क्यों, तुमने मिसेज दास से कहा था न कि तुम्हें पन्द्रह हजार रुपयों की जरूरत है। मिले नहीं तुम्हें?

दो पल को तो कनक का मुँह-खुला-का खुला रह गया।

फिर बोली, मेरी समझ में कुछ भी नहीं आ रहा।

समर ने पूछा, तो फिर तुम यहाँ क्या करने आयी हो?

पहले तो जरा हिचकिचायी कनक, फिर बोली, मिसेज दास ने आने को कहा था।

–क्यों? मिसेज दास से तुम्हारा परिचय कैसे हुआ?

उसने कहा, हम लोग जिस महिला समिति में सिलाई सीखती हैं, मिसेज दास उसकी प्रेसीडेण्ट हैं।

–तो यहाँ क्या करने आयी हो?

–उन्होंने कहा था कि तुम्हें रुपये की बहुत तंगी है, आफिस के कैश से रुपये ले लेने के कारण जेल जाने की नौबत आ गयी है, इसलिए तुम्हें देने के लिए अपना सारा जेवर उन्हें दे गयी थी।

समर ने पूछा, सारा जेवर?

–हाँ, सारा जेवर, जितना भी शादी में मिला था।

समर ने कहा, वह तो बहुत-सारा था, करीब तेरह हजार का होगा।

कनक बोली, हाँ। मिसेज दास कह रही थीं कि तुम्हें तेरह हजार की जरूरत है।

वहीं सिर पकड़कर बैठ जाने को जी चाहा समर का।

कनक बोली, क्या हुआ? ऐसे क्यों कर रहे हो? क्या और रुपयों की जरूरत है?

समर बोला, मुझे एक रुपया भी नहीं मिला कनक, उलटे मैं ही तुम्हें देने के लिए कल मिसेज दास को पन्द्रह हजार रुपये दे गया था।

–पर मुझे तो रुपये की जरूरत नहीं थी।

आश्चर्य से समर ने कहा–लेकिन मिसेज दास तो कह रही थीं कि तुम्हारा मकान बिकनेवाला है। तुम्हारे भैया पर बहुत कर्जा चढ़ गया है।

–क्या? चौंक उठी कनक।

फिर बोली, मैंने तो ऐसी कोई बात नहीं कही। मैं तो बस यह पता लगाने आयी थी कि तुम्हें रुपये मिल गये या नहीं, और फिर भैया तो मर भी गये।

–कब?

–बहुत दिन हो गये। तभी से मैंने स्कूल में नौकरी कर ली। पर मिसेज दास हैं कहाँ?

–वह नहीं हैं, भाग गयी हैं।

फिर जाने क्या सोचकर जोर से हँस पड़ा वह।

बोला, वह तो हुआ, वह हम दोनों को ही चूना लगा गयीं, पर तब भी उन्हें नमस्कार करता हूँ, वह अगर इस तरह नहीं ठगतीं तो आज तुमसे मिलना कैसे होता?

फिर जरा रुककर समर ने पूछा, लेकिन यह बताओ कि भैया के मरने के बाद तुमने एक बार भी मेरी खबर क्यों नहीं ली?

कनक की आँखें छलछला आयीं।

अवरुद्ध कण्ठ बोली, क्यों लेती? तुम दूसरा विवाह करके सुख चैन से हो, मैं बीच में आकर क्यों परेशान करती?

ठगा-सा रह गया समर।

बोला, मैंने विवाह कर लिया? यह किसने कहा तुमसे? किससे सुना, बताओ?

गर्दन झुकाकर कनक ने कहा, मिसेज दास ने। उन्होंने सब बता दिया है मुझे।

मुझे याद है कि इस मामले के इन्वेस्टिगेशन का भार मुझ पर ही पड़ा था। रिश्वतखोरी पकड़ने की नौकरी में कुछ ही साल था मैं। अनेकों तरह की अभिज्ञताएँ हुई थीं उस नौकरी में। उनमें यह समर और कनक की भी घटना थी। आप लोगों को अगर यह कहानी अच्छी लगे तो इस तरह की और भी कहानियाँ सुनाऊँगा। कनक और समर आज भी कलकत्ते में एक फ्लैट में रहते हैं। प्रायः मिलना होता है। सुखी जीवन है उनका। मैंने बस उनका नाम-धाम बदल दिया है। नहीं तो सब सच है।

और मिसेज दास? उनका पता नहीं चला। वह शायद किसी और शहर में जाकर अभी भी यही धन्धा चला रही हैं।

●